Bibliothèque de Philosophie scientifique

W. OSTWALD
Professeur de chimie à l'Université de Leipzig.

L'Évolution d'une Science

LA CHIMIE

TRADUIT SUR LA DERNIÈRE ÉDITION ALLEMANDE

PAR LE

Dr MARCEL DUFOUR

Professeur agrégé à la Faculté de médecine de Nancy.

PARIS
ERNEST FLAMMARION, ÉDITEUR
26, RUE RACINE, 26

L'Évolution d'une Science

LA CHIMIE

Bibliothèque de Philosophie scientifique

W. OSTWALD
PROFESSEUR DE CHIMIE A L'UNIVERSITÉ DE LEIPZIG

L'Évolution d'une Science
LA CHIMIE

TRADUIT SUR LA DERNIÈRE ÉDITION ALLEMANDE

PAR LE

Dr MARCEL DUFOUR

PROFESSEUR AGRÉGÉ A LA FACULTÉ DE MÉDECINE DE NANCY

PARIS
ERNEST FLAMMARION, ÉDITEUR
26, RUE RACINE, 26

1909

L'Évolution d'une Science
LA CHIMIE

INTRODUCTION

L'ouvrage du célèbre chimiste Ostwald, *Der Werdegang einer Wissenschaft*, dont je présente ici la traduction, n'est pas à proprement parler une histoire de la chimie. Quand les morphologistes veulent étudier une pièce, ils la débitent en coupes sériées, dont la juxtaposition rend plus facile et plus complète l'intelligence de l'ensemble : l'auteur a fait de même, son livre représente une série de coupes de ce genre à travers l'histoire de la chimie, et il a cherché à n'en laisser de côté aucun point essentiel.

Esprit particulièrement ouvert aux idées générales, Ostwald insiste plus spécialement sur le développement progressif des concepts. Il montre que tous les concepts généraux subissent une évolution commune : au début, ils renferment forcément des parties inutiles ou mauvaises, qui tiennent aux conditions dans lesquelles ils ont pris naissance, et ils ne s'en débarrassent qu'à la longue par une lente élaboration rappelant au chimiste la purification des corps par des cristallisations successives, qui leur enlèvent peu à peu les impuretés apportées par le milieu où ils se sont d'abord formés. L'histoire de la science montre que l'épuration complète des concepts est, par essence, un travail d'une durée illimitée, tout comme la théorie indique qu'il est impossible de préparer un corps absolument pur. Nous ne pouvons atteindre l'absolu dans le fini : voilà pour l'auteur un des plus précieux résultats qu'on ait obtenus, en appliquant à la théorie de la connaissance les méthodes de la critique historique.

Ce livre est une pierre apportée à l'histoire de la chimie, mais c'est aussi une contribution à l'histoire générale de la Science. Étudiant spécialement, depuis quelque temps, la psychologie des savants, Ostwald est de plus en plus convaincu que, dans l'histoire de la Science, on peut saisir les lois générales des phénomènes historiques plus facilement que dans la trame embrouillée de l'histoire universelle, et, à ce point de vue, son livre, dépassant le cercle un peu restreint des chimistes de profession, s'adresse à tous ceux qu'intéresse le développement de l'humanité.

Je suis heureux de pouvoir exprimer ici toute ma reconnaissance à mes collègues et amis, MM. Muller et Verain, pour l'aide éclairée qu'ils ont bien voulu m'apporter dans mon travail.

CHAPITRE I

LES ÉLÉMENTS

Historique.

La notion d'élément s'introduisait déjà dans les premiers essais faits par les peuples de l'Europe occidentale pour rassembler et comprendre les phénomènes de tout genre. Cette notion a été reprise par la chimie, et y a gardé la prépondérance. Thalès, le père de la philosophie en Grèce et en Europe, admettait que tout venait de l'eau : c'était le principe général de sa conception de l'univers. Cette supposition implique que les choses n'ont pas toujours été ce qu'elles sont aujourd'hui, et que leur multiplicité peut se ramener à quelque chose de plus simple. Ces idées ont orienté la formation ultérieure de la Science. La première joue actuellement un rôle important en biologie, où la notion d'évolution à travers le temps s'est montrée particulièrement féconde pour l'intelligence des faits actuels. La seconde, celle de l'élément ou matière primitive, est prédominante dans les sciences inorganiques, la chimie et la physique. En chimie, elle a abouti, depuis plus d'un siècle, à la notion d'élément chimique, dont nous étudierons tout d'abord le développement; elle a donné en physique un concept plus général encore, dont on n'a pas reconnu jusqu'ici toute l'importance. C'est le concept d'énergie, le plus général et, par suite, le plus élémentaire de tous ceux qui impriment aux sciences physiques leurs caractères. L'énergie, d'ailleurs, n'est pas un élément pondérable comme les éléments chimiques ; mais elle est une grandeur mesurable pour laquelle, comme pour les éléments chimiques, il existe une loi de conservation, qui sert de clef de voûte à toutes les branches des sciences physiques.

Dès qu'une notion directrice s'est introduite dans une science quelle qu'elle soit, il importerait avant tout, semble-t-il, de savoir si la formation de ce concept est exacte ou conforme à son but. Mais on ne s'en inquiète généralement pas dans la suite : cette première création paraît si imposante que l'on conserve sans plus la forme une fois atteinte, et que les critiques de la postérité portent seulement sur des questions secondaires. Ainsi les successeurs et les émules de Thalès ne se sont pas demandé le moins du monde s'il était possible d'établir que tout ce qui existe actuellement s'était formé au moyen d'un seul élément; ils ont accepté d'emblée cette hypothèse, et se sont bornés à montrer que l'eau ne peut avoir le rôle prépondérant que lui attribuait Thalès. Le feu, l'esprit, l'être ou le devenir, etc., furent regardés, l'un après l'autre, comme le principe fondamental de tout ce qui existe, et chaque philosophe s'efforçait de prouver que la modification spéciale qu'il apportait à l'idée fondamentale de Thalès était la seule possible.

On reconnut pourtant qu'il était impossible d'expliquer, à l'aide d'un seul principe, la multiplicité des choses réelles, et ces systèmes unitaires furent remplacés par les systèmes dualistes, d'après lesquels le monde se serait formé par l'action réciproque de deux principes opposés, comme le bien et le mal, l'amour et la haine. Ces systèmes eux aussi se montrèrent insuffisants, et Aristote, inaugurant le retour à l'expérience, y joignit une plus grande variété de principes sous la forme d'un double dualisme. Ses vues ayant joué un rôle très considérable dans la formation du concept d'élément, nous les étudierons d'un peu plus près.

Aristote, qui possédait une connaissance intuitive très étendue de la nature, voulut d'abord exprimer que ce sont les propriétés les plus générales des choses qui doivent être regardées comme leurs principes ou éléments; il remarquait, en effet, que c'est à leurs propriétés que nous reconnaissons les choses, et que c'est par elles que nous les différencions les unes des autres. Il chercha ainsi les propriétés qui conviennent à toutes les choses, et crut les avoir trouvées dans le chaud et le froid, le sec et l'humide. Ces quatre propriétés, deux à deux opposées, satisfaisaient le besoin de symétrie qui se manifeste si nettement chez la plupart des philosophes, depuis les éléments d'Aristote jusqu'aux catégories de Kant.

En groupant ces propriétés deux à deux, on obtient d'après les règles de l'analyse combinatoire six couples. Deux d'entre eux sont à éliminer comme combinaisons d'éléments opposés inconciliables, et il reste quatre couples, selon le schéma ci-contre :

Froid < Sec / Humide > Chaud.

Comme type du froid et de l'humide, Aristote choisit l'eau ; comme type du froid et du sec, la terre ; comme type de l'humide et du chaud, l'air ; et comme type du sec et du chaud, le feu.

Voilà l'origine toute théorique de ces quatre éléments d'Aristote ou éléments péripatéticiens, qui ont joué un si grand rôle dans la philosophie naturelle au moyen âge. Comme on le voit, ce ne sont pas du tout des éléments au sens actuel du mot : ce ne sont pas des corps dont puissent être formés tous les autres corps. On envisageait plutôt, sous le nom d'éléments, des propriétés déterminées et fondamentales. Ceux que nous venons d'indiquer n'étaient que des représentants de ces propriétés dans leurs combinaisons les plus simples, et il appartenait à la recherche ultérieure d'établir dans quelle mesure la variété de la nature pouvait s'expliquer par les nuances diverses de ces propriétés.

Les Arabes, qui prirent la tête du mouvement après le déclin des civilisations grecque et romaine, reconnurent d'abord que le choix des propriétés élémentaires d'Aristote n'était pas heureux. Les expériences de chimie indiquèrent bientôt d'autres classes naturelles ; en particulier, par leur importance technique et économique, les métaux réclamèrent une place spéciale dans la classification scientifique. Les savants arabes renoncèrent alors à la belle symétrie d'Aristote, et, pour mieux représenter les résultats de leurs expériences, choisirent d'autres types d'éléments. Le mercure symbolisa le métal, et le soufre personnifia une autre propriété capitale, la combustibilité. On conserva la terre comme étant le type le plus convenable des minéraux non métalliques, et on prit le sel pour représenter la solubilité dans l'eau et l'action sur le goût et sur d'autres corps. Mais, dans tous ces systèmes, il faut bien distinguer des éléments idéaux les corps réels qui portent le même nom, et on ne doit pas confondre, avec le soufre et le mercure ordinaires, le soufre et le mercure philosophiques.

Si l'on veut comprendre l'évolution de la chimie à cette époque, il ne faut pas oublier ce point de vue scientifique qui consiste à regarder les propriétés comme ce qu'il y a de plus élémentaire. Comme on le sait, les chimistes étaient alors hantés par l'idée de fabriquer de l'or en partant de métaux communs et bon marché. Nous dédaignons comme une singulière aberration de l'esprit les efforts du moyen âge pour réaliser cette transformation. Cela n'est pourtant pas légitime, pas plus qu'il ne le serait, par exemple, de juger aussi cavalièrement les tentatives faites de nos jours pour reproduire les albumines. Car, en se plaçant au point de vue théorique de l'époque, il semblait possible de communiquer à un corps donné, par des opérations convenables, une propriété quelconque, tout comme il nous semble possible de combiner chacun de nos éléments avec un autre élément quelconque. Seule, l'expérience de plusieurs siècles a convaincu les savants qu'il est impossible de transformer un métal en un autre. C'est là un fait d'expérience, qui, comme tel, n'a rien de commun avec les considérations d'une logique *a priori*. La production artificielle de l'or était pour la science du moyen âge un simple problème technique, comme celle du diamant l'est aujourd'hui pour nous.

La pierre philosophale, qui devait transformer en or les métaux communs, joue par là dans l'histoire de la chimie un rôle analogue à celui du mouvement perpétuel dans l'histoire de la physique. Quand on eut bien reconnu qu'il n'était pas possible de réaliser expérimentalement le mouvement perpétuel, on fut amené au plus grand progrès de la physique du XIXe siècle : la découverte de la loi de la conservation de l'énergie ; de même, l'impossibilité de la transmutation des métaux a conduit à la loi de la conservation des éléments. Cette loi fondamentale de la chimie a une très grande importance pour la classification des combinaisons ; pourtant, elle n'a pas encore acquis une importance générale analogue à celle de la loi de l'énergie, et ne pourrait guère l'acquérir.

A côté de ces recherches infructueuses, les faiseurs d'or ou alchimistes réalisèrent des améliorations importantes en appliquant certains phénomènes chimiques à la métallurgie, à la fabrication du verre et à d'autres industries. L'attention des médecins fut attirée sur l'action énergique de certaines préparations inorganiques, en particulier sur celle des combinaisons de mercure et d'antimoine. De différents côtés, les connaissances chimiques de détail firent de rapides progrès. En face de ces faits, le concept d'élément, même corrigé par les chimistes arabes, se trouvait de plus en plus insuffisant. Les tentatives faites pour le modifier encore prenaient toujours la même voie, c'est-à dire qu'on en conservait la forme propre, et qu'on cherchait seulement à le mieux adapter aux faits : ainsi les terres grasses et vitrifiables étaient regardées comme différentes de la terre ordinaire. Mais en même temps s'organisait une autre conception, à laquelle poussaient irrésistiblement les expériences. On apprenait à connaître de plus en plus les groupes de corps apparentés qui se tirent d'un corps donné ou peuvent reproduire ce corps par transformation, et on reconnaissait en eux des familles naturelles. On comprenait ainsi qu'on ne peut pas communiquer à un corps donné des propriétés quelconques, mais que celles qu'on peut lui communiquer dépendent absolument du corps d'où l'on part ; on ne pouvait plus considérer les propriétés comme des éléments ou principes, dont la réunion forme les corps, mais il fallait chercher dans les corps eux-mêmes ces éléments ou principes d'où dépend la constitution des produits.

C'est ainsi que le concept d'élément évolua de plus en plus de la propriété abstraite vers la matière concrète. On dit généralement que dans un ouvrage qui fut très lu et qui eut beaucoup d'influence, *Chymista scepticus*, Robert Boyle (1627-1691) a exprimé et mis en valeur le principe suivant : il ne faut pas regarder les éléments comme des propriétés, mais comme des corps, et les éléments sont les corps que l'on ne peut décomposer, et qui, par leurs combinaisons, donnent les autres corps. Pourtant, comme on l'a reconnu plus récemment, la même idée avait déjà été exprimée un quart de siècle auparavant par Jungius, recteur de Hambourg, dont l'influence sur ses confrères et sur la pensée de son temps, était restée beaucoup moindre.

On a ainsi réalisé un progrès énorme : on a acquis la notion de synthèse. On sait, par exemple, que, avec du soufre et du mercure, on peut obtenir du cinabre, et que, inversement, on peut transformer ce cinabre en soufre et mercure. Ce concept n'exprimait pas seulement un rapport de parenté extrêmement important entre différents corps, mais il ouvrait la voie aux considérations quantitatives, sur lesquelles devaient se développer plus tard la science, et, si on partage en périodes l'histoire de la chimie, on doit regarder le point atteint par Jungius et Boyle, comme le début de la chimie moderne.

La loi qui marque ces progrès ne fut connue que progressivement et elle n'a trouvé que très lentement son expression complète. Plus tard, cette loi a toujours été acceptée tacitement sans être formulée d'une façon spéciale ; c'est seulement dans ces derniers temps que l'on a commencé à l'énoncer expressément. Nous l'appellerons la *loi de la conservation des éléments :* si des corps quelconques sont donnés et si l'on détermine la nature et la masse des éléments de ces corps, aucune réaction, quelle qu'elle soit, ne peut modifier la nature ni la masse de ces éléments. En d'autres termes, l'analyse élémentaire d'un système chimique donné conduit toujours au même résultat, quels que soient les phénomènes physiques ou chimiques qui se passent à l'intérieur du système. Évidemment, cela limite beaucoup les représentations qu'on pouvait se faire auparavant relativement à la constitution des corps. Comme nous l'avons vu, on croyait pouvoir communiquer à tous les corps une propriété arbitraire quelconque par des opérations convenables. Mais les alchimistes, ne réussissant pas à faire de l'or à volonté, furent précisément amenés à s'apercevoir qu'ils ne pouvaient obtenir d'or qu'en partant de corps tout à fait déterminés, ceux que l'on a désignés plus tard comme les combinaisons de l'or.

Lentement reconnue à partir du XVIIe siècle, cette loi de la conservation des éléments est une conséquence immédiate de l'expérience. La possibilité de retirer les métaux nobles, comme l'argent et l'or, de leurs produits de transformation, c'est-à-dire de leurs solutions dans les acides, qui a contribué à établir cette loi, a conduit les alchimistes à admettre que ces métaux, même après leur disparition, continuent en quelque sorte à être présents dans leurs produits de transformation. De nombreux passages de Van Helmont (1577-1644) supposent même la connaissance plus importante d'un principe plus général : les masses des corps que l'on peut retrouver ainsi à la fin de l'expérience sont égales à celles que l'on a mises en jeu au début de la réaction. Il montre, par exemple, qu'on peut obtenir du verre en fondant ensemble du sable et de la potasse, et que, en décomposant ce verre par des acides, on retrouve le poids du sable primitif.

Glauber, de la Boë et d'autres travaillèrent dans le même sens, mais, comme nous l'avons dit, Boyle donna à ces progrès de la chimie leur expression d'ensemble. Par la nature des choses, c'est à ce pas en avant que se rattache la naissance de la chimie analytique au sens actuel du mot. Les différentes substances donnent aux produits qu'elles peuvent former (par exemple, à leurs solutions dans l'eau ou les acides) des propriétés bien déterminées, qui dépendent de la nature de ces substances primitives, mais il fallait d'abord qu'on le sût clairement avant qu'il pût être question de reconnaître la présence de telle ou telle substance, grâce à ces propriétés.

La science était alors trop jeune pour que cette loi de la conservation des éléments pût être aperçue du premier coup sous sa forme pure et générale. Elle prit bientôt la forme un peu arbitraire de l'hypothèse atomique ou corpusculaire dont Boyle était partisan. Si on admet que dans les combinaisons chimiques les éléments sont juxtaposés, sans que le voisinage des divers éléments change leur nature respective, on pourra retrouver leurs éléments en partant de molécules contenant des atomes de ces éléments, et, d'autre part, on ne pourra par aucune espèce de réaction changer la nature et le nombre de ces atomes élémentaires.

Nous reconnaissons ici la première influence qu'ont exercée sur la connaissance des lois, qui régissent la matière, qui est, en somme, un complexe de poids et de masse, les hypothèses relatives à sa constitution. Tout le développement ultérieur de la chimie a évolué sous le signe de ces intuitions, et, pour la plupart, les savants n'ont jamais voulu renoncer à l'aide que leur offrent ces hypothèses si manifestement incertaines. Toujours leurs partisans ont allégué qu'elles présentaient l'immense avantage d'être intuitives, ce qui veut dire que, basées sur des expériences géométriques et mécaniques journalières, elles sont plus faciles à manier que des conceptions exemptes d'hypothèses, mais plus abstraites, des mêmes lois. Cela rappelle l'évolution que chacun de nous a subie pour le calcul numérique ; l'enfant croit, au début, qu'il ne pourra jamais se dispenser de compter sur ses doigts, et les marchands russes, qui ne savent pas écrire, se servent de leurs planchettes à calcul comme d'un moyen intuitif, grâce auquel ils peuvent faire avec beaucoup de sûreté et de rapidité des comptes relativement compliqués; mais, quand on s'est habitué à compter de façon plus abstraite et plus générale, on devient un calculateur plus libre et plus capable d'aborder les problèmes difficiles et surtout les problèmes nouveaux.

L'hypothèse atomique présente une difficulté essentielle qui n'avait pas échappé à Boyle. Si les atomes restaient inaltérés dans leurs combinaisons, il serait naturel que les propriétés des combinaisons fussent les sommes ou les moyennes valeurs convenablement formées des propriétés des éléments. Boyle avait déjà tiré cette conclusion de l'hypothèse qu'il acceptait, car, à plusieurs reprises, il s'étonne que les phénomènes chimiques réels ne soient pas conformes à cette vue. Il est surpris, par exemple, que les propriétés si frappantes des acides et des bases disparaissent quand ces corps s'unissent pour former un sel.

Cette difficulté de l'hypothèse atomique n'a pas encore été écartée jusqu'à présent, mais nous nous sommes entre temps si bien habitués à cette contradiction qu'elle ne nous gêne plus guère. Nous nous contentons de considérations générales : les propriétés des substances peuvent dépendre d'une façon quelconque des oscillations ou des mouvements variés des atomes, et, par la combinaison de plusieurs atomes entre eux, ces mouvements peuvent changer. Mais par ces considérations on n'a pas encore trouvé de résultats exacts ou généraux.

En même temps que le concept d'élément s'éclaircissait et se fixait, le concept de substance se formait aussi. Pour les disciples d'Aristote, la substance ou la matière était la chose indifférente, qui, selon les circonstances, pouvait acquérir les propriétés arbitraires les plus diverses. Comme on l'a établi depuis, une substance quelconque ne peut absolument pas provenir d'une autre substance quelconque, mais il y a là des rapports bien déterminés, et il existe une relation beaucoup plus étroite entre la substance et la propriété : la nature de la substance détermine la nature de la propriété.

Sans aucun doute, les espèces chimiques que l'on avait distinguées depuis les temps préhistoriques et dont la diversité était exprimée par des noms différents ont d'abord été saisies d'une façon aussi indéterminée et imprécise que les espèces végétales et animales. Aussi éprouvons-nous de grandes difficultés à fixer quelles sont les substances désignées par les noms que nous trouvons dans la littérature ancienne. Par exemple, le plomb et l'étain étaient encore confondus par les Romains, et Pline les décrit sous le nom de plomb noir et de plomb blanc, comme de petites variétés de même substance.

Il était extrêmement difficile de reconnaître que deux substances semblables étaient différentes, ou que deux échantillons représentaient la même substance, quand elles étaient obtenues de façons différentes. L'histoire des carbonates alcalins nous l'apprend nettement : jusqu'au commencement du XVIIIe siècle, le carbonate de potasse était désigné sous des noms différents, selon qu'il était obtenu en partant de la cendre, du tartre ou du salpêtre. Inversement, à cause de leurs réactions pour la plupart semblables, la potasse et la soude n'étaient pas considérées comme essentiellement différentes. Le premier, Stahl remarqua par hasard que, dans le sel marin, il paraissait y avoir une base autre que la potasse, parce que les sels obtenus avec les mêmes acides n'ont pas même forme cristalline, ni même solubilité dans l'eau. Voilà au point de vue historique l'origine de cette idée générale que des substances différentes sont caractérisées par des propriétés différentes, de telle sorte que, quelle que soit la forme sous laquelle se présente une substance, elle a qualitativement et quantitativement les mêmes propriétés.

D'ailleurs, il s'en fallait de beaucoup que la non-variabilité de ces propriétés fût bien déterminée. On admettait, alors, que, d'après le mode de préparation, des substances élémentaires elles-mêmes, comme le fer, l'or et l'étain, pouvaient présenter des différences de qualité comme le pain, le vin et autres produits de fabrication arbitraire. Quand et comment arriva-t-on à reconnaître plus généralement que ces différences des substances tiennent à la présence de petites quantités de substances étrangères, et que les propriétés dépendent d'autant moins de l'origine de la substance qu'elle est plus complètement purifiée de ces substances étrangères? On n'en a pas encore fait l'objet d'une étude historique : en tout cas, la chose était connue à la fin du XVIIIe siècle, car, à cette époque, la Commission des poids et mesures de la République française définit le gramme ; le poids d'un centimètre cube d'eau pure à 4° C. ; les membres de cette Commission ne doutaient donc pas que ce poids fût toujours le même, de quelque façon que fût préparée l'eau pure.

On reconnut de même la différence qui existe entre une solution et une substance pure. Aujourd'hui encore, dans les laboratoires, on fait cette distinction d'une façon plus ou moins inconsciente, et le concept n'en a été sytématiquement déterminé que tout récemment. Mais, depuis plus d'un siècle, par exemple, le chimiste, qui vient de découvrir une nouvelle préparation organique, considère toujours son produit comme impur, tant qu'il peut obtenir par distillation ou cristallisation fractionnée, une variation du point d'ébullition ou de fusion. Ce fait que la variation des propriétés est le critérium spécifique des solutions, et la fixité des propriétés celui des substances pures, est moins souvent et moins nettement exprimé que son importance ne l'exigerait. On range ce principe parmi ceux qui *vont de soi* et sur lesquels on n'a pas besoin de réfléchir plus longuement.

Mais ces considérations nous mènent à des idées toutes récentes que nous développerons dans le chapitre suivant. Auparavant, nous devons encore voir comment se sont formées les vues que nous avons actuellement sur les éléments et les combinaisons. Nous allons passer en revue les recherches qui ont établi, sous forme de loi générale, la dépendance réciproque des substances à l'égard de leurs préparations et de leurs transformations.

L'édification de la théorie de la combustion réalisa le principal progrès dans ce sens. L'expérience montrait que la combustibilité peut être communiquée ou retirée à un système donné par des réactions matérielles. Le charbon, qui est par lui-même combustible, donne à certaines substances, en particulier aux chaux métalliques, la propriété de devenir combustibles elles aussi, en même temps qu'apparaissent les propriétés du métal. Le charbon lui-même disparaît, ou, tout au moins, sa masse diminue.

Conformément à la vieille habitude de chercher pour des propriétés déterminées un support matériel, on en imagina un qu'on appela *phlogistique*. Cette théorie, préparée par J.-J. Becker, fut développée dans tous ses détails par G.-E. Stahl (1660-1734) : c'était la première fois qu'on édifiait un système rationnel rassemblant et ordonnant un grand nombre de faits, les plus importants alors connus.

Il arrive encore souvent aujourd'hui que l'on considère la théorie du phlogistique comme un incompréhensible non-sens, bien que des voix autorisées se soient déjà élevées contre cette manière de voir, et aient montré la grande importance de cette théorie. L'idée parfois exprimée que le phlogistique est un prédécesseur de l'énergie va trop loin, et elle est à rejeter. Mais la théorie du phlogistique a pour la première fois éclairci la relation réciproque des notions si importantes d'oxydation et de réduction ; par elle, la science les a acquises d'une façon durable. Que les vues sur la matière, qui étaient encore tout à fait vagues, fussent bientôt orientées en sens inverse, c'était relativement moins important. L'observation journalière de la destruction des corps qui brûlent, bois, huile, etc., conduisait naturellement à s'imaginer que, par la combustion, quelque chose disparaît. Ce qu'il y a d'essentiel, c'est de reconnaître qu'il s'agit ici de phénomènes généraux et réciproques, combustion et régénération ou oxydation et réduction, et la théorie du phlogistique l'exprimait à merveille. Elle a été comprise de cette façon par les chimistes d'alors. Un fait le prouve : Scheele et Priestley, qui ont découvert l'oxygène et qui étaient tous deux de purs expérimentateurs, ont accepté pendant toute leur vie la théorie du phlogistique, dans laquelle ils avaient trouvé pour leurs expériences un excellent guide.

Puis la science continuant à se développer, on s'occupa des poids relatifs des substances réagissantes : alors seulement la théorie du phlogistique se heurta à une grosse difficulté. Elle supposait que les chaux métalliques étaient les substances les plus simples et se combinaient avec le phlogistique pour donner les métaux ; si on enlevait à ces métaux leur phlogistique, ils revenaient à l'état de chaux. Mais les chaux pèsent plus lourd que les métaux d'où elles proviennent. Ce point avait déjà été établi, avant 1669, par Mayow, pour la combinaison des métaux avec un esprit nitro-aérien, c'est-à-dire un gaz qu'il retirait du salpêtre ; mais les expériences et les déductions de ce savant, qui est mort jeune, étaient restées inconnues. Après que Scheele et Priestley eurent préparé l'oxygène et décrit ses propriétés, vers la fin du XVIIIe siècle, Lavoisier put choisir entre la théorie du phlogistique et la théorie inverse, et il expliqua la formation des chaux par une combinaison avec l'oxygène et la production des métaux par une perte d'oxygène. Il montra de même que des substances non métalliques, comme le soufre et le phosphore, augmentaient de poids en brûlant. Sa théorie de la combustion se trouvait ainsi généralisée.

Si grand que soit ce progrès, on en a généralement exagéré l'importance. Car la théorie du phlogistique avait déjà résolu ce qu'il y a à proprement parler d'essentiel, la systématisation des combustions, et il ne restait plus guère qu'à prendre symétriquement l'inverse des idées relatives à la combinaison et à la décomposition. Il fallait, d'ailleurs, une très grande liberté d'esprit pour reconnaître la possibilité de ce bouleversement à l'encontre des idées courantes. De plus, en collaboration avec quelques-uns de ses contemporains, Lavoisier a organisé une conception nouvelle de la classification et de la nomenclature, et, par sa perspicacité et sa méthode, il a beaucoup contribué à diffuser rapidement ces concepts.

Dans son ensemble, le tableau des éléments chimiques de Lavoisier se rapproche beaucoup de nos idées actuelles, mais, en dehors des éléments pondérables et à leur tête, il contient encore, comme vestiges des vieilles idées, les éléments impondérables : la chaleur et la lumière. Ainsi, pour Lavoisier, l'oxygène gazeux n'était pas l'élément proprement dit, mais c'était une combinaison de l'élément oxygène avec l'élément chaleur, et il voyait dans tous les gaz des combinaisons de substances plus simples avec l'élément chaleur.

Ces vues ont été abandonnées depuis, mais elles offraient d'un certain côté un caractère tout à fait moderne et remarquable, savoir la considération de l'énergie actuelle des substances. Puisque toutes les substances, pour prendre la forme gazeuse, doivent absorber une certaine quantité d'énergie, il y aurait lieu d'attirer de quelque façon l'attention sur ce fait régulier ; la chimie d'aujourd'hui, avec ses formules, n'a encore aucun moyen simple permettant d'y arriver.

Il y a là un phénomène psychologique très remarquable ; bien qu'il paraisse surprenant, il accompagne généralement les progrès importants de la science. La considération des poids avait amené Lavoisier à édifier sa théorie de la combustion. Il n'a pas établi, le premier, la loi de la conservation des poids suivant laquelle aucun phénomène physique ou chimique ne peut modifier le poids d'un système fermé, c'est-à-dire ne pouvant ni acquérir ni perdre de corps pondérables, mais c'est lui qui a reconnu l'extraordinaire importance de cette loi en chimie ; dans toute sa lutte contre la théorie du phlogistique, il s'appuie sur l'incompatibilité de cette théorie avec la loi de la conservation des poids.

D'ailleurs, la conception de l'élément chimique de Lavoisier repose absolument sur la même loi : un élément est une substance qui ne peut être décomposée en substances plus simples. Mais à quoi reconnaît-on qu'une substance B, qu'on peut préparer chimiquement en partant d'une substance A, est plus simple ou plus complexe que cette dernière? Tout simplement à ce que l'on ne peut obtenir avec une substance simple que des produits qui pèsent plus qu'elle, tandis qu'une substance composée peut donner des produits qui pèsent moins qu'elle, s'ils sont des substances simples. Si le poids d'un corps A augmente dans toutes les transformations, cette substance est un élément. Ainsi le poids se rattache à la notion d'élément. Et pourtant le créateur de cette notion introduit des éléments impondérables à côté des éléments pondérables et se met ainsi lui-même en contradiction flagrante avec son idée directrice.

Si étonnant, si impossible que cela paraisse, le fait se reproduit toujours, et nous aurons plus tard l'occasion de répéter maintes fois cette observation : le dernier pas, qui donnerait à l'idée nouvelle son achèvement parfait et la mettrait en opposition complète avec les idées anciennes est généralement oublié, inaperçu ou négligé, par le réformateur. Il semble que l'effort nécessaire pour élaborer une idée nouvelle soit si grand que le novateur n'ait plus assez de force pour aplanir les dernières difficultés et régler les points accessoires ; il laisse subsister des vestiges de l'ancienne théorie contre laquelle il lutte, et, plus tard, on ne peut pas comprendre comment il les a pu conserver.

Il faut regarder cette intrusion atavique des substances impondérables dans le tableau de Lavoisier comme un vestige de la théorie purement qualitative des éléments que ce grand réformateur a renversée. Leur existence théorique s'est prolongée jusqu'au XIXe siècle : on les trouve dans les premières éditions du traité de chimie de Gmelin; Berzélius, qui ne pouvait les faire entrer dans son système des poids atomiques, les a écartés sans rien dire, et définitivement, parce qu'ils n'avaient pas de poids atomique ni de poids équivalent. Mais, par là, nous touchons à toute une série d'idées dont nous ne nous occuperons que plus tard.

D'ailleurs, Lavoisier a introduit le concept de l'élément chimique qui, depuis, a régné sans modifications pendant plus d'un siècle. Au point de vue purement expérimental, un élément est une substance dont le poids augmente[1] dans toutes les modifications chimiques qu'il peut éprouver.

La particularité la plus remarquable de cette définition est de ne pas donner de critérium absolu de l'élément, car, si jusqu'à présent, nous ne connaissons pour un certain nombre de substances que des combinaisons, c'est-à-dire des transformations chimiques qui en augmentent le poids, rien n'empêche que de nouveaux moyens puissent réaliser un jour une décomposition, c'est-à-dire une transformation aboutissant à une substance moins lourde, à côté d'un ou plusieurs autres produits. Ainsi Lavoisier avait regardé les alcalis et les métaux comme des éléments provisoires et leur décomposition lui apparaissait comme vraisemblable dans l'avenir. Cette prévision s'est bientôt confirmée pour les alcalis, mais non pour les métaux.

1. On peut ajouter par précaution : ou demeure inaltéré, parce qu'il y a des changements d'état allotropique des éléments, transformation du phosphore blanc en phosphore rouge, par exemple, qui se font sans altération du poids.

CHAPITRE II

LES ÉLÉMENTS

Idées actuelles.

Nous allons reprendre la suite d'idées interrompue plus haut (p. 18), et, en nous appuyant sur la différence entre une substance pure et une solution, nous arriverons à une définition des éléments, qui se rattache essentiellement à des travaux tout récents.

La question est dominée par la notion de *phase* : une phase est l'ensemble des parties d'un système matériel qui ont les mêmes propriétés spécifiques. La notion de phase comprend celle de substance pure et celle de solution. Par exemple, une solution saline saturée, au fond de laquelle se trouve du sel non dissous, est un système composé de deux phases, qui sont la solution et le sel solide. Il est indifférent que la phase forme une seule masse ou qu'elle soit composée d'un nombre quelconque de petits fragments, grains ou gouttes : toutes les parties dans lesquelles se retrouvent les mêmes propriétés appartiennent à la même phase. Une masse d'eau, où nagent des morceaux de glace, est un système à deux phases.

Le chimiste serait tenté de ne pas faire cette distinction, puisque l'eau et la glace sont la « même » substance ; mais la glace a une autre densité que l'eau liquide, elle se présente sous une autre forme, elle a une autre chaleur spécifique, etc... Il faut donc, conformément à la définition donnée plus haut, la considérer comme une autre substance. Par contre, un verre de thé au rhum, que le chimiste considère comme un système très compliqué, ne présente qu'une seule phase, car le liquide, s'il a été bien remué, a partout les mêmes propriétés.

Nous devons la notion de phase à Willard Gibbs (1839-1902) ; elle nous donne le moyen de définir la différence, qui existe entre une substance pure et une solution, d'une façon absolument indépendante de toute représentation relative aux combinaisons et aux décompositions chimiques. En général, si nous modifions la température et la pression, il arrive qu'à côté d'une phase donnée commence à s'en former une autre.

Ainsi, nous pouvons congeler l'eau par abaissement de température et la vaporiser par diminution de pression, et, dans les deux cas, il s'établit une nouvelle phase. Il y a, en général, pour la pression et la température, une couple de valeurs bien déterminées, pour lesquelles cette seconde phase peut exister à côté de la première ; tels sont, par exemple, le point de solidification et le point de l'ébullition de l'eau à la pression atmosphérique. Si on apporte ou si on enlève de la chaleur, ou si on modifie le volume, la première phase peut faire place progressivement à la seconde. Ici, deux cas sont possibles :

1° La tranformation est complète à pression et à température constantes, — 2° il faut modifier constamment la température ou la pression pendant que s'effectue la transformation. Nous appelons substance pure une phase de la première espèce, solution une phase de la seconde espèce, Ainsi à la température constante de 0°, l'eau pure se congèle, la pression elle aussi restant constante, tandis qu'il faut refroidir de plus en plus l'eau de mer pour avoir un dépôt progressif de glace. De même, le point d'ébullition de l'eau pure, sous la pression atmosphérique reste constant jusqu'à la vaporisation de la dernière goutte, tandis que celui de l'eau de mer s'élève d'autant plus qu'il y a déjà plus d'eau vaporisée. Il s'y rattache une autre circonstance importante : le résidu de l'ébullition partielle de l'eau pure a conservé les propriétés de la substance primitive; par exemple, son point d'ébullition n'a pas changé et par cela il rentre dans la définition. Par conséquent aussi, ce qui s'est vaporisé redevient, après la condensation, de l'eau pure avec les mêmes propriétés, car, si une autre substance s'était séparée sous forme de vapeur, le résidu ne pourrait plus être de l'eau pure. On appelle *hylotropes* ces changements, qui peuvent se produire sans modification des propriétés du résidu et de la nouvelle phase. Les substances pures sont caractérisées par des transformations hylotropes, les solutions, au contraire, ne présentent pas de transformations hylotropes.

En second lieu, l'expérience nous apprend que les solutions donnent une ou plusieurs substances pures quand on les transforme partiellement en d'autres phases et que, après les avoir séparées, on traite ces phases par le même procédé. Ce mode d'opérer constitue, selon la nature des phases qu'il concerne, la distillation ou la cristallisation fractionnées, et on sait que toutes les séparations et toutes les purifications chimiques reposent sur des séparations de phases. Si on séparait, selon leurs propriétés, en leurs phases diverses, les différentes substances existant dans la nature sous forme de mélanges mécaniques, et, si, de celles de ces phases qui sont des solutions, on tirait les substances pures correspondantes, on n'aurait, en dernier, que des substances pures.

Mais une substance pure ne reste pas la même sous toutes les pressions et à toutes les températures. Par exemple, l'oxyde de mercure a, dans les conditions ordinaires toutes les propriétés d'une substance pure, mais, chauffé vers 400°, il se transforme en un gaz qui se comporte comme une solution : du mercure liquide se sépare par refroidissement, et il reste de l'oxygène gazeux. Par une modification continue du résidu gazeux, la phase gazeuse homogène a donné deux phases, l'une gazeuse, l'autre liquide. Cette transformation n'est donc pas hylotrope. Selon la température et la pression l'oxyde de mercure se comporte donc tantôt comme une substance pure et tantôt comme une solution. Toute solution pouvant être séparée en deux parties constitutives au moins, on donne le nom de substance composée à une substance pure, qui, sous certaines conditions, est susceptible de se transformer en solution.

On peut chercher encore, par une modification convenable de la température et de la pression, à transformer ces substances pures, le mercure et l'oxygène, tirés de la solution gazeuse. Cela ne se peut pas faire, et alors on les appelle des éléments. D'où cette autre définition des éléments : ce sont des substances pures, qui pour toutes les variations possibles de température et de pression, ne présentent que des transformations hylotropes.

Outre la pression et la température, il y a encore d'autres facteurs capables de provoquer des phénomènes chimiques ; d'une façon tout à fait générale, un apport ou une soustraction d'énergie, sous une forme quelconque, peut transformer, dans certains cas, des substances pures en solution ou mélange. Il faut donc élargir la définition et dire : les éléments sont des substances pures qui n'éprouvent que des transformations hylotropes, quelles que soient les influences énergétiques auxquelles elles puissent être soumises.

Il résulte des explications qui précèdent que les deux définitions reviennent pratiquement au même, mais la seconde est bien plus générale et dépend beaucoup moins de suppositions tacites. Car, à la question de savoir si d'une substance quelconque est tirée une autre substance, il faut d'abord répondre en employant la première définition, mais on ne peut pas donner de réponse nette sans fixer la différence entre le concept de substance pure et celui de solution. Ici, comme partout dans l'histoire de la science, on retrouve cette vérité d'expérience : on n'arrive qu'en dernier à ce qu'il y a de plus simple.

Ce sont là de pures questions de forme et de méthode, ne modifiant pas positivement la notion d'élément, et ce point de la science semblait être le plus sûr et le moins discuté. Mais on a observé tout récemment des faits de nature à le bouleverser profondément. Je veux parler du radium, cette substance surprenante, qui, découverte par M. et Mme Curie, fait aujourd'hui l'objet d'un chapitre tout à fait nouveau. Le radium est un élément qui forme des combinaisons tout à fait semblables à celles du baryum, auquel il est analogue. Il résiste à toutes les tentatives faites pour le décomposer chimiquement, et, à l'égard de toutes les propriétés ordinaires, il est si parfaitement semblable aux autres éléments, qu'on a pu, dans le tableau général de Mendeleieff, lui assigner une place bien déterminée, qui était restée vacante auparavant, parce qu'on était sûr de découvrir tôt ou tard un élément correspondant.

Mais, sur un point capital, le radium et toutes ses combinaisons sont tout à fait différents des autres substances. Il semble enfreindre constamment la loi de la conservation de l'énergie, car il dégage sans cesse de l'énergie sous diverses formes. Notamment, il émet des rayons spéciaux, qui impressionnent la plaque photographique et rendent l'air conducteur ; en outre, il dégage constamment de la chaleur, en sorte que sa température est toujours plus haute que celle du milieu ambiant. L'existence de cette substance menaçait donc de renverser la loi fondamentale de la science, et on pouvait rêver d'un avenir, où sans arrêt et sans épuisement, un poêle, construit avec des briques de radium, chaufferait nos appartements, et peut-être même actionnerait nos machines. La rareté du radium rendrait au début cette énergie trop coûteuse, mais ce n'est pas un obstacle pour le technicien, qui chercherait de nouvelles sources de radium capables de le fournir à meilleur marché.

On résolut enfin l'énigme, ou, plus exactement, on amorça une solution permettant de sauver la loi fondamentale, en sacrifiant d'ailleurs une autre loi presque aussi générale. On conserverait, en effet, la loi de l'énergie, si on pouvait prouver que, tout en produisant et en rayonnant constamment de l'énergie, le radium éprouve une altération équivalente. Un changement d'état est toujours lié à une variation d'énergie, c'est un fait d'expérience journalière. Mais, malgré son activité incessante, le radium ne diminuait pas de poids et ne modifiait pas de façon appréciable et mesurable ses propriétés, en particulier, sa capacité de rayonnement pour les diverses formes d'énergie. Toute issue semblait donc fermée de ce côté.

Alors William Ramsay découvrit que, dans un tube de verre fermé à la lampe et contenant une très petite quantité d'un composé de radium, on peut déceler, au bout de quelque temps, des traces d'un autre élément, l'hélium. Ramsay connaissait bien l'hélium, qu'il avait découvert lui-même et étudié de façon approfondie quelques années auparavant. Par une circonstance heureuse, l'hélium, même en très petite quantité, a la propriété de donner par la décharge électrique un spectre caractéristique. Par ce moyen, on peut reconnaître au spectroscope des quantités d'hélium qui échapperaient à la balance. Quelque temps après l'avoir retiré du tube contenant le composé du radium, Ramsay trouva qu'il s'était reproduit de l'hélium. Il fallait admettre, en conséquence, que le radium se transformait en hélium, qu'il y avait passage d'un élément dans un autre.

Nous avons affaire ici à une véritable transmutation, de celles que les alchimistes ont en vain cherché à produire. La loi de conservation des éléments n'est plus valable en toutes circonstances et exige une restriction. Cette conclusion n'est, d'ailleurs, pas absolument surprenante pour ceux qui se sont occupés de la systématisation et de la classification des lois naturelles. Pour eux, la loi de conservation des éléments fait partie d'un groupe de lois de conservation, et quelques-unes de ces lois ne sont déjà plus des lois absolues. Les grandeurs[1] qu'elles concernent se conservent dans la plupart des réactions, mais partout il y a des exceptions, les unes prouvées, les autres vraisemblables, et cela fait songer pour ces grandeurs à une loi de transformation plus générale encore, qui, du reste, n'est encore ni trouvée, ni exprimée.

Tout récemment, Ramsay a établi d'autres faits surprenants. Le produit gazeux qu'émet directement le radium, l'*émanation*, conservée pure et à l'état libre, donne, comme on l'a vu, de l'*hélium*. Si, au contraire, elle est mise au contact de l'eau, il se forme un autre élément gazeux, le *néon*, et, en présence de sels de cuivre ou d'argent, se constitue un troisième élément, l'*argon*. En même

1. Ce sont les grandeurs de capacité des différentes sortes d'énergies.

temps, d'autres éléments de formation nouvelle apparaissent dans les solutions[1]. Cela nous force à transformer radicalement l'idée que nous nous faisions des éléments connus jusqu'ici.

Il y a encore une remarque à faire. D'une manière générale, on connaît aujourd'hui les réactions chimiques beaucoup plus exactement qu'il y a vingt ans ; en particulier, on a étudié les lois qui en règlent la vitesse. Les vitesses chimiques connues jusqu'ici varient beaucoup avec diverses circonstances, avec la température, par exemple. Au contraire, nous ne connaissons encore aucun moyen d'agir sur la vitesse avec laquelle le radium accomplit sa transformation : il rayonne avec la majesté d'un soleil absolument isolé. Quelle que soit la combinaison dans laquelle nous l'introduisions, quelles que soient les variations de température et de pression, il ne nous donne qu'une seule constante de temps naturelle et absolue. Il pourrait nous servir d'horloge et cette horloge ne serait déréglée par aucune perturbation d'aucune sorte. D'ailleurs, ce n'est là que le résultat brut des premières observations, et d'innombrables détails restent encore à étudier. Mais ce qui précède suffit à faire voir quelle modification fondamentale va subir l'ancienne notion d'élément.

1. A vrai dire quelques-uns de ces résultats ont été contestés depuis. Il faut attendre les résultats définitifs de ces travaux, dont s'occupent plusieurs savants distingués.

Cette première incursion dans l'histoire de la chimie relie donc les idées les plus anciennes aux derniers progrès de la science, et donne une intuition vivante de la dépendance organique, qui fait de ses diverses parties un grand tout.

CHAPITRE III

POIDS DE COMBINAISON

Peu après leur introduction en chimie par Lavoisier, les considérations quantitatives eurent à subir une épreuve assez dure, dont elles sortirent victorieuses. Il s'agissait de savoir si la composition des combinaisons chimiques est toujours exactement la même.

On pourrait répondre qu'une combinaison chimique est une substance déterminée, douée de propriétés déterminées, et que, en conséquence, sa composition doit être nécessairement déterminée. En général toutes les propriétés sont fonctions de la composition et changent avec elles ; en fait, il n'y a pas deux substances de composition différente, dont toutes les propriétés soient les mêmes. On peut bien obtenir la concordance entre deux substances pour une propriété, mais pour une seule : si, par exemple, on prend deux substances de densité voisine et qu'on chauffe la plus dense, on peut réaliser, avec l'approximation que l'on veut, l'égalisation des densités, mais, si les densités sont égales, les températures sont différentes. On peut de même obtenir l'égalité des densités pour des pressions différentes, mais non l'égalité des densités dans les mêmes conditions extérieures, et, à cet égard, les propriétés des différentes substances sont différentes.

Inversement, si deux corps doués des mêmes propriétés paraissent identiques au point de vue chimique, leur composition est forcément la même ; car, si elle était différente, le cas qui vient d'être exclu serait précisément réalisé, et les propriétés ne dépendraient pas de la composition, ou, en d'autres termes, la composition pourrait varier sans que les propriétés se modifient.

Il y un siècle, on ne tirait pas cette conclusion qui nous semble naturelle, et cela prouve combien peu les chimistes d'alors se rendaient compte que les propriétés des substances sont rigoureusement déterminées. Ainsi, l'un des savants les plus marquants de cette époque, un homme qui fut un précurseur en d'autres parties de la science, Claude-Louis Berthollet (1748-1822), l'a expressément contesté ; selon lui la constitution pouvait varier dans certaines limites : c'était là une propriété générale des combinaisons chimiques.

L'expérience et la théorie avaient toutes deux conduit Berthollet à cette façon de voir, et on peut vraisemblablement admettre que les raisons théoriques étaient pour lui de beaucoup les plus importantes. Plus tard, nous étudierons ces idées d'une façon plus approfondie ; il nous suffit pour l'instant d'en extraire ce qui est nécessaire à l'intelligence de la question qui nous occupe.

Le problème fondamental de Berthollet était celui de l'affinité chimique. Il recherchait les lois auxquelles obéissent les réactions chimiques. Les procédés de préparation avaient rendu familier aux chimistes le déplacement d'une substance d'une de ses combinaisons par une autre substance ; pour préparer l'acide nitrique, par exemple, on le déplaçait du salpêtre par un acide « plus fort », l'acide sulfurique. Ainsi les différentes substances paraissaient douées de forces différentes, et, quand elles agissaient les unes sur les autres, les plus fortes l'emportaient sur les plus faibles. On acceptait généralement ces vues, qu'un chimiste suédois, Torbern Bergmann, avait réunies en système, dans le dernier quart du XVIIIe siècle.

Berthollet montra que les substances ne se conforment pas du tout à ce schéma si simple. Si A est plus fort que B, B devrait toujours être chassé par A de ses combinaisons, et d'autre part B n'aurait pas d'action sur les combinaisons de A. De deux réactions opposées, il n'y en aurait jamais qu'une seule qui serait possible, l'autre serait impossible. Or Berthollet prouva que beaucoup de réactions sont possibles dans les deux sens. La chaux enlève à une solution de carbonate de potasse son acide carbonique, et il se forme de la potasse caustique et du carbonate de calcium; la chaux est donc plus forte que la potasse vis-à-vis de l'acide carbonique. Mais, inversement, si on fait bouillir du carbonate de calcium avec une solution très concentrée de potasse caustique, il se forme de la chaux vive et du carbonate de potasse : les deux réactions opposées sont possibles.

Ces faits et d'autres encore amenèrent Berthollet à concevoir que toutes les substances en présence dans un système chimique peuvent satisfaire, mais seulement en partie, leurs tendances à se combiner. Il s'établit un équilibre dans lequel existent, mais dans des proportions différentes, toutes les substances possibles. Remarquons en passant que c'est aussi dans un certain sens ce que dit la science actuelle. Nous reviendrons plus tard sur ces vues de Berthollet.

Si on admet qu'aucun phénomène chimique ne se poursuit absolument jusqu'au bout, il n'existe pas de substances pures, et, quand une substance quelconque se forme, toutes les autres substances possibles doivent se former aussi. Les conditions de la réaction déterminent les proportions dans lesquelles se forment ces différentes substances, et, par suite, nous ne préparons jamais que des produits de composition variable.

Je répète encore que, au point de vue moderne, Berthollet avait parfaitement raison. Seulement, dans l'application de ces idées justes, il faisait une grosse faute. Il admettait que cette indétermination de la combinaison était toujours assez grande pour être mise en évidence par l'analyse. C'était son tort; il devait plutôt demander à l'expérience dans quelle mesure cette indétermination générale intervient; et il aurait constaté que la technique des préparations était depuis longtemps en possession de méthodes conduisant à des substances de composition si constante que tout l'art de l'analyse chimique de son temps était loin d'y pouvoir déceler la moindre variation.

C'est ce qu'énonça un autre chimiste de l'époque, Joseph-Louis Proust (1755-1826). Contrairement à Berthollet, Proust n'était influencé par aucune théorie, mais il analysait de son mieux des substances naturelles et artificielles ayant des propriétés déterminées, sans pouvoir trouver aucune différence de composition selon le lieu d'origine ou le mode de préparation de ces substances. S'il prenait divers échantillons caractérisés par les mêmes propriétés physiques, l'analyse lui donnait toujours les mêmes éléments dans les mêmes proportions.

Proust montra que dans certains cas allégués par Berthollet, entre autres celui des oxydes de fer, dont la richesse en fer est variable, il s'agissait de mélanges en proportions variables de substances de composition déterminée, et il arriva à ce résultat général : les substances pures ont une composition constante, et les préparations, qui n'ont pas une composition constante, peuvent être considérées comme des mélanges de substances pures. Par là fut établie la *loi des proportions définies ;* en même temps, s'introduisit d'une façon particulièrement nette le concept de substance pure ou de *substance* au sens chimique, tandis que les mélanges, parmi lesquels on rangeait les solutions, en furent distingués chimiquement comme des produits arbitraires et contingents. Plus tard, les mélanges mécaniques hétérogènes furent distingués, d'une façon plus nette encore, des solutions qui sont homogènes, et on les nomma des combinaisons en proportions variables par opposition aux combinaisons en proportions définies, *aux substances.* Dans ces derniers temps seulement, on étudia plus soigneusement la chimie des solutions et on reconnut bientôt que la science pouvait y trouver aussi de riches trésors.

Plus tard, J.-S. Stas (1813-1891) reprit, en s'aidant de toutes les ressources modernes, une nouvelle vérification qui a confirmé la loi des proportions définies. Il s'est adressé à une substance qui se trouve tout juste à la limite des combinaisons constantes, le chlorure d'ammonium. Par la méthode très exacte des titrages à l'argent, il détermina le rapport entre la masse du chlorure d'ammonium et celle de l'argent nécessaire à sa précipitation totale. Les différents échantillons de chlorure d'ammonium avaient été préparés par les procédés les plus différents que l'on pût imaginer : néanmoins, on ne trouva pas à l'analyse de différence correspondante dans la proportion. Ces mesures, effectuées avec un soin extrême, ne comportant que des erreurs très faibles, confirmèrent la loi de constance de la composition chimique d'une substance donnée, et montrèrent qu'elle est indépendante de son histoire antérieure.

Une autre série de découvertes, qui donnèrent à toute la chimie scientifique des bases quantitatives, avait commencé à une époque antérieure à ce qui précède. La loi des proportions définies s'établit progressivement, de sorte qu'on ne peut préciser son origine ; au contraire, il s'agit ici d'une découverte faite à une époque déterminée par un savant bien connu. Cette découverte a eu d'ailleurs le sort de toutes les idées nouvelles importantes : elle n'attira pas, au moment de sa publication, l'attention générale, et ne fut pas jugée comme elle le méritait. On peut même dire que toute son importance n'a été bien comprise que dans ces derniers temps. Mais actuellement, il ne reste plus aucun doute : c'est l'œuvre d'un esprit génial et bien personnel, affranchi de la manière la plus originale des idées et de la science du passé.

Il s'agit de la découverte des *poids équivalents*

ou équivatents chimiques de Jérémias-Benjamin Richter (1762-1807). Ce savant, mort jeune, était, soit dit en passant, chimiste technicien de carrière, et il ne fut jamais professeur. C'était un de ces hommes heureux qui connaissent nettement leur vocation; il s'était dès l'abord imposé comme tâche l'application des mathématiques à la chimie, et s'était attaché à ce travail, malgré toutes les déceptions et les rebuffades qu'il dut éprouver. Il a réussi à découvrir une clef de voûte dans les fondations de notre science au point de vue quantitatif. Sa façon de penser était si personnelle et s'écartait tant du grand chemin que jusqu'à nos jours elle n'a pas été comprise et estimée comme elle le méritait.

Richter part d'un fait si anciennement connu, que déjà dans ce temps-là tout le monde en disait : « cela va de soi » sans y réfléchir davantage. Mais on dit précisément : « cela va de soi » des choses sur lesquelles on n'a pas réfléchi : au contraire, on peut faire de très remarquables découvertes si l'on comprend qu'il y a lieu de s'en étonner. Le fait qui frappa Richter était que la solution obtenue par le mélange de deux solutions salines neutres reste également neutre.

Quoi de plus naturel que cette simple vérité? Il ne serait même pas difficile de trouver un philosophe pour prouver que, les deux solutions étant, au point de vue acide et au point de vue basique, symétriquement placées par rapport à la neutralité, la solution résultant du mélange de deux liquides neutres ne peut absolument être que neutre d'après le principe de raison suffisante. Mais voyons ce que Richter sut tirer de ce fait. Nous supposerons ici les sels composés d'acide et de base, comme on l'admettait au temps de Richter.

Nous ajoutons à une solution d'azotate de baryte une solution de sulfate de potasse, tant qu'il se forme un précipité de sulfate de baryte. L'azotate de potasse reste dans la solution, et la solution est neutre. Cela signifie que l'acide azotique de l'azotate de baryte mis en jeu dans ce déplacement possède exactement la masse qui était quantitativement nécessaire pour saturer la potasse provenant du sulfate de potasse. Si ce rapport n'était pas rigoureusement exact, la réaction au tournesol devrait révéler la présence d'un excès de potasse ou d'acide azotique dans la solution. Donc, quand deux sels neutres échangent réciproquement leurs acides et leurs bases, ou, en d'autres termes, éprouvent une double décomposition, c'est toujours dans un rapport tel que les sels nouveaux peuvent se former sans qu'aucune partie constitutive se trouve en excès ou en défaut.

On pourrait objecter que ceci n'est prouvé que pour les sels qui se décomposent réciproquement avec formation d'un précipité. Mais on peut démontrer la même chose dans le cas où tout reste dissous, seulement c'est un peu plus long. Mélangeons par exemple du sulfate de potasse et de l'azotate de soude : la solution reste neutre ; cela peut tenir à ce que les deux sels restent inaltérés en présence l'un de l'autre, et alors rien ne serait prouvé. Prenons maintenant de l'azotate de potasse et du sulfate de soude. Toutes les mesures que nous pouvons faire sur le mélange montrent qu'il a exactement les mêmes propriétés que le premier ; par suite il contient les mêmes sels et dans le même rapport. Si donc, dans le premier cas, il n'y avait pas eu de déplacement réciproque, dans le second cas, le déplacement eût été complet. Si, dans le premier cas, il y a eu un déplacement partiel, il y a aussi dans le second cas un déplacement partiel, mais en sens inverse. Dans l'une des solutions au moins, et vraisemblablement dans les deux, il s'est produit un déplacement. Puisque les deux solutions sont restées neutres, il s'ensuit que les acides et les bases ont été mis en liberté précisément dans un rapport tel qu'ils se neutralisent exactement.

Les détails, que je suis obligé de donner à propos de ces raisonnements, suffisent à montrer qu'ils ne rentrent pas dans les façons de penser familières aux chimistes de nos jours. En fait, ces considérations et d'autres analogues sont actuellement d'une façon presque générale remplacées par des considérations correspondantes procédant de l'hypothèse atomique, dont nous parlerons bientôt. C'est cependant un fait digne de remarque que les lois de l'équivalence chimique, uniquement basées sur des expériences et par là exemptes d'hypothèses, soient antérieures d'un quart de siècle à l'hypothèse qui les rend intuitives.

En généralisant comme l'a fait Richter, on arrive au raisonnement suivant : Soit A', A'', A''', etc... une série d'acides, et B', B'', B''', etc... une série de bases. En combinant chacun des acides avec une masse correspondante de chacune des bases, nous pouvons former autant de sels qu'il y a de combinaisons binaires entre ces corps. Nous partons d'une masse déterminée du sel A' B' que nous prenons comme unité. Alors il y a une masse déterminée, mais différente, du sel A'' B'' constituée de telle sorte que la quantité d'acide A'' qu'elle contient soit exactement suffisante pour saturer la base B' du premier sel. D'après la loi de neutralité qui vient d'être exposée, la base B'' est en quantité telle qu'elle peut saturer exactement la quantité d'acide A' du premier sel. Par conséquent, les quatre masses A', A'', B', B'' sont équivalentes les unes aux autres : les deux bases s'équivalent en ce qu'elles saturent exactement des masses égales de l'un quelconque des deux acides ; les masses des deux acides montrent la même équivalence à l'égard des bases. On peut dire aussi que la masse d'acide

A′ est équivalente aux masses des bases B′ et B″ puisqu'elle suffit exactement pour saturer chacune d'elles en formant un sel neutre, et on peut en dire autant de la masse d'acide A″. En d'autres termes, les quatre masses A′, A″, B′, B″ représentent les masses des acides et des bases, qui peuvent se saturer ou se remplacer dans toutes les combinaisons possibles entre elles : ce sont leurs poids équivalents ou poids de combinaison.

On peut évidemment étendre ces considérations à un troisième sel A‴ B‴ et on obtient ainsi les poids équivalents d'un nouvel acide et d'une nouvelle base. En continuant le raisonnement, on arrive à ce résultat général : partant d'une masse d'une base ou d'un acide, arbitrairement choisie comme unité, on peut déterminer, pour tous les autres acides et toutes les autres bases, des masses fixant les rapports dans lesquels les substances se saturent, et ces nombres représentent les rapports dans lesquels tous les sels possibles contiennent les masses des acides et des bases. En appelant ces nombres les poids équivalents, on peut dire : les acides et les bases ne se combinent pour donner des sels neutres que dans le rapport de leurs poids équivalents.

Richter n'a pas atteint lui-même cette conception générale. Il avait exprimé sa loi sous une forme un peu plus compliquée en disant : si l'on détermine les poids des différentes bases nécessaires pour neutraliser un poids unité d'un acide A, et si l'on fait les mêmes déterminations pour les poids unités d'autres acides A′ A″, etc..., les poids des diverses bases qui figurent dans ces tableaux sont proportionnels entre eux, c'est-à-dire qu'on obtient respectivement les nombres du deuxième tableau en multipliant par un facteur constant ceux du premier ; il en est de même pour les nombres de tous les autres tableaux, mais le facteur correspondant varie pour chacun d'eux. Chacun de ces facteurs peut être connu par une seule détermination des rapports entre acides et bases.

Souvent, celui qui a fait une grande découverte l'explique presque complètement, mais ne parvient pas à donner à son œuvre tout l'éclat de sa simplicité et de son achèvement parfait. Ce service fut rendu à Richter par un physicien d'ailleurs obscur de Berlin, le professeur E.-G. Fischer. A l'occasion d'une traduction des célèbres recherches de Berthollet sur l'affinité chimique, Fischer mentionna dans une note la découverte de Richter, et ajouta qu'on peut facilement condenser en un seul ses nombreux tableaux, si l'on choisit les masses qui y figurent de telle sorte que les facteurs de réduction deviennent partout égaux à l'unité. C'est précisément ce que j'ai exposé plus haut : au lieu de rapporter les masses des bases à une unité arbitraire dans chaque tableau, savoir l'unité de poids d'un autre acide, on les rapporte à une même unité, et il suffit d'introduire les masses équivalentes des autres acides pour obtenir l'unique tableau des poids équivalents.

La grande découverte de Richter demeura d'abord tout à fait isolée. Berthollet reprit la remarque de Fischer dans son célèbre ouvrage *Essai de statique chimique*, et en souligna la haute valeur, mais il n'en tira pas les conséquences, vraisemblablement parce qu'elles étaient en contradiction avec ses vues théoriques personnelles. C'est seulement bien plus tard, au début du XIXe siècle, qu'un autre savant d'une grande autorité revint sur la question et reconnut l'importance extrême des considérations de Richter. Cet homme était J.-J. Berzélius (1779-1848).

Berzélius s'était occupé depuis des années d'analyses chimiques, et il avait déterminé la composition d'un grand nombre de sels importants. S'appuyant sur les considérations de Richter, il reconnut que la composition d'un sel est en relation avec la composition d'autres sels, et qu'elle peut se calculer à l'avance sans en faire l'analyse, si on connaît les poids équivalents de l'acide et de la base qui interviennent. Il put ainsi contrôler une analyse par l'autre et se mit bientôt au calcul. Dans la plupart des cas, les résultats s'accordèrent avec la loi de Richter, mais il y eut quelques discordances. Une recherche plus exacte montra qu'il s'était glissé des erreurs dans les analyses, et finalement la loi de Richter fut pleinement confirmée.

Malheureusement justice ne devait pas encore être rendue à Richter. Dans le temps où il s'occupait des écrits de ce savant, Berzélius avait sur sa table de travail les œuvres d'un autre chimiste C.-F. Wenzel. Les deux noms lui étaient également inconnus, à lui comme à ses contemporains ; il les confondit, et, pendant près d'un demi-siècle, Wenzel jouit de la gloire imméritée d'avoir découvert la loi des poids équivalents. C'est seulement vers 1845 que cette erreur fut relevée par G.-H. Hess. Les chimistes n'ont pas encore aujourd'hui pour Richter toute la reconnaissance que mérite son mode de raisonnement si original et si fécond, et j'accomplis un devoir qui m'est cher en appelant l'attention sur ce grand homme, dont la gloire rayonnera avec d'autant plus d'éclat qu'on s'éloignera davantage de l'époque où il vécut.

CHAPITRE IV

L'HYPOTHÈSE ATOMIQUE ET LA LOI DES PROPORTIONS MULTIPLES

La raison, pour laquelle l'œuvre de Richter est passée ainsi à l'arrière-plan, est le développement simultané de l'hypothèse atomique de John Dalton (1766-1844). Déjà dans l'antiquité, on avait émis cette idée que tous les corps se composent de particules extrêmement petites, invisibles même à l'aide des instruments les plus puissants, et on y avait souvent songé depuis. Mais Dalton le premier en tira des conséquences quantitatives susceptibles d'un contrôle expérimental. Il se demanda si tous les atomes d'une substance déterminée, le soufre, par exemple, étaient toujours rigoureusement égaux entre eux, ou s'ils présentaient de petites variations, comme celles que l'on rencontre entre les grains de sable. L'expérience montre que tous les échantillons de soufre ont exactement les mêmes propriétés, quels que soient leur mode de préparation et leur histoire antérieure : Dalton en conclut que tous les atomes d'une substance donnée doivent être égaux, autrement il serait possible, par distillation ou par quelque autre opération, d'obtenir des sortes de soufre dont les propriétés différeraient tant soit peu, un échantillon contenant des atomes plus grands, un autre des atomes plus petits, tout comme on peut avoir du sable fin et du sable grossier. On reconnaît ici la même considération générale sur la différence des substances pures et des solutions, qui nous a servi pour poser les fondements du concept de l'élément. (p. 30)

Si l'on suppose en second lieu que les atomes des éléments sont seuls simples, et que les atomes des combinaisons sont formés par les atomes des éléments simples qui entrent dans la combinaison, on est forcément conduit à la conclusion suivante : toutes les combinaisons chimiques ne peuvent se former que suivant des rapports de poids bien déterminés, fixés par les rapports des poids des atomes qui y entrent. Car, puisque les atomes de chaque élément sont tous égaux entre eux, ils ont tous le même poids, et les combinaisons chimiques ne sont possibles que selon les rapports de ces poids qu'on appelle les poids atomiques. Il est vrai que la petitesse des atomes ne nous permet pas de déterminer leurs poids isolément. L'analyse ne donne pas non plus les poids des divers atomes qui forment une combinaison, mais bien le rapport du poids de tous les atomes présents d'un élément à celui de tous les atomes de l'autre. Par exemple. dans une combinaison où tous les éléments se combinent atome à atome, le rapport en question est égal au rapport des poids des deux sortes d'atomes. On ne peut déterminer le poids absolu. mais seulement le poids relatif des atomes.

Ces considérations, malgré leur caractère hypothétique, sont beaucoup plus familières aux chimistes d'aujourd'hui que celles de Richter. Comme on le voit, elles mènent plus loin, car la pensée de Richter ne visait que les sels neutres[1], et les considérations de Dalton donnent un schéma pour toutes les combinaisons quelles qu'elles soient. Toutes les combinaisons chimiques doivent donc être réglées dans leur ensemble de telle sorte que les masses pondérales de leurs éléments puissent être représentées par des nombres tout à fait déterminés. propres à chaque élément, savoir les poids atomiques relatifs de ces éléments. C'est l'idée de Richter étendue à toutes les combinaisons chimiques possibles.

Dalton ne s'est pas trop occupé de la question de savoir si ces conséquences très importantes, qu'on avait tirées de ses considérations, s'accordaient aussi avec l'expérience. Trop convaincu par des

1. Il l'a étendue plus tard aussi au déplacement des métaux les uns par les autres dans leurs combinaisons.

raisons générales de l'exactitude de son hypothèse pour juger cette vérification nécessaire ou même bien importante, il ne la fit que dans un seul cas : quand deux éléments, par exemple, le carbone et l'hydrogène, peuvent se combiner en diverses proportions, les masses de l'un rapportées à une même masse de l'autre sont dans un rapport simple tel que 1 : 2, 1 : 3, etc..., car toujours un nombre entier d'atomes de l'un de ces éléments doit s'unir à un nombre entier d'atomes de l'autre, et les poids relatifs doivent être dans le rapport des nombres entiers correspondants. On connaissait alors deux combinaisons de carbone et d'hydrogène, le gaz des marais et le gaz oléfiant. Dalton analysa les deux gaz, et trouva que, pour la même masse d'hydrogène, le second renferme deux fois plus de carbone que le premier.

Cette *loi des proportions multiples*, comme on l'a appelée depuis, ne reposait pas alors exclusivement sur les recherches de Dalton, guidées par l'hypothèse atomique. Dans quelques cas particuliers, son existence avait été prouvée par voie purement expérimentale, et c'étaient encore les sels, fait caractéristique, qui fournissaient ces exemples.

Déjà à propos de la loi de Richter, relative aux sels neutres, on pouvait se demander ce qu'il advient des sels acides et basiques. Pour ces sels, William-Hyde Wollaston (1766-1828) trouva une loi simple : la masse d'acide combinée à une masse donnée de base est exactement double, triple, quadruple ou multiple de la masse du même acide, qui, dans le sel neutre, correspond à la même masse de base. C'est comme on voit la loi des proportions multiples appliquée aux sels.

Quelques-unes des expériences simples et intuitives par lesquelles Wollaston établit sa loi valent la peine d'être connues. On pèse deux masses égales de bicarbonate de sodium, et on transforme l'une d'elles en sel neutre par la chaleur. Les deux échantillons sont alors enveloppés dans de petits morceaux de papier et introduits sur la cuve à mercure dans des tubes gradués qui contiennent un peu d'acide chlorhydrique concentré. L'acide carbonique se dégage, et il y en a exactement deux fois plus pour l'échantillon non chauffé que pour celui qui a été chauffé. Ou bien on prend deux masses égales d'oxalate acide de potassium, et, par la chaleur, on transforme l'une d'elles en carbonate de potassium. On met alors les deux échantillons dans de l'eau, et l'échantillon non chauffé contient exactement assez d'acide en excès pour former avec le carbonate de potassium de l'oxalate neutre. Si l'on prend du tétroxalate, un tiers de sel non décomposé suffit à la neutralisation.

Quand il publia ses recherches, Wollaston déclara qu'il connaissait encore une collection d'autres faits analogues, mais qu'il abandonnait ce sujet traité par la théorie de Dalton d'une façon plus générale.

Enfin Berzélius soumit à une vérification rigoureuse l'hypothèse de Dalton en ce qui concerne le rapport des poids pour les combinaisons chimiques, et cette vérification fut aussi favorable qu'on pouvait l'espérer : toutes les analyses pouvaient être exprimées par des poids atomiques déterminés, et Berzélius qui, au début, avait opposé des critiques très vives à l'hypothèse très hardie de Dalton, devint alors son plus chaud partisan, et c'est lui qui la répandit avec le plus de succès.

Berzélius étendit d'une façon tout à fait générale la conception atomique des combinaisons chimiques. Il représenta simplement la composition des corps par des formules dans lesquelles les atomes des éléments étaient désignés par les initiales de leur nom latin, et affectés de coefficients qui indiquent le nombre des atomes dans chaque combinaison : pour faire accepter la conception atomique, ce moyen nouveau fut irrésistible. Depuis lors, tout le développement de la chimie s'est fait dans le sens de l'hypothèse atomique, et ces vues sont aujourd'hui si familières à tous les chimistes qu'il est la plupart du temps très difficile de séparer les faits expérimentaux, à l'expression desquels sert l'hypothèse, des formules qui résultent de l'existence supposée des corpuscules indivisibles. Il faut reconnaître que l'hypothèse atomique s'est dans la suite très bien adaptée aux progrès de la science et que, outre la loi des poids équivalents, elle a pu d'une façon pratique rendre intuitives plusieurs autres lois d'expérience. D'ailleurs, il faut bien le dire, il n'y a guère de chimistes qui ne pensent ou n'expérimentent conformément à cette hypothèse, de sorte qu'on a quelque tendance à ne pas y découvrir de difficultés et de contradictions, et même, autant qu'on le peut, à les laisser à l'arrière-plan.

Est-il possible d'établir la loi générale des poids équivalents sur quelque fait expérimental plus général, comme Richter l'a fait pour les sels? Nous pouvons répondre affirmativement. Il faut remarquer d'abord que la façon de raisonner de Richter permet de tirer d'un fait qualitatif, la persistance de la réaction neutre, une conclusion quantitative, l'existence des poids équivalents; mais elle prouve seulement que leur existence est nécessaire, et elle ne donne pas le moyen d'en déterminer les valeurs. Il faut pour cela que l'analyse chimique entre en jeu avec ses ressources ordinaires.

F. Wald proposa le premier, il y a une dizaine d'années, un mode de raisonnement grâce auquel on a pu interpréter un fait qualitatif d'une grande généralité, d'où la loi générale des poids équivalents découle aussi nécessairement que la loi des poids équivalents des sels découle de la persistance de la neutralité.

Berzélius avait déjà indiqué la signification générale de ce fait, mais ne l'avait interprété que dans le sens de l'hypothèse atomique. Voici en quoi il consiste : si des substances composées entrent dans des combinaisons d'ordre plus élevé, elles se comportent comme un tout, absolument comme les éléments.

Pour rendre la chose intuitive par un exemple, considérons un des premiers cas étudiés par Berzélius. Il prenait du sulfite de plomb et l'oxydait avec de l'acide azotique pour former du sulfate de plomb. Dans le liquide au fond duquel se trouvait le dépôt insoluble de sulfate, il cherchait un excès éventuel de plomb ou de soufre sous forme d'azotate de plomb ou d'acide sulfurique. Il ne trouva pas d'excès de ce genre et il en conclut que le rapport du plomb au soufre est le même dans le sulfate que dans le sulfite; seule la proportion d'oxygène varie.

Berzélius observa ce fait général dans une série d'autres cas, qu'il choisit de façon à pouvoir appliquer les réactions les plus sensibles connues de son temps. Il obtint toujours le même résultat : pour former plusieurs combinaisons plus ou moins complexes, les mêmes éléments s'unissent toujours exactement dans le même rapport. C'est ce qu'on peut appeler la *loi des réactions intégrales*.

Environ un demi-siècle plus tard, Stas reprit expérimentalement la même question. Il en avait également senti l'importance pour la loi des poids équivalents, sans pourtant en tirer la conséquence que je viens d'indiquer. Il travaillait avec le chlorate, le bromate et l'iodate d'argent; à l'inverse de Berzélius, il partait de la combinaison la plus compliquée et la transformait en une combinaison plus simple, le composé halogéné de l'argent correspondant. Ici les ressources de l'analyse étaient beaucoup plus délicates et plus sensibles encore. Le résultat fut le même : le passage d'une combinaison à l'autre ne fit pas apparaître le moindre excès de l'un des éléments communs; en d'autres termes, le rapport de ces éléments est le même dans les combinaisons ternaires $Ag\ Cl\ O^3$, etc... que dans les combinaisons binaires $Ag\ Cl$, etc...

Actuellement les analyses, qu'on fait tous les jours, ont confirmé de la façon la plus étendue les résultats de ces expériences effectuées dans un but déterminé. Dans les analyses, les calculs reposent en grand nombre sur le même principe, et l'accord complet de ces calculs avec l'expérience prouve qu'aucune faute ne s'est introduite, qui dépasse les erreurs de mesure. C'est par le procédé de l'induction incomplète que nous obtenons nos lois scientifiques, car on ne peut jamais faire sur une question toutes les expériences imaginables, et ce serait nécessaire pour établir une induction complète : nous généralisons donc ces observations, et nous admettons que, dans tous les cas, les corps composés interviennent comme un tout dans d'autres combinaisons.

Ce point accordé, il est facile d'en déduire la loi générale des poids équivalents. Prenons pour points de départ trois éléments A, B, C, et supposons d'abord, pour plus de simplicité, qu'ils ne puissent s'unir que dans un seul rapport l'un avec l'autre, pour donner des combinaisons binaires ou ternaires. Nous pouvons d'abord partir de l'unité de poids de A et déterminer quel poids de B s'y combine pour donner AB, nous appelons cette masse de B son poids équivalent par rapport à A; appelons de même poids équivalent de AB par rapport à A la somme de l'unité de poids de A et du poids équivalent de B qui se trouve dans AB. Combinons maintenant C avec un poids équivalent de AB pour former le composé ternaire ABC et appelons encore poids équivalent de C par rapport à AB la masse nécessaire de C.

Procédons de même en combinant d'abord C à A, puis AC à B pour obtenir la combinaison ternaire ACB : nous obtenons ainsi un poids équivalent de B par rapport à AC. Nous voulons établir que le poids équivalent de C par rapport à A est égal au poids équivalent de C par rapport à AB, et que de même les poids équivalents de B par rapport à A et AC sont égaux entre eux.

La démonstration repose sur ce que la combinaison ACB doit être regardée comme identique à la combinaison ABC. La nature d'une substance simple ou composée ne dépend pas de son histoire antérieure, mais seulement de ses éléments[1].

Donc, si on combine d'abord A à B pour former AB, puis AB à C, la combinaison AB se comporte vis-à-vis de C comme un tout pour former ABC, et le rapport entre A et B est le même dans ABC que dans AB. De même le rapport entre A et C est le même dans AC que dans ACB ou dans ABC, les deux substances ACB et ABC étant identiques. Si donc on détermine pour la combinaison ternaire les masses de B et de C que l'on en peut tirer en même temps que l'unité de masse de A, ces nombres n'expriment pas seulement les rapports des éléments dans la combinaison ternaire, mais aussi les rapports des éléments dans les trois combinaisons binaires possibles AB, AC et BC. Car chacune de ces combinaisons binaires se combine comme un tout avec le troisième élément pour former la combinaison ternaire ABC, et aucune d'elles ne peut contenir les éléments dans un rapport différent de celui où il se trouve dans la combinaison ternaire.

Comme on le voit, ces considérations ont une grande analogie avec celles qui ont conduit Richter à la loi des poids équivalents entre acides et bases. Les unes et les autres, partant d'un fait qualitativement établi, nous font connaître l'existence de lois quantitatives, sans pourtant nous livrer, par les

1. Les faits d'allotropie et d'isomérie semblent contredire cette supposition : nous l'expliquerons plus tard.

mêmes expériences, les valeurs numériques elles-mêmes. Dans les deux cas l'analyse quantitative est nécessaire, et une seule analyse suffit pour déterminer le nombre qui intervient dans toutes les combinaisons possibles d'une substance donnée.

De plus, les deux séries de considérations présentent un point commun d'importance fondamentale, sur lequel je dois particulièrement insister. Dans le raisonnement de Richter, on suppose qu'une solution, qui a été préparée avec des proportions équivalentes des sels AB et A'B', est identique à une solution préparée avec des masses équivalentes des sels AB' et A'B, autrement dit que l'histoire de la formation de cette solution n'a aucune influence sur sa composition. Pour déduire la loi générale des poids équivalents, on fait la même supposition à l'égard de la combinaison ternaire. Ce sont là deux formes d'un postulat plus général, à savoir que les états considérés sont des états d'équilibre chimique, ou, en d'autres termes, que ces systèmes ne changent pas, quel que soit le temps pendant lequel on les observe, toutes circonstances égales d'ailleurs. Chaque fois que l'on peut montrer que des chemins différents peuvent conduire au même système, on est en droit de conclure qu'il existe entre les différents chemins possibles certaines relations, sans quoi le système obtenu ne pourrait être indépendant du chemin suivi : ainsi l'existence des poids équivalents, ou poids de combinaison, es l'expression générale des relations en question. Le fait fondamental de Richter, la persistance de la neutralité, ne se rapporte naturellement qu'aux sels, et, par suite, il en est de même de sa conclusion. Le fait fondamental, qui sert de point de départ aux nouvelles considérations, savoir que les substances composées, elles aussi, se comportent comme un tout dans les réactions chimiques, a trait à des phénomènes chimiques de tous genres, et les conclusions qu'on en tire sont générales.

Dans cette sorte de raisonnement, on constate d'abord qu'un certain résultat ne dépend pas du chemin suivi ou, plus généralement, est indépendant de certaines conditions, puis on choisit arbitrairement ces conditions: cette façon de raisonner est de la plus haute importance dans les sciences. Par exemple, si on établit que la somme convenablement formée des énergies d'un système isolé ne peut être modifiée par des phénomènes d'aucune sorte, et si on égale les valeurs de cette somme pour deux états définis du système, on obtient entre les constantes qui caractérisent ces états une équation capitale pour l'application de la loi de la conservation de l'énergie. Pour l'énergie libre et pour quelques autres fonctions, on trouve de même des grandeurs qui se comportent de façon analogue, et, si on les envisage pour des chemins différents, mais équivalents, on est conduit aux conséquences multiples du second principe, de la thermodynamique. Ces fonctions, qui conservent leur valeur pour certains changements simultanés de leurs variables, ont reçu le nom d'*invariants*, et les explications qui précèdent font comprendre leur importance fondamentale pour l'intelligence des phénomènes naturels.

Je dois encore compléter les réflexions qui précèdent en ce qui concerne le point de départ des considérations de Dalton pour la loi des proportions multiples. Il dit que, si deux éléments s'unissent pour former plusieurs combinaisons, les diverses masses de l'élément qui varie, rapportées à l'unité de masse de l'autre élément supposé fixe, sont dans des rapports rationnels simples. Naturellement il est indifférent de considérer tel élément que l'on veut comme constant ou comme variable. On peut, dans l'exemple de Dalton, gaz des marais et gaz oléfiant, prendre comme unité de comparaison la quantité de carbone : le rapport des masses hydrogènes est de 2 à 1 ; ou bien on peut considérer la quantité d'hydrogène comme constante : le rapport des masses de carbone est alors de 1 à 2.

Peut-on aussi déduire cette loi des considérations générales? Oui, car elles ont déjà établi que le poids équivalent d'une substance composée est nécessairement égal à la somme des poids équivalents de ses éléments (p. 61). Si la substance combinée AB se combine à l'élément B, elle intervient comme un tout dans la nouvelle combinaison, et son poids équivalent doit s'unir à une masse de B égale au poids équivalent de B. Il s'ensuit que. dans la substance qui se forme, la masse de l'élément B est proportionnellement double de celle qui existe dans la combinaison AB, car, dans un poids équivalent A B, il y avait un poids équivalent B, et cette masse AB s'unit précisément avec un nouvel équivalent de B pour donner la nouvelle combinaison (A B) B ou AB^2.

Pour cette nouvelle combinaison AB^2, le même raisonnement s'applique, un équivalent de AB^2 pourra se combiner à un nouvel équivalent de B pour donner AB^3. On peut, cela va de soi, raisonner de même pour des combinaisons quelconques, et je n'ai pas besoin d'entrer dans des explications détaillées.

Nous ne nous occuperons pas ici de la détermination des poids atomiques. Nous ne pouvons non plus retracer les vicissitudes de cette vieille opinion que tous les éléments sont des combinaisons d'un seul élément primitif. C'est seulement dans le dernier temps que l'on a découvert des faits expérimentaux, qui s'accordent avec la possibilité de cette idée générale. Mais on ne peut en dire autant d'une autre idée, dont on trouve déjà chez Richter les premières traces.

Richter avait été conduit à penser qu'il doit exister certaines relations entre les valeurs numériques des équivalents des différents acides et bases, et que les éléments rangés par ordre de grandeur doivent se placer comme les termes d'une série mathématique. Il avait même déjà interprété les places vides qu'il trouvait dans ces séries présumées régulières, en les attribuant à des substances qui n'étaient pas encore découvertes, et calculé à l'avance les poids équivalents d'acides et de bases inconnus. Ces considérations ne plaisaient pas à ses contemporains. Là-dessus le malheur voulut que le chimiste Trommsdorff annonçât la découverte d'une nouvelle substance basique qui, à cause de son absence de goût, fut appelée *terre aguste*. Des analyses de Trommsdorff, Richter déduisit que cette nouvelle substance se plaçait précisément dans une des lacunes existantes de sa série et considéra cette découverte comme une chance toute particulière. Malheureusement, on reconnut bientôt que cette substance n'était que du phosphate de calcium, et cela desservit beaucoup les vues de Richter.

Plus tard, les équivalents ou les poids atomiques étant déterminés en grand nombre, on revint à la question des rapports de leurs valeurs numériques. Döbereiner montrait déjà, vers 1825, que les éléments offrant quelque parenté existent souvent par triades, et que le poids atomique de l'élément moyen d'une triade est à peu près la moyenne arithmétique de ceux des éléments extrêmes. Par la suite, d'autres savants élargirent ces vues; en particulier Pettenkoffer reprit l'idée des séries mathématiques de Richter. Mais on ne trouva de régularité décisive que lorsqu'on rangea les poids atomiques de tous les éléments sans exception dans l'ordre de leurs valeurs numériques. Le Français de Chancourtois et l'Anglais Newlands furent les premiers à trouver quelque chose de général sur ce sujet. En 1864, Newlands exposa sa *loi de l'octave* à un congrès de savants anglais : tous les éléments étant rangés en série par ordre de poids atomiques croissants, la série ainsi constituée possédait cette propriété que, en avançant de sept termes à partir d'un élément quelconque, on retombait sur l'élément qui s'en rapprochait le plus par ses propriétés. Ce genre de considérations parut alors si bizarre que le président demanda ironiquement à Newlands s'il ne trouverait pas une loi analogue en rangeant les éléments par ordre alphabétique. Aussi Newlands ne réussit-il pas à attirer l'attention sur ses recherches, et c'est seulement beaucoup plus tard, quand d'autres chimistes plus connus eurent travaillé de leur côté dans le même ordre d'idées qu'on en reconnut la fécondité.

Lothar Meyer (1830-1895) et D. Mendeleieff (1834-1907) publièrent leurs résultats en 1869, indépendamment l'un de l'autre. Ils trouvaient tous deux que cette série des poids atomiques rangés par ordre numérique peut se décomposer en tranches telles que, dans chacune d'elles, les places correspondantes soient occupées par des éléments offrant une certaine similitude. Il fallait pour cela faire des transpositions dans l'ordre reçu jusqu'alors, en introduisant certains multiples des poids équivalents à la place de ceux qu'on admettait auparavant. Sous ce rapport, Mendeleieff se distingua par son audace, et il eut la main très heureuse. Se basant sur les analogies existantes, il put prévoir à l'avance les propriétés d'un certain nombre d'éléments qui étaient encore inconnus : la présence des lacunes dans son tableau l'avait poussé à admettre leur existence, et il vit triompher quelques-unes de ses prédictions. Dès lors son idée fut reprise et développée avec zèle. On reconnut que non seulement presque toutes les propriétés et relations des éléments, mais aussi celles de leurs combinaisons de même nature, pouvaient être représentées comme des fonctions périodiques de leur poids atomique.

D'ailleurs, on vit en même temps qu'il s'agissait moins d'une loi exacte pouvant être exprimée sous une forme déterminée, que d'une règle approchée qui, en raison d'une certaine indétermination, est assez comparable aux classifications de l'histoire naturelle. Les éléments isolés ne sont nullement rangés uniformément ou selon quelque loi simple par rapport à leur poids atomique. Les différences des valeurs correspondantes ne sont pas distribuées d'une façon constante ou régulière, elles paraissent l'être tout à fait irrégulièrement. Dans certains cas (tellure-iode, argon-potassium), des relations de parenté tout à fait certaines ont obligé les chimistes à placer le plus grand poids atomique devant le plus petit, en sorte qu'il a fallu enfreindre le principe fondamental lui-même. Ajoutez encore que l'arrangement conforme au système périodique fait disparaître certaines analogies réellement existantes (baryum et plomb, cuivre et mercure), tandis que d'autres éléments (or et métaux alcalins) se trouvent rapprochés, entre lesquels, même avec de la bonne volonté, on ne voit que bien peu de ressemblance. Mais en face de ces cas défavorables, il y en a tant de favorables que, sans nul doute, nous avons affaire ici à une relation très importante, pour laquelle il ne reste plus qu'à trouver une expression complètement satisfaisante.

Si on envisage au point de vue le plus général tout le tableau périodique, on a l'impression que les éléments n'y sont pas distribués exactement sur le schéma régulier, mais qu'ils y sont répartis d'une façon un peu relâchée, de telle sorte que chacun d'eux est arrivé au voisinage de sa place systématique, mais ne l'occupe pas tout à fait. On rencontre parfois des cas semblables dans d'autres branches de la science; on peut dire la plupart du temps qu'il s'agit de grandeurs, qui peuvent varier sous certaines conditions, et que les irrégularités observées tiennent à ce que les conditions comparables ne se sont pas produites ou n'ont pas été maintenues. Mais les valeurs numériques des poids atomiques, dont il s'agit ici, ne peuvent être modifiées, si peu que ce soit, par aucune circonstance connue; c'est même leur propriété caractéristique, et l'état actuel de la science ne permet pas de chercher pour ces irrégularités d'explications de cette sorte.

Voici encore une autre difficulté du même genre. Toutes les propriétés des éléments et de leurs combinaisons se présentent comme des fonctions des poids atomiques, c'est-à-dire qu'on peut imaginer une expression mathématique (on en a même établi) dans laquelle il suffit d'introduire la valeur du poids atomique pour obtenir la valeur d'une certaine propriété. Ces expressions ont toujours le caractère de fonctions continues, c'est-à-dire qu'elles donnent à toute valeur arbitrairement choisie de l'une de ces variables une valeur correspondante de l'autre. D'après la loi de continuité on peut, grâce à elles, interpoler pour trouver une valeur inconnue entre deux valeurs connues. Les prédictions de Mendeleieff, qui, de son temps, ont montré si brillamment l'utilité du système périodique, ne sont plus maintenant que des interpolations de ce genre, faites en admettant la loi de continuité; l'exactitude des résultats prouve que la supposition était légitime dans un certain sens. Ces réflexions font penser qu'il y a, ou peut-être qu'il y eut des conditions dans lesquelles les poids atomiques sont ou étaient variables d'une façon continue. Sans doute ces conditions ne se présentent pas dans nos expériences actuelles, où les valeurs sont figées en une immobilité complète. Mais on peut tout au moins imaginer que cette fixation s'est accomplie dans dans des conditions où l'univers n'avait pas pu prendre un arrangement absolument régulier, et que, depuis lors, les poids atomiques ont subi l'influence de ce demi-chaos.

Cela nous amène à songer à la transformation du radium en hélium, signalée à la fin de la leçon précédente, et à la possibilité de la transmutation générale des éléments. Mais il faut remarquer que le radium et l'hélium, chacun de leur côté, se comportent tout à fait comme les autres éléments, en ce qui concerne l'invariabilité de leur poids atomique : ils présentent une variabilité discontinue et non continue du poids équivalent. Ce n'est donc pas de ce côté que nous pouvons attendre une explication immédiate. Peut-être une étude plus approfondie des rapports de transmutation fera-t-elle trouver encore quelques circonstances nouvelles inconnues jusqu'ici et capables de nous expliquer une continuité possible dans la variation du poids atomique; tout récemment de telles possibilités se sont montrées, mais il faut attendre encore leur développement général.

CHAPITRE V

LES LOIS DES GAZ ET L'HYPOTHÈSE MOLÉCULAIRE

En 1804, Alexandre de Humboldt mettait en ordre, à Paris, les résultats de ses célèbres voyages dans l'Amérique du Sud. Il eut à s'occuper, en particulier, de la question suivante : la composition de l'air atmosphérique est-elle constante, ou varie-t-elle aux différents points du globe? De son temps, on ne connaissait rien de fixe sur ce sujet, d'autant moins qu'il n'existait pas de méthode générale sûre. Il s'adressa à Berthollet, qui était alors à Paris le chimiste le plns marquant, en le priant de confier à quelqu'un la tâche d'étudier les méthodes employées et d'en trouver une bonne. Berthollet recommanda le jeune Gay-Lussac (1778-1850), avec qui Humboldt se mit au travail. Ils trouvèrent que de toutes les méthodes, celle d'Alessandro Volta était de beaucoup la meilleure. Elle consiste à mélanger l'air avec un excès connu d'hydrogène, puis à provoquer l'explosion du gaz tonnant. et à déduire de la diminution de volume observée la quantité d'oxygène. Cette diminution de volume se compose du volume de l'oxygène, et de celui de l'hydrogène qui se sont unis pour donner de l'eau. Si on connaît le rapport dans lequel se combinent ces deux gaz, on peut facilement calculer la part qui revient à l'oxygène, et, par suite, la proportion d'oxygène dans l'air. L'application du procédé exigeait la connaissance exacte de ce rapport, que Gay-Lussac détermina avec le plus grand soin. Il rechercha, en particulier, si sa valeur dépendait d'un excès d'oxygène ou d'hydrogène.

Avec toute la précision que comportaient les mesures, le résultat fut qu'un volume d'oxygène se combine exactement à deux volumes d'hydrogène, quelles que soient les conditions de l'expérience, pourvu que les deux gaz soient mesurés dans les mêmes conditions.

La question principale était résolue. Mais l'esprit de Gay-Lussac s'attacha à la simplicité de ce nombre 2. Était-ce un hasard? était-ce l'expression d'une loi générale?

Il ne pouvait y avoir de loi générale que si ce rapport simple se retrouvait pour des conditions de température et de pression différentes de celles dans lesquelles les volumes des gaz avaient été mesurés. Relativement à la pression, on savait depuis Boyle que tous les gaz, quelle que soit leur constitution chimique, ont la même compressibilité : si, à une certaine pression, deux volumes de gaz sont dans le rapport de 1 à 2, à toute autre pression, ils seront dans le même rapport. Gay-Lussac avait montré, quelques années plus tôt, dans son travail de débutant, qu'il existe une loi tout à fait analogue pour la température : toute variation de température modifie la pression ou le volume dans le même rapport pour tous les gaz. Conformément à ces lois, le rapport simple des volumes de gaz, qui se combinent pour donner de l'eau, est tout à fait indépendant de la température et de la pression ; il demeure le même dans toutes les conditions, ce qui rend très vraisemblable l'existence d'une loi générale.

Quelques années plus tard, Gay-Lussac prouva expérimentalement que, dans tous les cas alors connus ou pratiquement réalisables, les volumes de deux ou plusieurs gaz, qui se combinent ou prennent part à des réactions chimiques, sont dans des rapports simples. Il n'hésita pas à ériger ce fait en une loi générale, connue depuis lors sous le nom de *loi de Gay-Lussac* (c'est plutôt une des lois de Gay-Lussac, car il en a découvert plusieurs autres). Elle a joué un rôle fondamental en chimie.

Il faut se représenter que, dans les toutes premières années du XIXe siècle, les découvertes de Richter étaient passées inaperçues, tandis que l'hypothèse atomique de Dalton et ses conséquences quantitatives pour les poids de combinaison commençait à fixer l'attention des chimistes. On pourrait croire que Dalton salua cette découverte comme un appui précieux apporté à ses vues personnelles, puisqu'elle établissait l'existence de rapports particulièrement simples entre le nombre des atomes et le volume des gaz. Mais, ni à ce moment, ni jamais dans la suite, Dalton ne voulut se convaincre de l'exactitude de la loi de Gay-Lussac : exemple instructif de la psychologie des savants.

Berzélius s'occupait alors très activement de vérifier les conséquences quantitatives de l'hypothèse de Dalton et saisissait avec empressement tous les moyens qui pouvaient conduire à la détermination des poids atomiques. Il reconnut tout de suite l'importance que la loi de Gay-Lussac avait pour la question, et chercha bientôt à l'y appliquer.

Les gaz se combinent selon leurs poids équivalents, et ils se combinent dans des rapports de volume simples. En rapprochant ces deux faits, on est vite amené à penser que les poids de volumes égaux peuvent être regardés comme proportionnels aux poids atomiques. Il y aurait là un moyen de trouver sans ambiguïté, parmi tous les multiples du poids équivalent le vrai poids atomique. Les poids atomiques seraient proportionnels aux poids de volumes égaux des gaz ou à leurs densités, et des volumes égaux des différents gaz contiendraient exactement le même nombre d'atomes.

Par exemple, l'oxygène étant seize fois plus dense que l'hydrogène, on devait conclure qu'un atome d'oxygène pèse seize fois plus qu'un atome d'hydrogène. Alors, un atome d'eau était formé de deux atomes d'hydrogène et d'un atome d'oxygène.

Tout cela allait très bien, mais les difficultés commencèrent pour la vapeur d'eau : un atome d'oxygène et deux atomes d'hydrogène ne peuvent donner plus d'un atome d'eau ; la vapeur d'eau devait alors occuper le même espace que l'oxygène qui entre dans sa composition. Mais elle occupe, en réalité, le volume de l'hydrogène, c'est-à-dire un volume double.

En admettant qu'un atome d'eau se compose d'un atome d'hydrogène et d'un demi-atome d'oxygène, on eût écarté cette difficulté, mais personne n'osait le faire, car on admettait que l'indivisibilité était un attribut de l'atome. Et Berzélius abandonna bientôt la théorie des volumes, parce qu'il n'y a pas à lutter contre les faits.

Très peu de temps après qu'on eut rencontré cette difficulté, les moyens de l'éviter, tout en conservant l'indivisibilité de l'atome, furent indiqués par deux physiciens, Amadeo Avogadro (1776-1850) et André-Marie Ampère (1755-1836), qui, indépendamment l'un de l'autre, développèrent les mêmes idées. Conservons notre exemple : deux volumes de vapeur d'eau contiennent un volume d'oxygène, et, si l'on ne veut pas de demi-atomes d'oxygène, on n'a qu'à admettre que le gaz oxygène est formé d'atomes doubles. Alors, un atome de vapeur d'eau contiendrait un atome simple d'oxygène. L'étude de tous les autres cas existants montre qu'il n'est pas nécessaire d'admettre de rapport plus compliqué ; il suffit de supposer l'existence d'atomes doubles pour pouvoir représenter toutes les autres combinaisons gazeuses, et on peut admettre que des volumes égaux des différents gaz contiennent le même nombre de ces petites particules. Ces plus petites particules ou *molécules* des gaz ne sont plus identiques avec les atomes ; pour les éléments gazeux ordinaires, on doit les envisager comme formées de deux atomes égaux.

La marche des idées ne s'est pas faite si simplement que je viens de l'exposer en raccourci. Ampère avait songé à d'autres relations de nature cristallographique, et, pour les représenter, il avait admis dans les plus petites particules des gaz, non pas deux atomes, mais quatre. On hésita d'abord sur le nom à donner à ces particules pour les distinguer des atomes.

Actuellement, on les nomme molécules et on réserve le nom d'atomes pour les plus petites particules élémentaires. Atomes et molécules sont naturellement aussi hypothétiques les uns que les autres.

On aurait pu penser que Berzélius saluerait avec joie cette disparition d'une difficulté, qui l'avait empêché de maintenir la théorie des volumes. Ce ne fut pas le cas. Berzélius reconnut que la difficulté était écartée par cette distinction entre molécules et atomes, mais il prétendit qu'il n'y avait pas d'autre raison de faire cette distinction. Si une hypothèse ne cadre pas sous sa forme primitive avec les faits, on peut presque toujours, et très facilement, la modifier par des suppositions accessoires convenables, de façon à la remettre en harmonie avec l'expérience. Mais ces modifications expriment seulement le fait à expliquer sous une forme plus imagée, sans donner aucun résultat nouveau. Ces améliorations faites par des hypothèses *ad hoc* n'accroissent pas la science.

Berzélius avait pratiquement raison, car il s'écoula près d'un demi-siècle sans qu'on utilisât l'expédient indiqué par Avogadro et Ampère. Et c'est seulement quand fut mise en lumière la dépendance, d'ailleurs souhaitée par Berzélius, que la vieille idée fut reprise; depuis lors, elle a prouvé son utilité et étendu son influence jusqu'à nos jours.

C'est principalement en chimie organique que se montra féconde l'idée d'Avogadro et d'Ampère. L'attention des savants, dans les premières années du XIXe siècle, s'était surtout portée sur la chimie inorganique; puis, la chimie organique se développa extraordinairement vite sous l'influence enthousiaste de Justus Liebig (1803-1873), et fixa bientôt l'intérêt. Tous les jours, on découvrait des corps nouveaux et ces trésors si rapidement acquis demandaient à être bien classés. La conception et la classification des produits organiques devinrent alors une question fondamentale.

En chimie inorganique, s'était développée une vue que Berzélius, avec une énergie opiniâtre, voulut appliquer au nouveau royaume : c'était le dualisme électrochimique, d'après lequel toute combinaison possède deux parties constitutives : l'une positive, l'autre négative.

Les découvertes de Richter nous ont déjà montré l'importance, fondamentale pour le développement des théories chimiques, de cette représentation provenant de l'étude des sels, et nous la retrouverons encore maintes fois. Le point de vue dualiste convient très bien pour les sels halogènes, qui ne sont formés que de deux éléments; mais, pour les sels oxygénés, contenant au moins trois éléments, naissent déjà des difficultés. Selon Berzélius, ces sels se composent d'un oxyde basique et d'un oxyde acide (l'anhydride d'acide); c'est l'origine du concept de radical ou complexe d'atomes, qui se comporte comme un élément, en ce qu'il peut passer d'une combinaison à l'autre, sans que sa composition se modifie.

On recourut à ce concept de radical pour systématiser les composés organiques, qui contiennent au moins trois éléments, et on définit la chimie organique : la chimie des radicaux composés. Gay-Lussac avait fait du cyanogène et de ses combinaisons une étude pénétrante et magistrale, qui caractérisait ce corps comme un radical montrant avec les halogènes la plus grande ressemblance, et présentant certains rapports avec les corps de la chimie organique.

On considéra l'alcool comme l'hydrate d'un radical hydrocarboné et on étudia les rapports de l'alcool et de l'éther. On pouvait obtenir l'éther en enlevant de l'eau à l'alcool ; il était donc naturel de penser que l'éther était le premier hydrate, et l'alcool le second hydrate d'un carbure d'hydrogène C^4H^8, comme l'expriment les deux formules $C^4H^8(H^2O)$ et $C^4H^8 . 2(H^2O)$ (notation moderne).

On objecta à cela que si les formules des deux corps sont rapportées à des volumes de vapeur égaux, on ne trouve dans l'alcool que la moitié du nombre des atomes de carbone qui sont dans l'éther, et que par conséquent la relation supposée ne peut être exacte. Les défenseurs de la théorie des radicaux répondirent que le fait devait faire rejeter le calcul des formules pour des volumes égaux de vapeur.

Alors parut le célèbre travail de Williamson (1824-1904), qui fit valoir le raisonnement suivant : si, conformément aux rapports des densités de vapeur, on lui attribue une formule doublée par rapport à celle de l'alcool, l'éther contient deux radicaux de carbure d'hydrogène, tandis que l'alcool n'en contient qu'un. Mais alors on doit pouvoir fabriquer un éther contenant deux radicaux différents. Williamson fit une analyse expérimentale très remarquable des réactions qui se passent pendant la formation bien connue de l'éther à partir de l'alcool et de l'acide sulfurique, et, s'étant rendu maître des méthodes correspondantes, il réussit à préparer de l'éther renfermant deux radicaux différents.

On pouvait tirer de ce fait cette conclusion plus générale : les formules chimiques rapportées à des volumes égaux de vapeur représentent mieux que d'autres formules les relations et les transformations réciproques des combinaisons organiques, et on peut reconnaître à ces formules l'importance d'une méthode. Puis d'autres exemples concordant avec le cas de l'éther furent signalés et des concepts déjà anciens reparurent (p. 78). Le concept de molécule ou de poids moléculaire, qui fit alors son entrée dans la science, a conservé son importance jusqu'à nos jours.

D'abord ce concept fut exclusivement compris d'une façon intuitive selon l'hypothèse atomique, et, jusqu'à aujourd'hui les traités définissent la molécule comme la plus petite quantité de matière qui puisse exister à l'état libre. Évidemment, il ne faut pas prendre cette définition à la lettre. On n'a jamais institué d'expériences sur les plus petites quantités de matière qui puissent exister à l'état libre, et on ne peut pas dire s'il en faudrait un million ou un quatrillion pour faire un milligramme. Aussi toute l'histoire du développement de ce concept de molécule montre qu'il ne s'agit pas du tout de nombres absolus, mais seulement de nombres relatifs. A cet égard, les poids moléculaires sont comme les poids atomiques. Nous devons donc nous demander quelle est la signification du concept de poids moléculaire, abstraction faite des représentations hypothétiques qui s'y rattachent.

Voici la réponse conforme à ce qui vient d'être dit : les quantités de matière qui, à l'état gazeux, occupent le même volume dans les mêmes conditions, présentent des rapports chimiques particulièrement simples. En nous servant de l'équation bien connue des gaz $pv = RT$, où p désigne la pression, v le volume, T la température absolue et R une quantité qui reste constante pour une masse donnée du gaz, et qui est d'ailleurs proportionnelle à cette masse, nous pouvons exprimer le même fait d'une manière encore plus nette. Les masses de différents gaz pour lesquelles R a la même valeur sont proportionnelles aux poids moléculaires de ces gaz. Si on détermine la valeur de R par exemple pour $2 \times 16 = 32$ grammes d'oxygène, 32 étant le poids moléculaire pris arbitrairement double du poids atomique de l'oxygène, on trouve le poids moléculaire de n'importe quel autre gaz, en prenant la masse de ce gaz pour laquelle la valeur de R est la même que pour 32 grammes d'oxygène. C'est cette valeur qui est habituellement désignée par R.

Comment se fait-il que cette constante R représente avec les poids équivalents une relation si remarquable? C'est que nous avons affaire à un cas particulier d'une loi plus générale. Si, par l'électrolyse, on détermine les masses des différents corps qui voyagent avec les mêmes quantités d'électricité, on trouve, comme nous le verrons plus tard en détail, que ces masses sont chimiquement comparables, ce sont les équivalents chimiques conformément à la loi de Faraday. Si l'on détermine pour différents éléments, les masses qui ont même capacité calorifique, on obtient de nouveau des masses chimiquement comparables, savoir les poids atomiques. Et il y a encore d'autres lois exprimant que les masses de différents corps auxquelles correspondent des valeurs égales de certaines grandeurs — grandeurs de capacité des différentes énergies — sont chimiquement comparables. Les poids équivalents ou poids de combinaison ne sont eux-mêmes autre chose que les *grandeurs de capacité pour l'énergie chimique*. Il s'agit donc ici d'une relation générale des grandeurs de capacité des diverses sortes d'énergie pour différents corps, c'est-à-dire pour différents complexes d'énergie.

Ces considérations ne se trouvent généralement pas dans les traités actuels. Par suite du développement croissant des représentations atomiques, qui ont servi aussi à figurer les rapports d'isomérie, comme nous le verrons au chapitre suivant, les chimistes se sont de plus en plus habitués à considérer les atomes comme des êtres réels, et à se servir du poids moléculaire, que la considération des atomes a rendu intuitif, et qui est le plus approprié à l'exposé des expériences et des théories chimiques.

Selon la théorie atomique, les formules moléculaires doivent être écrites de façon à ne pas faire intervenir de fractions d'atomes parce que dans cette théorie il n'en existe pas. Présentée sous une forme plus affranchie d'hypothèses, cette condition signifie que, en écrivant les formules, il faut éviter de fractionner les poids atomiques. C'est naturellement tout à fait arbitraire et nous pourrions aussi bien écrire les formules moléculaires O et H. Cela n'aurait d'autre conséquence que de nous forcer à écrire la formule de l'eau $HO^{1/2}$ pour la rapporter au même volume, et il n'y a rien à objecter à cela tant que O et H sont pour nous de pures désignations pour les poids de combinaison des éléments en question, On aurait même ainsi l'avantage de donner la même valeur au poids équivalent et au poids moléculaire des éléments-types, l'oxygène, l'hydrogène, etc. Tous les professeurs savent quelles difficultés les commençants éprouvent pour apprendre que le poids atomique de l'oxygène est 16 et son poids moléculaire 32. Cependant la crainte des fractions d'atomes est beaucoup trop grande et trop répandue pour que je puisse songer non pas à faire cette proposition, mais à en espérer la réalisation.

Comme je l'ait dit, il suffit de doubler tout simplement les poids équivalents des éléments oxygène, hydrogène, etc., pour avoir des formules moléculaires qui se rapportent à des volumes de gaz égaux. Par là on évite les fractions d'atomes ; le résultat parut d'ailleurs menacé de ce côté pendant quelque temps, mais la contradiction a pu être levée de façon satisfaisante, et ce succès n'a pas peu contribué à l'extension de l'hypothèse moléculaire.

Il y avait un groupe bien défini de corps, notamment les sels ammoniacaux, qui n'étaient pas en harmonie avec l'hypothèse moléculaire en ce qui concerne les densités de vapeur. Pour le chlorure d'ammonium par exemple, on trouvait une densité de vapeur qui ne donnait pas au poids moléculaire la valeur 53,5 correspendant à la formule AzH^4Cl, mais une valeur moitié moindre.

A peine cette contradiction était-elle signalée par les adversaires de l'hypothèse moléculaire qu'on indiqua de différents côtés une façon possible de la lever. Il suffisait, pour expliquer le phénomène observé, d'admettre que la vapeur de chlorure d'ammonium ne contient pas la combinaison intacte, mais un mélange de gaz acide chlorhydrique HCl et d'ammoniaque NH^3. Par cette décomposition, chacune des molécules en donne deux, ce qui double le volume et diminue la densité de moitié. Les adversaires de la théorie, tout en acceptant la possibilité du fait, firent remarquer à juste titre que la preuve n'en était pas encore donnée, et qu'elle devait être apportée par ceux qui affirmaient l'existence de cette décomposition.

On reconnut alors combien il est difficile de distinguer si une masse de gaz homogène est un gaz pur ou un mélange, ou plus exactement une solution. D'ordinaire on s'en assure en liquéfiant ou solidifiant le gaz, et en observant si cette transformation se fait oui ou non à température et à pression constantes : dans le premier cas, on a affaire à un corps pur, dans le second, à une solution. On savait que la vapeur du chlorhydrate d'ammonium se condense sous pression constante en chlorhydrate solide pur, mais cela pouvait tenir aussi à une recombinaison des deux gaz, au moment de la condensation. Il fallait montrer l'état de décomposition de la vapeur sans qu'elle abandonnât l'état gazeux.

Pébal résolut le problème : il mit à profit ce fait que les différents gaz ne se diffusent pas avec la même vitesse. Si la vapeur du sel ammoniac est formé d'ammoniaque et d'acide chlorhydrique, l'ammoniaque qui est plus léger doit, d'après une loi expérimentale, traverser plus vite une paroi poreuse que l'acide chlorhydrique plus lourd, et la composition de la vapeur doit changer, tandis que, dans l'autre cas, elle resterait constante. Pébal montra que, quand il y a diffusion de la vapeur à travers une paroi d'amiante, le résidu devient acide, et que la partie qui a traversé la paroi présente une réaction alcaline, résultat conforme aux prévisions théoriques.

On objecta que la paroi d'amiante pouvait agir sur la vapeur de sel ammoniac et la décomposer. Pébal répéta l'expérience en employant une paroi de sel ammoniac contre laquelle on ne pouvait plus élever la même objection, et le résultat fut identique. On montra encore que la diffusion libre sans aucune paroi produit exactement le même effet.

Mais les contradicteurs ne cédèrent pas si facilement. Ils prétendirent que la diffusion même peut provoquer la décomposition. On leur répliqua avec raison que la séparation par diffusion est due à ce que les deux gaz présents possèdent des vitesses de diffusion différente; tant que la décomposition ne s'est pas effectuée, les propriétés des corps résultant de la décomposition ne peuvent se manifester. Alors les adversaires déclarèrent qu'ils étaient disposés à accorder une petite séparation : puisque la diffusion éloigne constamment les parties séparées des gaz l'une de l'autre, cela suffisait pour donner finalement un effet de séparation notable comme celui qu'on observait.

Les défenseurs de l'hypothèse moléculaire restèrent d'abord sans réponse, n'ayant sous la main aucun moyen de mesurer la séparation dans ce cas. Pourtant sur un autre exemple, avec l'hydrate de chloral, on put effectuer une mesure de cette sorte. L'hydrate de chloral présente également une densité de vapeur trop faible, et on avait admis que sa vapeur se décompose en eau et en chloral. Si donc elle contient moitié de vapeur d'eau, un corps contenant de l'eau ne se désagrégera pas à son contact, en supposant que la tension de la vapeur d'eau qui correspond à sa désagrégation soit plus petite que la moitié de la tension de vapeur de l'eau pure : au contraire, si la vapeur est une vapeur sèche, il devra se désagréger.

C'étaient des considérations tout à fait exactes et très en avance sur l'époque (il s'agit à peu près des environs de 1865); malheureusement, elles ne prirent pas l'importance qu'elles méritaient, car, pendant que Wurtz, qui avait exprimé ces idées, faisait l'expérience et trouvait que la vapeur d'hydrate de chloral se comportait comme une vapeur humide, ses adversaires prétendaient avoir observé le contraire. Ainsi l'affaire semblait demeurer indécise. La discussion s'était limitée à un petit groupe de chimistes, et il ne paraissait pas très urgent de faire des efforts particuliers pour les convertir, ce qui semblait d'ailleurs sans espoir.

Plus récemment, des faits tout différents ont très heureusement permis de combler cette lacune. On avait observé que beaucoup de gaz, qui réagissaient très vivement les uns sur les autres dans les conditions ordinaires, perdaient cette tendance, si on les débarrassait très soigneusement de toute trace de vapeur d'eau. On pouvait expliquer cela en disant que la vapeur agit dans ces circonstances comme un catalyseur, c'est-à-dire accélère notablement la réaction, extraordinairement lente pour les gaz secs. Si, à l'avance, on débarrasse aussi complètement que possible le sel ammoniac de son eau (les appareils doivent naturellement être desséchés en même temps avec un soin extrême), il se dissocie si lentement qu'on peut facilement observer sa densité normale. En ajoutant une trace de vapeur d'eau, on voit le volume se doubler. De même, un mélange d'acide chlorhydrique et d'ammoniaque, à l'état sec, se combine lui aussi tout à fait lentement, de façon inappréciable, comme l'exige la théorie d'après laquelle les influences catalytiques accélèrent ou ralentissent les deux phénomènes, combinaison ou décomposition.

Une autre question, qui se présente immédiatement, est celle de l'exactitude de la loi de Gay-Lussac. La loi des poids équivalents et la loi de Faraday se sont montrées si exactes qu'on n'a pas réussi, jusqu'à présent, à les trouver en défaut; au contraire, la loi de Dulong et Petit n'est que grossièrement approchée et on a généralement reconnu que les diverses lois relatives à la conservation des grandeurs de capacité représentent les résultats expérimentaux avec des approximations très différentes. La loi générale des gaz ne s'applique pas exactement aux gaz réels, qui s'écartent tous, chacun à leur façon, de la relation simple représentée par l'équation $pv = RT$. Cette équation ne correspond donc pas à un gaz réel, mais bien à un gaz idéal, et cela paraît nettement fixer le rôle de la loi de Gay-Lussac : ce n'est pour les gaz réels qu'une loi approchée, une *loi-limite.*

Cependant la cause n'est pas tout à fait désespérée; et précisément ce nom de loi-limite marque le point qui nous laisse encore quelque espoir de trouver la loi exacte. L'expression loi-limite signifie que la loi s'applique d'autant mieux qu'on se rapproche davantage d'une certaine limite et que, à cette limite, la loi serait rigoureusement exacte. Nous savons par les mathématiques que les limites se trouvent d'ordinaire à l'infini, c'est-à-dire hors d'atteinte. Dans notre cas, il en est un peu autrement. Les gaz obéissent d'autant plus exactement à la loi simple que leur pression est plus faible, et, par suite, leur volume plus grand. Sous une pression infiniment petite, tous les gaz se comporteraient comme un gaz idéal. La température n'a pas d'influence notable sur l'exactitude de la loi des gaz ; son influence n'a pas toujours le même sens, et nous ne nous en occuperons pas.

L'infini physique n'est pas absolument calqué sur l'infini mathématique. On peut pousser un calcul mathématique jusqu'à tel degré d'approximation que l'on désire, et, tant que l'on reste dans le fini, il persiste une erreur assignable ; si petite qu'elle soit, cette erreur est toujours de grandeur finie. Mais, pour les mesures physiques, il y a une limite d'erreur : tout ce qui tombe en dessous de la plus petite différence observable est pour nous pratiquement nul ; nous ne connaissons ni son existence, ni sa grandeur, nous savons seulement que c'est une quantité plus petite qu'une quantité donnée. Cela déplace la question. Peut-on atteindre expérimentalement des états dans lesquels les écarts avec la loi des gaz soient inférieurs aux erreurs que comportent forcément les mesures ?

La réponse est affirmative ; elle est pourtant affectée d'une restriction qui semble d'abord lui enlever une grande partie de sa valeur. Plus la pression est petite, plus le gaz se rapproche de l'état limite parfait; mais plus aussi diminue l'exactitude de nos mesures de pression. Par suite, nous ne savons pas bien si la disparition des écarts à faible pression est due à ce que ces écarts sont très petits, ou à ce que les erreurs d'expérience sont assez grandes.

Il y a encore une autre voie qui nous mène plus près du but. Les gaz réels s'écartent de la loi simple, mais fort peu, et, en gros, ils se comportent comme la loi l'exige. On peut représenter les phénomènes d'une façon très suffisante en ajoutant à la loi simple des termes complémentaires qui expriment ces écarts, et qui, par conséquent, tendent vers zéro pour des pressions infiniment petites et des volumes infiniment grands. Dans une équation de ce genre, appliquée au cas d'un gaz réel, faisons tendre la pression vers zéro et le volume vers l'infini, les termes qui restent ne représentent pas seulement un gaz idéal, mais ils correspondent au gaz réel à la limite, c'est-à-dire pour une toute petite pression et un très grand volume. Voici, dès lors, comment se pose la question : ces gaz fictifs particuliers suivent-ils la loi de Gay-Lussac en deçà des erreurs de mesure ou non? Ici les mesures peuvent se faire dans les conditions les plus favorables, de sorte que l'exactitude peut être poussée aussi loin que le permettent les ressources techniques : on peut donc soumettre la loi de Gay-Lussac à un contrôle très serré.

Pour nous représenter comment ce contrôle s'effectue, rappelons-nous que, en théorie, la constante R de l'équation $pv = RT$ prend la même valeur pour des masses chimiquement comparables des différents gaz. Pratiquement, cette valeur varie un peu pour les différents gaz suivant qu'ils s'écartent plus ou moins de la loi; pour le même gaz, elle varie avec la pression, puisque les écarts deviennent plus grands quand la pression augmente. Nous pouvons apporter à la loi des gaz les corrections indiquées plus haut et calculer la constante R correspondante, affranchie de l'influence de la pression et du volume. Si la loi de Gay-Lussac est rigoureusement applicable, on doit trouver la même valeur quand on rapporte cette constante à des masses comparables des gaz, puisque ces masses sont données, indépendamment de toutes mesures sur les volumes des gaz, par les poids équivalents ou par leurs multiples.

De toutes les formules proposées pour représenter les propriétés des gaz réels, la plus connue et la plus féconde est celle de Van der Waals, qui apporte certaines corrections au volume et à la pression du gaz expérimentalement mesurés. Les gaz se comportent, surtout pour les fortes pressions, comme si une partie seulement était soumise à la loi de Boyle, l'autre partie étant pratiquement incompressible. Si v contribue à représenter le volume total et si b désigne cette partie incompressible, la différence $v-b$ représente la partie qui obéit à la loi de Boyle.

Quant à la pression, tout se passe comme si à la pression extérieure de gaz mesurée au manomètre s'ajoutait une pression inhérente à sa nature, ou pression intérieure. Cette pression intérieure dépend beaucoup du volume total : elle augmente très rapidement quand le volume diminue. On a reconnu que l'hypothèse d'une pression intérieure inversement proportionnelle au carré du volume était dans bien des cas suffisamment approchée. Par suite, dans l'équation des gaz, nous remplacerons la pression extérieure p par la somme de cette pression et de la pression intérieure a/v^2, soit $p+a/v^2$, où a est une constante, savoir la valeur de la pression intérieure quand le volume est égal à l'unité.

Introduisons ces valeurs corrigées dans l'équation des gaz ; elle devient :

$$(p+a/v^2)(v-b)=\mathrm{R\,T}$$

Les mesures faites sur un gaz pour différentes valeurs du volume et de la pression nous mettent à même de calculer les deux constantes a et b, puis, en introduisant ces valeurs dans l'équation ci-dessus, nous pouvons en tirer pour les différents gaz la valeur de R rapportée au poids moléculaire, c'est-à-dire au poids équivalent ou à un de ses multiples, et vérifier ensuite si pour les différents gaz ces valeurs de R sont égales dans les limites des erreurs d'expériences.

Dans ces derniers temps, on a fait maintes fois des calculs de ce genre. Ils ont montré que la loi de Gay-Lussac s'applique aux gaz rapportés à l'état limite idéal d'une façon aussi exacte qu'il est possible de le vérifier actuellement.

Nous arrivons ainsi à penser d'une façon générale que les autres lois analogues, qui jusqu'à présent ne se sont pas montrées aussi exactes, pourraient être également transformées en lois rigoureuses par une modification correspondante, séparant la partie variable de la grandeur en question de sa partie invariable. L'avenir apportera sans doute une réponse décisive à ce sujet.

CHAPITRE VI

LES LOIS DES GAZ ET LES CORPS DISSOUS

La conception mécanique courante de la molécule ne se montre nulle part plus nettement que dans les questions qui se posent constamment à propos de la grandeur des molécules des solides et des liquides. Tant qu'on s'en tient au point de vue expérimental, à la loi de Gay-Lussac, concernant les volumes des gaz dans les combinaisons chimiques, il ne peut être question d'un poids moléculaire pour des corps non gazeux, puisque, pour ces corps, il n'existe pas de loi analogue. Malgré cela, depuis la formation du concept de molécule, la littérature chimique est pleine de spéculations qui cherchent à rendre possible cette extension du concept ; elles sont d'abord toutes restées sans résultat et il ne pouvait pas en être autrement, tant qu'on s'en tenait à la conception générale.

C'est seulement vers 1885 qu'on a trouvé le moyen de déterminer d'une façon rationnelle des

grandeurs moléculaires dans les liquides ; ce n'était d'ailleurs pas pour des liquides purs, mais pour des corps dissous. Van t'Hoff découvrit que, dans les solutions étendues, les corps dissous suivent la loi des gaz. Tout gaz tend à remplir uniformément tout l'espace qui lui est offert et ne cesse de se mouvoir tant que cette répartition n'est pas uniforme; de même tout corps dissous tend à se diffuser dans le dissolvant jusqu'à ce que la concentration soit la même partout. Un gaz manifeste par sa pression sa tendance à s'étendre au delà du volume qu'il occupe; Van t'Hoff prouva qu'il existe aussi pour les corps dissous une pression tout à fait analogue à celle des gaz, mais qui ne se manifeste pas facilement dans les circonstances ordinaires. Il faut supposer la solution séparée du reste du dissolvant par une paroi perméable pour le dissolvant, imperméable pour le corps dissous. Le dissolvant est à cet égard pour le corps dissous ce que l'espace est pour le gaz. La pression s'établit si le gaz est séparé du reste de l'espace par une paroi impénétrable au gaz, mais qui traverse l'espace, c'est-à-dire par une paroi mobile.

Wilhelm Pfeffer avait déjà montré longtemps auparavant qu'on pouvait réaliser les conditions qui sont nécessaires pour observer la pression des corps dissous. Il avait reconnu par observation que l'action de l'eau pure déterminait des pressions très élevées dans des cellules végétales, et il s'était appliqué à déterminer la nature de ces pressions, c'est-à-dire à les observer dans des conditions où l'expérimentateur puisse les produire à volonté. Antérieurement, pour expliquer certains phénomènes biologiques, Moritz Traube avait préparé des *membranes de dépôt*. S'appuyant sur les expériences de Traube, Pfeffer réussit à fabriquer des cellules artificielles, avec lesquelles il put mesurer les *pressions osmotiques* et établir les lois qui régissent ces phénomènes.

On prend deux solutions capables de donner l'une avec l'autre un précipité, et on les verse l'une dans l'autre avec précaution, de telle sorte que les deux liquides ne se mélangent pas. Alors le précipité ne se forme qu'à leur surface de contact, et enveloppe le liquide intérieur dans une sorte de sac. Ce sac ne laisse plus passer les deux solutions, car toute ouverture s'y trouve aussitôt bouchée par la production d'un dépôt. Selon la nature du précipité, se constitue soit une muraille grossière, soit une fine pellicule. Dans ce dernier cas, la membrane formée par le précipité laisse encore à l'eau un passage relativement facile, tandis qu'elle est susceptible d'arrêter non seulement les corps qui l'ont formée, mais encore beaucoup d'autres.

Comme on le voit, ces membranes de dépôt remplissent la condition indiquée plus haut. Préparées à la façon de Traube, elles sont extrêmement délicates, et se déchirent trop facilement au moindre effort pour pouvoir se prêter à des mesures de pression. Pfeffer tourna cette difficulté en produisant la membrane à l'intérieur d'un vase poreux, l'armature de terre empêchait la pellicule de se déchirer. Il établit ainsi que, si le vase est rempli d'une solution déterminée et plongé dans l'eau pure, il s'y produit une pression proportionnelle à la concentration de la solution, et pour le reste cette pression dépend beaucoup de la constitution chimique du corps dissous : les cristalloïdes donnent des pressions élevées, et les colloïdes des pressions basses. La pression s'élevait aussi quand la température augmentait.

Ces faits restèrent enfouis dans la bibliographie de la physiologie végétale. Pfeffer avait pourtant, mais sans succès, essayé d'intéresser à ces phénomènes ses collègues physicien et chimiste de Bonn et de Tubingue. Le physicien ne voulut pas y croire, et, quand on lui montra l'expérience, il se contenta de hocher la tête en silence. Pourquoi le chimiste ne s'occupa point de la question, je n'en sais rien. Au cours d'une promenade avec son collègue de botanique, Van t'Hoff entendit parler par hasard de ces phénomènes remarquables, et, dans son esprit, s'établirent aussitôt les relations vainement cherchées auparavant.

Van t'Hoff montra, d'après les mesures de Pfeffer, que les variations de la pression osmotique, de la température et du volume suivent rigoureusement la loi relative à la pression ordinaire pour les gaz. Les corps dissous suivent la loi de compressibilité de Boyle[1], et la loi de Gay-Lussac pour la dilatation à volume constant. Il montra de plus que la pression osmotique, exercée relativement à l'eau pure par une solution sucrée déterminée, est numériquement égale à la pression qu'exercerait la même masse de sucre si elle occupait à la même température le même volume à l'état de gaz ou de vapeur. En d'autres termes, la loi des gaz $pv = RT$ s'applique aux corps dissous de telle sorte que, pour des masses chimiquement comparables, la constante R prend la même valeur que pour les gaz. Cette conclusion ne reposait d'abord que sur les mesures assez peu nombreuses de Pfeffer; Van t'Hoff réussit à l'établir sur des bases beaucoup plus solides en montrant qu'on peut employer à la détermination de la constante R toute opération, par laquelle on enlève à une solution une quantité appréciable du dissolvant. Citons en particulier les variations du point de solidification et du point d'ébullition des solutions. Peu de temps auparavant, J.-M. Raoult avait déduit de nombreuses observations un certain nombre de lois ; Van t'Hoff montra que ces lois, à l'exception d'une seule, qui plus tard fut reconnue inexacte, se déduisaient par la thermodynamique de sa loi fondamentale. Ainsi

1. On appelle à l'étranger loi de Boyle celle que nous désignons en France sous le nom de loi de Mariotte.

toutes les mesures de Raoult, et elles étaient nombreuses, devenaient autant de confirmations de la théorie de Van t'Hoff.

Comme on le voit, il y a ici une extension légitime du concept de grandeur *moléculaire*, puisqu'on peut donner en s'affranchissant de toute hypothèse, la même définition de la grandeur moléculaire pour un corps dissous que pour un gaz. C'est toujours la masse du corps, qui, à l'état de solution, donne à la constante R une valeur déterminée. En fait, on a bientôt reconnu, sauf certaines exceptions, pour toutes lesquelles on a depuis lors trouvé une explication, que la grandeur moléculaire, déterminée à l'aide des solutions, est égale à celle que donne la détermination à l'aide de la vapeur chaque fois qu'elle est possible. En même temps, la possibilité de déterminer des poids moléculaires se trouvait étendue d'une façon extrordinaire, puisqu'on peut trouver un dissolvant pour tous les corps ou à peu près, tandis que le nombre des corps pouvant être vaporisés sans décomposition est relativement restreint. Les nouveaux poids moléculaires déterminés par cette méthode ont pu être utilisés pour la classification aussi bien que ceux qu'on avait déduits des densités de vapeur, et les résultats acquis grâce à la théorie de la pression osmotique se sont ajoutés naturellement aux relations déjà connues.

Van t'Hoff sut aussi étendre ses vues aux corps

solides, et, en principe, on pourra attribuer une valeur déterminée de la molécule-gramme aux corps faisant partie. sous forme de solution étendue, d'un système solide. Ici d'ailleurs la difficulté d'arriver à des mesures exactes est très grande, et l'ensemble des résultats acquis est encore bien restreint. Autant qu'on peut s'en rendre compte, les grandeurs *moléculaires* dans les solutions solides ne sont pas différentes de celles qu'on a observées dans les gaz et les liquides. On admettait auparavant d'une façon presque générale que dans les solides, les atomes forment des molécules très compliquées; cette idée, qui n'était d'ailleurs établie que sur des faits un peu ambigus, n'a été nullement confirmée.

Toutes ces déterminations de grandeur moléculaire se rapportent à des états des corps, pour lesquels une masse relativement petite de matière pondérable occupe un grand volume. Cela se voit immédiatement pour les gaz. Pour les solutions, les lois de la pression osmotique s'appliquent d'autant plus exactement que les solutions sont plus étendues, c'est-à-dire que le volume correspondant à une même masse du corps dissous est plus grand. Toutes ces mesures ne nous apprennent rien sur la grandeur moléculaire des solutions concentrées ou des dissolvants. En d'autres termes, la théorie ne s'applique que quand la densité est plus faible qu'une densité déterminée; elle n'est pas faite pour les densités plus fortes. Pour celles-ci, l'influence de la pression intérieure augmente beaucoup trop, à peu près proportionnellement au carré de la densité ; avec une augmentation si marquée, il ne peut être question d'appliquer la loi des gaz.

On peut prendre ici la voie qui a été suivie pour contrôler l'exactitude de la loi des volumes de Gay-Lussac (p. 94) : on peut chercher, même pour des solutions concentrées, à embrasser les écarts dans une expression convenable et à faire subir aux grandeurs observées les corrections qui s'en suivent. On l'a fait plusieurs fois, mais on n'est pas arrivé jusqu'ici à un résultat important. En réalité, le problème est bien plus complexe que pour les gaz, parce qu'on a affaire ici aux propriétés spécifiques de deux corps différents, le corps dissous et le dissolvant ; le nombre des coefficients augmente beaucoup et l'équation devient très compliquée. Aussi, pour les solutions, arrive-t-on bientôt à des concentrations telles que les pressions osmotiques correspondantes se chiffrent par des milliers d'atmosphères : pour les gaz, les fortes pressions sont peu accessibles, et, par suite, ne sont que rarement étudiées.

Tout récemment enfin, on obtint quelques renseignements sur les poids moléculaires des corps liquides, et il est nécessaire de bien préciser ce dont il s'agit. Eötvös et Ramsay ont étudié un procédé qui permet de déterminer les poids moléculaires des liquides par la mesure des tensions superficielles. Les mesures de chaleur de vaporisation et les constantes de Van der Waals (p. 95). peuvent être utilisées aussi. Que signifient ces méthodes pour celui qui envisage les choses indépendamment de toute hypothèse ?

La réponse dépend des considérations indiquées plus haut (p. 83). Nous avons déjà fait remarquer qu'un grand nombre de propriétés différentes sont en relation immédiate avec les équivalents chimiques, de sorte que, pour obtenir des valeurs égales d'une de ces propriétés pour divers corps, il faut considérer pour chacun d'eux des masses chimiquement comparables. On arrive ainsi soit aux poids équivalents, soit à des multiples simples ou à des fractions simples de ces poids équivalents. En y regardant de plus près, on voit que ces méthodes de soi-disant détermination de poids moléculaires des liquides reposent sur la détermination de propriétés de même ordre ; les grandeurs que l'on obtient ainsi ne sont pas des poids moléculaires au sens strict, puisqu'elles ne s'appuient pas sur la loi des gaz. Ce sont seulement d'autres grandeurs stœchiométriques, qui montrent dans tous les cas des rapports simples avec les équivalents. Si on est disposé à admettre au besoin la polymérisation des liquides purs, on n'éprouve aucune difficulté à considérer ces nombres comme des poids moléculaires, et on remplit la condition nécessaire pour cela en faisant une hypothèse convenable, tout comme on a disposé arbitrairement de la relation entre la densité d'un gaz et son poids moléculaire.

Pour fixer les idées, considérons la détermination du poids moléculaire au moyen de la tension superficielle. Voici la loi donnée par l'expérience : quand on fait des gouttes sphériques avec des liquides différents, la formation de leurs surfaces exige pour chacune d'elles un travail déterminé ; si on fait les sphères de grandeurs telles, que, pour des températures comparables[1], les travaux nécessaires à la formation de leurs surfaces respectives soient égaux, les masses de ces différentes sphères sont proportionnelles aux équivalents chimiques ou à des multiples simples de ces équivalents.

On reconnaît immédiatement la grande analogie de cette loi avec la loi de Gay-Lussac, qui peut s'exprimer aussi sous la forme suivante : si, pour les différents gaz, on prend à des températures comparables des masses telles que les travaux effectués

1. Les températures comparables ne sont plus ici comme pour les gaz des températures égales, ce sont des températures également éloignées des températures critiques respectives. Cela tient à ce que la tension superficielle du liquide vis-à-vis de sa vapeur est nulle, à la température critique, exactement comme la pression d'un gaz est nulle au zéro absolu de température. Pour l'énergie de surface, la température critique est donc un zéro naturel comme le zéro absolu pour l'énergie de volume des gaz.

pour former leurs volumes respectifs soient égaux, ces masses sont proportionnelles aux équivalents chimiques ou à des multiples simples de ces équivalents.

Mais cette analogie n'est pas une identité : il s'agit de propriétés essentiellement différentes, se rapportant dans un cas à l'énergie de volume, dans l'autre à l'énergie de surface.

De même, les méthodes, qui recourent à la chaleur de vaporisation pour déterminer de soi-disant poids moléculaires des liquides, suggèrent des réflexions tout à fait semblables, relatives à la variation d'entropie lors du changement d'état.

Toutes ces grandeurs, qui sont en relation avec les poids équivalents, ne sont pas indépendantes les unes des autres, mais elles ne sont pas immédiatement équivalentes, pas plus que les poids atomiques, les poids moléculaires et les équivalents électrochimiques. Il existe, d'ailleurs, des relations immédiates entre les énergies de surface et les chaleurs de vaporisation, et on peut espérer obtenir une concordance encore plus étroite entre les valeurs stœchiométriques fournies par ces deux méthodes.

Tout cela est si loin de la loi des gaz qu'on ne peut prévoir un accord intime, et qu'on fait une simple conjecture en donnant le nom de poids moléculaires aux grandeurs trouvées de la sorte.

En résumé, il est possible en tout cas d'exprimer

sous une forme simple et exempte d'hypothèse les phénomènes réguliers observés pour les gaz, les corps dissous et les corps purs. En particulier, ce que signifie en réalité la notion de *molécule* pour les gaz, les vapeurs et les corps dissous est complètement caractérisé par cette proposition : les masses pour lesquelles la constante R de la formule des gaz a la même valeur, sont chimiquement comparables, et la considération de ces masses au point de vue pratique est extrêmement commode pour systématiser les combinaisons organiques. Il convient d'appeler invariant des gaz cette constante R si importante à cet égard. Nous avons déjà eu l'occasion de signaler la haute valeur de la notion d'invariant dans les sciences physiques et tout spécialement en chimie ; son importance en mathématiques est depuis longtemps bien connue. Nous avons ici un cas nouveau qui permet en même temps d'une manière commode de rendre intuitif le concept d'invariant physique.

D'après l'équation des gaz $pv = RT$ ou $R = pv/T$, quelles que soient les modifications que nous puissions faire subir à la pression, au volume et à la température d'une masse gazeuse donnée, nous ne pouvons en aucune façon changer la valeur de R, car si nous choisissons arbitrairement deux de ces grandeurs, la troisième varie toujours de telle sorte que R ne change pas. Par la loi de Gay-Lussac et par le concept de molécule qu'on en a déduit, on voit, en outre, que, lors des modifications chimiques, l'invariant des gaz R ou bien reste inaltéré ou bien devient tout d'un coup un multiple simple de sa valeur primitive. Je dois avouer que la conception généralisée des lois naturelles qui s'ouvre dans cette direction me semble bien valoir l'hypothèse moléculaire.

CHAPITRE VII

ISOMÉRIE ET CONSTITUTION

Les conceptions anciennes.

Nous avons vu, dans les chapitres précédents. comment on est arrivé à envisager les corps qui ne sont pas des éléments comme des combinaisons d'atomes d'éléments. Cette conception générale soulève une série de questions que d'abord on pressentait à peine, et qui prirent ensuite plus d'importance, pour deventr enfin, dans la seconde moitié du XIXe siècle, l'objet principal de la science. Ces questions sont relatives à la façon dont les atomes s'unissent, ou. en d'autres termes, à ce qu'on appelle aujourd'hui la *constitution* des combinaisons chimiques.

Le problème ne se posait guère tant qu'on ne connaissait que des combinaisons simples. Dalton lui-même figurait les atomes sous la forme de cercles blancs et noirs; en publiant sa théorie, il a donné, pour les combinaisons qu'il connaissait, une collection d'images de ce genre. On n'y réconnaît guère de principes déterminés, sauf la tendance à un arrangement aussi symétrique que possible, tendance qui depuis lors est restée pour les procédés analogues destinés à rendre les choses intuitives un fil directeur plus ou moins reconnu. Il n'y a pas deux façons de concevoir la combinaison de deux atomes : ils sont liés l'un à l'autre de façon identique et réciproque. Il faut au moins trois atomes pour que plusieurs arrangements soient possibles, et les questions de constitution ne se sont posées que lorsqu'on connut un certain nombre de combinaisons assez complexes.

Historiquement ces questions se posèrent pour la première fois à l'occasion des sels oxygénés, qui contiennent, à côté de l'oxygène et d'un métal, un autre élément non métallique, ou parfois même métallique. Dès qu'on connut un peu exactement les phénomènes chimiques, les sels occupèrent le premier rang et nous avons signalé plusieurs fois le rôle décisif que la théorie des sels a joué dans le développement des vues générales. Leur constitution était si notoire qu'on la considérait comme quelque chose qui *allait de soi*, c'est-à-dire qu'elle ne paraissait pas nécessiter de discussion plus approfondie : leur étude a pourtant fait connaître un fait fondamental, la nature binaire des sels. Au commencement du XIXe siècle, la chimie des sels constituait à peu près tout ce qu'on savait des phénomènes chimiques, et l'analyse, pour distinguer les divers éléments, s'adressait surtout aux réactions de leurs combinaisons salines. L'analyse par voie humide, à cause de sa rapidité plus grande et de ses ressources si variées, a détrôné l'analyse par voie sèche, qui avait son origine dans l'art de l'essayeur, et le premier fait général qui frappe le chimiste est que tout sel présente deux réactions caractéristiques, l'une pour l'acide, l'autre pour la base. Chacune de ces réactions étant indépendante de l'autre, les sels ne pouvaient être considérés que comme des composés binaires, et tout essai de représentation des combinaisons chimiques devait d'abord en tenir compte. Nous avons vu, par exemple, que Richter considérait les sels comme des combinaisons d'acide et de base, car, en mettant ces corps en présence, ce qui se faisait presque toujours en solution aqueuse, les sels se formaient sans qu'on pût déceler de produits accessoires. Depuis Lavoisier, on considéra les acides et les bases comme des oxydes, et le nom d'oxygène est toujours l'expression de cette opinion relative aux acides, bien que, dans l'intervalle, on se soit pleinement convaincu qu'elle est inexacte.

Conformément à cette conception, on regarda le chlore comme un produit d'oxydation de l'acide chlorhydrique, et on l'appela acide chlorhydrique oxygéné, parce qu'on l'obtenait en faisant agir des corps oxydants sur l'acide chlorhydrique. Quand on eut reconnu que l'acide chlorhydrique était formé de chlore et d'hydrogène, on vit dans le chlore l'oxyde d'un élément inconnu, le murium. Les anciennes dénominations conservées en pharmacie, muriate et oxymuriate de potasse pour chlorure et chlorate de potassium, sont, comme le mot oxygène, les débris fossiles de ces théories disparues.

Berzélius trouva ces idées sur les sels généralement acceptées, quand il entreprit de donner dans son traité une théorie des combinaisons chimiques, pour remanier la classification ; les expériences d'électrolyse, dont nous parlerons bientôt, confirmaient cette théorie des sels.

La théorie de Berzélius remonte aux premières années du XIXe siècle, et nous ne devons pas être surpris qu'elle ait gardé un caractère électrochimique, car la chimie a été longtemps condamnée à refléter dans ses propres théories les progrès que faisaient les sciences voisines. Quand, avec Galilée et ses disciples, la mécanique était florissante, la chimie était mécanique, et on attribuait aux atomes des pointes, des tranchants et des crochets, qui expliquaient les réactions chimiques. Quand Newton, généralisant la notion de pesanteur, eut parlé d'attraction universelle, on attribua les combinaisons chimiques à l'attraction qui s'exerçait entre les atomes. Il était donc presque inévitable que, après les grandes découvertes de Galvani et de Volta, on se demandât, dans le camp des chimistes, si les propriétés chimiques ne pouvaient se ramener à des propriétés électriques des atomes. Et on vit bientôt s'édifier différentes théories électrochimiques, parmi lesquelles celle de Berzélius eut la plus grande influence et la plus longue durée.

La théorie de Berzélius s'appuyait essentiellement sur les résultats d'un travail de jeunesse, au cours duquel il avait étudié, en commun avec Hisinger, comment les sels se comportent sous l'influence du courant électrique. Ils avaient constaté que les acides se séparent au pôle positif, et les bases ou les métaux au pôle négatif. Suivant que le métal pouvait ou non exister en présence de l'eau de la solution, c'était le métal ou la base qui apparaissait : si oui, c'était le métal, si non, la base, et, en même temps qu'elle, se dégageait de l'hydrogène, tandis que de l'oxygène se montrait à côté de l'acide. Ici deux conceptions étaient évidemment possibles : 1° le métal était le produit proprement dit de l'électrolyse et l'hydrogène qui apparaissait à côté de la base était dû à ce que le métal décomposait l'eau de la solution; 2° la base et l'hydrogène étaient les produits primaires de l'électrolyse, puis, par un phénomène secondaire, l'hydrogène naissant réduisait les oxydes basiques et les métaux apparaissaient. Berzélius se décida pour la seconde manière de voir, parce qu'on effectuait bien plus souvent la préparation des sels à partir de l'acide et de la base que la préparation à partir de l'acide et du métal, en déplaçant l'hydrogène, peut-être bien aussi parce que, pour les acides oxygénés, l'autre partie du sel, que l'on doit imaginer à côté du métal, n'était pas connue à l'état libre. Pour les sels de composition plus simple, les combinaisons halogénées, cette partie constitutive était connue : c'était l'halogène élémentaire.

Dans la théorie des acides oxygénés, on considérait les halogènes eux-mêmes comme contenant de l'oxygène. Lorsque les recherches de Humphry Davy eurent fait connaître que les halogènes étaient des corps simples, il fallut abandonner cette opinion. D'après la théorie de Davy, il eût été logique de rattacher tous les sels au type de la combinaison halogène et de regarder comme caractéristique des acides l'hydrogène, que les métaux pouvaient déplacer. Mais on préféra ne faire que la moitié du pas nécessaire. Il fallut bien prendre les sels halogénés comme on les trouvait, mais, sous la suggestion de l'ancien nom, on garda le groupe des sels oxygénés, sans expliquer la ressemblance frappante des réactions que présentaient ces deux sortes de combinaisons, malgré leur constitution chimique essentiellement différente. On ne leva que beaucoup plus tard cette contradiction systématique, et alors toute la théorie électrochimique sombra en même temps.

Malgré cette erreur, la classification de Berzélius était conçue de façon magistrale. Il attribua à toutes les combinaisons chimiques une constitution binaire, à l'image des sels possédant deux parties constitutives, l'une positive et l'autre négative. Il rangea tous les éléments suivant la série des tensions de Volta en une série de tensions chimiques, allant de l'élément le plus positif, le potassium, à l'élément le plus négatif, l'oxygène. D'après cela, si deux éléments quelconques s'unissaient en une combinaison binaire, leur place dans la série des tensions faisait savoir immédiatement quel était dans cette combinaison l'élément positif, et quel était l'élément négatif. On admettait que les combinaisons de plus de deux éléments se faisaient suivant le même schéma binaire : l'une des parties constitutives composées de la combinaison était considérée comme positive, l'autre comme négative. On comptait, par exemple, l'oxyde basique comme positif, l'oxyde acide comme négatif. Quand deux sels s'unissaient pour donner un sel double, comme le sulfate de potassium et le sulfate d'aluminium, qui donnent de l'alun, le sel d'aluminium, dont la nature acide est connue, jouait le rôle négatif à l'égard du sulfate de potassium positif. Seulement, les oppositions électrochimiques s'effacent davantage quand les parties constitutives se compliquent, parce qu'une plus grande partie de la polarisation initiale est déjà neutralisée. Bientôt, on eut dans certains cas quelques incertitudes sur le caractère positif ou négatif des combinaisons plus complexes.

Tout cet arrangement, reposant sur la façon dont les sels se comportent en solution aqueuse, ne pouvait durer que tant que les sels constituaient la partie principale de la chimie. En d'autres termes, il fallait s'attendre à y relever des contradictions et des insuffisances pour la chimie organique, où dominent les combinaisons non salines.

Il fallut d'abord s'occuper d'un autre problème, qui s'était posé pour la première fois à l'occasion de certains sels, mais de sels placés à la limite entre les combinaisons organiques et les combinaisons inorganiques. Il s'agissait d'étendre les relations entre la composition et les propriétés. On distinguait les éléments et les combinaisons; la notion de l'individu chimique s'était développée, et on pensait que chaque corps n'était pas moins caractérisé par sa composition que par ses propriétés. En même temps, on était convaincu par l'expérience que cette dépendance est univoque et réciproque, en d'autres termes, que des corps de même composition ne peuvent avoir de propriétés différentes, pas plus que des corps ayant les mêmes propriétés ne peuvent avoir une composition différente.

De ces deux propositions, la seconde seule s'est maintenue. Jusqu'ici on ne connaît encore aucun cas où deux corps présentant les mêmes propriétés aient des compositions différentes. La proposition n'avait besoin de preuve expérimentale qu'au point de vue physique, car, si les propriétés chimiques sont les mêmes, on obtient forcément les mêmes produits de transformation par un traitement correspondant avec d'autres corps : identité de propriétés chimiques signifie à l'avance identité de composition.

En conséquence, l'attention des chimistes fut vivement éveillée par le fait suivant : deux jeunes savants encore peu connus, Justus Liebig, de Giessen (1803-1873), et Friedrich Wœhler, de Francfort (1800-1882) avaient, indépendamment l'un de l'autre, travaillé des questions toutes différentes. Pour avoir expérimenté sur le fulminate de mercure dans sa mansarde, Liebig fut, par bonheur, renvoyé de la pharmacie où il était stagiaire. Remarqué par des personnes influentes, il était allé à Paris, et là, dans le laboratoire de Gay-Lussac, il avait continué ses expériences avec succès. Sous la direction du maître, il avait même réussi à analyser ce corps dangereux, et avait établi que c'était le sel mercuriel d'un acide dont il fixait la composition à HC NO (notation moderne).

D'autre part, Wœhler avait obtenu, en partant du ferrocyanure, le cyanate de potassium, d'où il avait retiré l'acide cyanique, et il avait préparé d'autres sels de cet acide ; ces recherches le conduisirent plus tard à la première synthèse d'une combinaison organique, l'urée. Il avait lui aussi, analysé son acide cyanique, et avait trouvé la composition HC NO. Ni l'un ni l'autre, Liebig et Wœhler, n'avaient remarqué la concordance du résultat de leurs analyses, mais ce fait important n'échappa pas à la perspicacité de Berzélius, qui était, comme tout le monde, convaincu qu'il existait une dépendance univoque entre les propriétés et la composition. En présence de ce fait, que les propriétés de ces deux combinaisons semblant avoir la même composition étaient absolument différentes, il songea d'abord à la possibilité d'une erreur commise par l'un ou l'autre des deux expérimentateurs. Chacun d'eux, ayant vérifié l'exactitude de ses analyses, était naturellement disposé à rejeter la faute sur l'autre, et ils étaient sur le point de se brouiller. Par bonheur, ils préférèrent une explication de vive voix. Cette rencontre fut suivie d'une amitié qui dura toute la vie, et qui, dans l'histoire de la chimie, est aussi proverbiale que l'amitié de Gœthe et Schiller dans l'histoire de la littérature.

Ils se convainquirent qu'aucun d'eux n'avait commis d'erreur. Ils en rendirent compte publiquement, et le monde chimique dut envisager le fait qu'il pouvait exister des corps de même composition doués de propriétés différentes, sans pourtant qu'il fût possible de passer simplement de l'un à l'autre, comme pour l'eau et la glace par exemple.

Berzélius s'accommoda de cette découverte avec sa maîtrise habituelle. Son prestige tenait essentiellement à ce qu'il savait établir des relations entre les différents faits qui se présentaient au jour le jour, et exprimer, sous une forme susceptible de développement, ce qu'il y avait en eux de général et d'essentiel. Dans le cas présent, il fit preuve de ce talent d'une façon si brillante que les idées créées par lui ont duré jusqu'à nos jours, et que les noms qu'il a proposés resteront encore longtemps en usage.

Berzélius n'a pas fait rentrer d'un seul coup tout ce nouveau groupe de faits dans un cadre scientifique régulier. Après s'être bien assuré qu'aucune méprise n'avait pu être commise relativement à l'identité de composition, il déclara qu'il fallait renoncer à ce principe, que les mêmes propriétés correspondent toujours à la même composition centésimale brute. Partisan convaincu de l'hypothèse atomique, il expliqua bientôt la différence observée par un assemblage différent des mêmes atomes. Cette idée fut peu de temps après exprimée par Dumas, qui signala l'allotropie des éléments (charbon, graphite et diamant, ou phosphore rouge et phosphore blanc) et la polymorphie, qui montre fréquemment le même corps sous des formes cristallines différentes, comme Mitscherlich l'avait observé quelques années auparavant. Dans ces cas, les différentes formes sont susceptibles d'une transformation réciproque, ou bien on peut, au moins en principe, supposer à l'avance cette possibilité de transformation réciproque.

On découvrit bientôt un cas où des corps de même composition ne pouvaient se transformer réciproquement l'un dans l'autre. Michel Faraday avait séparé du gaz d'éclairage comprimé certains corps liquides, recherches fécondes, au cours desquelles le benzène fut pour la première fois découvert; il décrivit un carbure d'hydrogène ayant même composition que le gaz oléfiant, depuis longtemps connu, et, par contre, des propriétés différentes : sa densité de vapeur, en particulier, était deux fois plus grande.

Enfin un cas, plus que tous les précédents, convainquit Berzélius qu'il était nécessaire de créer un nouveau concept scientifique. Dans les fabriques où on prépare de l'acide tartrique, on obtenait parfois un acide qui avait même composition que l'acide tartrique ordinaire, et qui formait les mêmes sels, mais qui présentait certaines particularités spéciales (eau de cristallisation, insolubilité du sel de chaux, etc.) et ces propriétés restaient les mêmes malgré des cristallisations répétées et la transformation en sel, etc... Berzélius se procura des quantités suffisantes de cet acide « racémique » et se convainquit que l'acide et ses sels ont exactement la même composition que l'acide tartrique et ses sels, quoique leurs caractères soient différents. Les deux acides se ressemblaient tellement, qu'il ne semblait même pas possible d'admettre, comme dans le cas de Faraday, qu'une des combinaisons contînt deux fois plus d'atomes que l'autre. On ne pouvait d'ailleurs à cette époque le montrer bien nettement, mais nous savons aujourd'hui que, au moins à l'état solide, l'acide tartrique est exactement dans le rapport du simple au double avec l'acide racémique.

Berzélius introduisit le concept et le nom d'*isomères* pour des corps de même composition doués de propriétés différentes, et il distingua la métamérie de la polymérie, suivant que les formules des deux combinaisons étaient identiques ou que l'une était un multiple de l'autre. Nous avons gardé la dénomination et le concept.

Pour expliquer la différence des propriétés de corps ayant même composition centésimale brute, Berzélius, d'accord avec ses contemporains, songea à un arrangement différent des atomes dans l'intimité de la molécule. Ici aussi, sa prévoyance scientifique et sa circonspection sont dignes d'admiration : dans sa revue annuelle, il expose avec de grands détails que les produits obtenus dans la décomposition des substances n'existent pas nécessairement sous forme de groupements particuliers dans ces combinaisons. Il recourt à un dessin, dans lequel les sept atomes de l'oxyde magnétique $Fe^3 O^4$ sont représentés en cercle l'un à côté de l'autre, et il explique par là que différents modes de décomposition puissent correspondre à une même combinaison. Cependant, il abandonna plus tard cette réserve ainsi que les autres savants, car, en fait, il n'y a pas d'autre moyen d'éclairer cette question que d'étudier les transformations des combinaisons chimiques, et d'envisager les groupes d'éléments qui restent constitués de façon plus durable. En d'autres termes, dans ces recherches, il faut généralement supposer que la constitution des produits de décomposition ou de transformation d'un corps donné est en relation intime avec celle de ce corps lui-même. Il se peut que les résultats des différentes réactions sur le même corps ne s'accordent pas entre eux : on regarde alors comme normale la réaction qui cadre le mieux avec l'ensemble de la systématisation, et on suppose que dans les autres, il s'est produit une modification de la constitution. Ce procédé contient certainement une part d'arbitraire, et, en réalité, l'histoire de la chimie est aujourd'hui pleine de discussions, qui tiennent à ce que la détermination de la constitution ne repose pas sur des principes clairement définis.

La théorie des radicaux était le développement naturel du dualisme électrochimique, car les oxydes, considérés comme les parties constitutives des sels oxygénés, représentaient déjà des cas de radicaux aussi simples que possible. Cette théorie avait conduit à penser que, dans la molécule, certains groupes d'atomes sont plus étroitement liés entre eux. L'étude du cyanogène, de l'ammoniaque et de leurs combinaisons montrait la grande ressemblance que peuvent présenter avec des éléments certains corps composés : le cyanogène est tout à fait comparable aux halogènes, et l'ammonium, aux métaux alcalins.

En chimie organique, on donna au concept de radical plus de variété, mais on lui enleva de sa précision. Dans les combinaisons organiques non salines, on doit admettre, conformément au dualisme électrochimique, l'existence simultanée de parties constitutives, positives et négatives de divers ordres, plus ou moins compliquées, pour l'existence desquelles les réactions ne fournissent que des données imprécises, pouvant présenter plusieurs interprétations contradictoires : il y avait donc là pour les chimistes matière à procès. Cette indétermination signifiait que le mode de raisonnement électrochimique convenait moins bien à cette nouvelle branche de la science, et lui préparait déjà des difficultés.

Bientôt les contradictions furent plus graves, car

elles furent mieux définies. L'hydrogène étant un élément positif, et le chlore un élément négatif, il était impossible que le chlore d'une combinaison pût correspondre à l'hydrogène d'une autre combinaison, comme par exemple l'hydrogène de l'acide chlorhydrique correspond au sodium du chlorure de sodium. On découvrit cependant un grand nombre de combinaisons organiques, dont la composition différait seulement en ce que, dans les unes, un certain nombre d'atomes de chlore remplaçait le même nombre d'atomes d'hydrogène contenus dans les autres. Et ce n'était pas un pur hasard expérimental, car, en traitant systématiquement par du chlore les combinaisons hydrogénées, on les transformait en combinaisons chlorées, ce qui d'ailleurs ne modifiait pas beaucoup leur caractère. Plus tard, on réussit même à remplacer de façon inverse le chlore par l'hydrogène naissant, et à reproduire le corps primitif. Il n'était donc pas douteux que, dans ces combinaisons organiques, le chlore et l'hydrogène pouvaient se remplacer l'un par l'autre ou se substituer l'un à l'autre.

L'attitude de Berzélius vis-à-vis de cette découverte devait en fixer le sort. Ce chimiste éminent jouait alors le rôle d'un grand-maître et d'un directeur de conscience pour la chimie, qui lui devait tant. Dans la revue où il rassemblait régulièrement les faits scientifiques de l'année, il fixait leur succès, et les contemporains se soumettaient d'autant plus volontiers à son jugement que, pendant longtemps, il en avait fait reconnaître la sûreté et l'impartialité. Berzélius crut toujours s'en tenir au principe qu'il avait auparavant exprimé, savoir que les théories scientifiques n'ont d'autre but que d'ordonner les faits et d'en tracer le tableau synoptique, et que n'importe quelle théorie est à rejeter, dès qu'elle ne répond plus à ces conditions. Il avait reconnu les limites et les difficultés qui bornent et entravent l'application des théories, car il avait déclaré, au cours d'une polémique, qu'une théorie peut, à la longue, si bien s'enraciner dans l'esprit qu'à la fin on ne soit plus du tout capable de la séparer des faits, pour l'explication intuitive desquels on a été amené à l'édifier. Il arriva cependant que Berzélius lui-même offrit un exemple de cette vérité psychologique. Au cours de ses nombreux travaux, le dualisme électrochimique lui avait permis d'expliquer tant de choses, qu'il ne se demandait même plus s'il pouvait encore se trouver des parties de la science qu'il ne soit susceptible d'expliquer convenablement ; bien plus, confondant les limites de la théorie électrochimique avec les limites de la science, il en vint à rejeter, comme non scientifique, tout ce qui ne cadrait pas avec le dualisme.

Il en résulta une lutte prolongée et violente entre Berzélius et les savants plus jeunes, qui s'occupaient de ces questions nouvelles. Des chimistes français, Dumas et Laurent entre autres, avaient d'abord montré que l'hydrogène de certaines combinaisons organiques pouvait être remplacé par du chlore. Les autres chimistes, formés à l'école de Berzélius, poussèrent de telles clameurs et firent une opposition si violente que Dumas s'empressa de déclarer qu'il n'avait pensé la chose que pour la forme, tandis que Laurent tint bon pour la substitution réelle du chlore à l'hydrogène. Liebig publia dans ses Annales une lettre ironique de Wœhler à Berzélius, où la théorie des substitutions était tournée en ridicule, et Berzélius parut tenir la victoire. Mais l'expérience qui devait trancher la question même pour Berzélius, fut favorable aux novateurs. Des faits toujours plus nombreux confirmaient l'existence de ces remplacements de l'hydrogène par le chlore, de ces substitutions qui n'altéraient pas la constitution des corps, et les contradicteurs se convertissaient l'un après l'autre. On ne suivait pas sans conteste Dumas, qui « dans sa hâte de conclure » (Berzélius) avait bientôt affirmé de nouveau que, pour les propriétés des combinaisons chimiques, la *position* des atomes est tout, et que leur nature ne fait presque rien, mais on ne pouvait pourtant pas se dissimuler que, parfois, l'influence qu'exerce sur les propriétés des combinaisons la nature de leurs éléments diminuait dans des proportions inattendues.

Naturellement Berzélius ne céda pas, mais ses fidèles l'abandonnèrent. Liebig, qui, au début, avait été l'un des plus ardents admirateurs du grand Suédois et qui avait gagné son cœur lors d'une rencontre personnelle, se trouva au cours de cette lutte en opposition de plus en plus nette avec le maître vénéré, qui provoquait ces attaques injustes et trop amères. Enfin, la rupture ouverte devint inévitable. Les interprétations par lesquelles Berzélius essayait d'accorder la théorie électrochimique avec les faits nouveaux successivement découverts en chimie organique devenaient de jour en jour plus forcées et plus insuffisantes. Finalement on vit l'homme, qui pendant une génération avait formé et guidé l'esprit scientifique, presque abandonné de tous les chimistes en ce qui concernait ce nouveau chapitre de la science.

Berzélius eut le sort auquel n'échappent guère les savants de valeur à moins qu'ils ne meurent prématurément ou qu'ils renoncent à temps à leur situation de directeur spirituel. D'ordinaire, dans l'histoire, les grandes figures sont empreintes d'une inaltérable majesté ; la mémoire nous les montre tels qu'ils étaient dans toute leur gloire, comme l'œil conserve l'image du soleil qu'il vient de regarder. Mais, en réalité, dans la vie de tous les hommes qui ont exercé sur leur temps quelque influence décisive, on peut distinguer trois périodes. D'abord ils sont bien en avance sur tous leurs contemporains et ils en souffrent, car on ne les comprend pas, et on ne veut pas les suivre : le principe de l'inertie fait toujours rejeter ce qui modifierait brusquement le cours habituel des idées. Puis il arrive que les théories nouvelles ont du succès, et que la jeunesse les accepte, car l'inertie a sur elle moins de prise ; la jeunesse n'a pas encore d'habitudes, elle possède pour un travail nouveau de plus puissantes ressources d'énergie ; elle s'attache à un guide et un grand mouvement fait entrer les idées nouvelles dans la science. Ensuite cette jeunesse manifeste son activité d'une façon plus marquée ; le guide a dû dépenser auparavant toute son énergie pour frayer la voie et écarter les grands obstacles ; au prix de ses meilleures forces. il a ouvert le chemin jusqu'à un point que ses disciples atteignent de leur côté avec des forces fraiches, tout prêts à avancer encore. Ce dernier mouvement est d'autant plus puissant que les idées nouvelles étaient meilleures et plus fécondes, et ces idées, qui étaient d'abord la création personnelle du pionnier d'avant-garde, commencent de vivre d'une vie propre et indépendante. Il est inévitable que le souffle manque finalement à cet homme, tandis que la science poursuit son chemin sans arrêt. Dans ses jeunes années, en y employant toutes ses forces, il a mis en mouvement le char de la science, et, dans la seconde période, la poussée des jeunes collaborateurs en accélère toujours la course. Pendant quelque temps, le vieux maître peut encore rester en tête : d'autres lui épargnent la peine de tirer, et il n'a plus qu'à montrer le chemin, mais, précisément, il perd le sentiment des forces agissantes ; involontairement, il cherche à maintenir l'ancienne direction, même si les conditions nouvelles en exigent une autre plus convenable, et, avant qu'il s'y attende, le char est lancé dans une autre voie.

Alors commence une troisième période, et de deux choses l'une : ou bien il marche à côté, et laisse le char suivre son chemin sans encombre, même s'il a l'intime conviction qu'il est dans la mauvaise voie. C'est ce qu'a fait Volta : il a déployé, pour inventer sa pile, une activité tout à fait extraordinaire, puis il s'est enfermé dans un silence presque complet, quoiqu'il vécut longtemps encore. Il survécut un quart de siècle à sa grande découverte et il put contempler l'essor qu'elle avait imprimé à la chimie : mais le côté chimique de l'électricité des piles était justement celui qui l'intéressait le moins, et cela semble expliquer qu'il ne fut pas tenté de suivre la science sur cette voie, qu'il tenait pour accessoire.

Ou bien, deuxième alternative, le savant se croit engagé à servir la science de son mieux, tant qu'il lui reste quelque force. Alors le conflit est inévitable : le vieux maître peut d'autant moins arrêter le mouvement une fois en train, que son impulsion a été plus puissante. Toute résistance est inutile, et le développement de la science se fait malgré lui. Il lutte en vain contre les choses nouvelles qu'il peut de moins en moins comprendre et apprécier ; il y use ses dernières forces, et l'homme à qui l'humanité doit une éternelle reconnaissance meurt dans l'amertume et l'affliction, avec la conviction très sincère d'avoir vu sombrer l'œuvre qu'il avait lui-même réalisée. C'est précisément le sort réservé aux travailleurs les plus consciencieux et les plus attachés à leur devoir, parce qu'ils se croient astreints à élever la voix d'autant plus haut, que les nouveaux chemins s'écartent davantage de ceux qu'ils ont reconnus comme les bons, au cours de leur longue et féconde carrière. Le côté tragique de cette évolution est dans sa nécessité ; c'est l'irréductible contradiction entre l'évolution de la science pendant des milliers d'années, et la vie d'un seul homme, resserrée dans un court espace de temps.

Berzélius réunit ces deux conditions, et il dut ressentir toute la dureté de ce sort inéluctable des grands hommes. Le monde civilisé tout entier. pendant une génération, lui avait reconnu sans conteste l'hégémonie chimique, parce qu'il avait des vues générales, et qu'il était en même temps très consciencieux. Et tout cela maintenant l'empêchait de signaler et même de remarquer la disproportion qui s'établissait peu à peu entre ses propres forces et la science nouvelle. Plus celle-ci avançait dans sa voie, plus il se sentait tenu de maintenir, sans le défigurer, ce qui avait rempli toute sa vie. Tout comme les motifs moins nobles dont il n'avait pas conscience, les plus hauts intérêts le poussaient à ne pas abandonner la lutte, mais à la soutenir jusqu'à son dernier souffle. La confusion entre la théorie et les faits, qu'il avait lui-même décrite auparavant, s'était produite dans son esprit, et il alla jusqu'à répéter que les vues de ses contradicteurs ne pouvaient être exactes, puisqu'elles étaient inconciliables avec la théorie électrochimique. Nous ne devons ni blâmer le grand homme ni nous en moquer; notre jugement doit être guidé par une douleur respectueuse, quand nous sommes obligés de reconnaître combien étroites sont les bornes de la nature humaine, même chez les plus grands maîtres, sur lesquels la reconnaissance pourrait si facilement nous illusionner.

Ce conflit aigu entre l'ancienne théorie et la nouvelle en accentua aussi fortement que possible les divergences. Non seulement on rejeta les parties peu solides de la théorie électrochimique, mais on écarta même celles que l'on aurait pu conserver. La conception dualiste fut partout remplacée par une conception unitaire, aussi radicale qu'inopportune. Berzélius avait voulu, à toute force, attribuer une constitution dualiste aux combinaisons organiques : le dualisme non douteux des sels fut méconnu par les nouvelles conceptions et c'est plus tard seulement que le développement rationnel de l'électrochimie, en distinguant les deux points de vue, les a fait apprécier avec justice.

Parmi les notions nouvelles, celle de substitution se plaça naturellement en première ligne. Si deux éléments aussi différents que le chlore et l'hydrogène peuvent se substituer l'un à l'autre, sans modifier la constitution d'un corps, il doit en être de même, à plus forte raison, pour des éléments moins dissemblables. Il doit donc y avoir, pour une combinaison initiale donnée, des dérivés par substitution en nombre presque illimité. La combinaison hydrogénée s'imposait comme point de départ naturel, et la chimie organique groupa autour des carbures d'hydrogène les corps dans lesquels des atomes d'hydrogène étaient remplacés par d'autres éléments.

Ce fut la base de la théorie des noyaux de Laurent, qui n'a pas été généralement acceptée, bien que L. Gmelin lui ait fait une large place dans son traité de chimie à cause de sa clarté systématique.

Comme toujours, même pour les révolutions qui, en apparence, bouleversent tout, une bonne partie des matériaux de la théorie vaincue servit à édifier la nouvelle. Certains groupes se comportent comme les éléments, en faisant avec d'autres éléments égaux des combinaisons semblables, c'était là un fait indépendant de toute théorie, et, par conséquent, on ne pouvait détruire cette partie de la théorie des radicaux. Et c'est ainsi que la théorie de la substitution envisagea les radicaux chimiques comme des groupes pouvant se substituer aux éléments.

Cela donna tout de suite pour les combinaisons une liberté illimitée. Certains groupes de carbures d'hydrogène étaient considérés comme des radicaux et, pour plus de simplicité, on pouvait regarder les carbures d'hydrogène plus compliqués comme des dérivés de substitution. Les noyaux de Laurent perdirent de la sorte une grande partie de leur importance pour la classification, et ils furent remplacés par les types de substitution si variés.

Charles Gerhardt (1816-1856) choisit les types hydrogène HH, acide chlorhydrique H Cl, eau $O\begin{matrix}H\\H\end{matrix}$ et ammoniaque $Az\begin{matrix}H\\H\\H\end{matrix}$, d'où, par des substitutions d'éléments ou de corps composés peuvent dériver toutes les autres combinaisons.

L'hydrogène et l'acide chlorhydrique sont introduits ici comme deux types différents, quoiqu'ils ne contiennent tous deux que deux atomes; dans la suite, on ne les a plus séparés.

A cause de sa grande simplicité, cette conception s'est rapidement répandue, et c'est elle qui, pendant longtemps, a donné sa forme à l'exposé de la chimie. On étendit cette manière de voir aux sels, qui furent considérés comme des produits de substitution, où l'hydrogène de l'acide était remplacé par un métal. Ce schéma faisait violence à la nature indiscutablement dualiste des sels, mais on ne le remarqua pas alors, parce que tout l'intérêt se concentrait sur les combinaisons organiques. Chaque jour y ajoutait de nouveaux corps et de nouvelles transformations, et il était urgent de mettre un peu d'ordre dans cette exubérante richesse.

Peu à peu pourtant, la théorie des types commença à se disjoindre. Le germe de sa ruine gisait dans l'ambiguïté de ses schémas. On pouvait, si l'on voulait, assimiler à un type quelconque toute combinaison un peu complexe. C'est sur les types eux-mêmes que cela se voit avec le plus de netteté. On peut regarder l'eau comme un produit de substitution de l'hydrogène, un des atomes de cet hydrogène étant remplacé par l'hydroxyle $O{H \atop H} = H(OH)$. De même, on peut à volonté faire rentrer l'ammoniaque dans le type hydrogène ou dans le type eau : $H(AzH^2)$ ou $(AzH){H \atop H}$. Ainsi, bien qu'ils continssent systématiquement un nombre régulièrement croissant d'atomes d'hydrogène, les types avaient quelque chose d'arbitraire, qu'il était nécessaire d'écarter pour supprimer cette ambiguïté inutile.

CHAPITRE VIII

LES FORMULES DE STRUCTURE ET LA STÉRÉOCHIMIE

La considération des valeurs de substitution des divers éléments et radicaux ouvrit la voie. Si, d'une combinaison existant à l'état libre, on enlève un atome d'hydrogène, le reste peut être considéré comme un radical, et il est évidemment susceptible de se combiner avec un atome d'hydrogène. De même, ce reste peut remplacer un atome d'hydrogène dans d'autres combinaisons. C'est ce qui arrive, en particulier, pour le groupe d'atomes OH provenant de l'eau à laquelle on enlève H. Déjà, au début, on avait remarqué que ce groupe OH, qui intervenait souvent, était isomère de l'eau oxygénée et on y vit un argument pour prouver que la théorie des substitutions n'avait pas de sens. Plus tard, et tout spécialement grâce à Gerhardt, cette pierre, rejetée par les premiers ouvriers, devint la clef de voûte de la théorie. En enlevant deux atomes d'hydrogène à une combinaison susceptible d'exister, on obtenait de même un reste ou radical, qui, dans d'autres combinaisons, jouait le rôle de deux atomes d'hydrogène. On mesura ainsi, non seulement la valeur de substitution, la *valence* des radicaux composés, mais aussi celle des éléments, et on reconnut que l'oxygène était bivalent et l'azote trivalent.

On revenait des radicaux aux éléments, et c'est ainsi que s'est développée la notion de l'inégale valence des éléments. Mais ce progrès ne prit toute son importance que quand on examina à ce point de vue l'élément principal de la chimie organique, le carbone. On prouva alors que le carbone doit être considéré comme quadrivalent, et on regarda le gaz des marais CH^4 comme le type le plus général des combinaisons organiques. En substituant des radicaux carbures d'hydrogène dans le gaz des marais, et en répétant à l'infini cette opération, on obtient tous les carbures d'hydrogène, d'où dérivent les autres combinaisons, comme Laurent l'avait montré depuis longtemps.

Par là, les types de Gerhardt se fondent dans la notion plus générale de la valence des éléments : deux éléments monovalents, comme l'hydrogène et le chlore, ne peuvent se combiner que selon le premier type, et les autres types sont tout simplement les combinaisons les plus simples des éléments plurivalents avec l'hydrogène. Une combinaison donnée appartient, par conséquent, à autant de types différents qu'il y a de valences dans les éléments qu'elle contient, ou, d'une manière plus générale, elle appartient à tous les types que l'on rencontre en allant progressivement jusqu'à celui de ses éléments, qui possède la plus haute valence.

En même temps, et indépendamment l'un de l'autre, Kekulé, Couper et Butlerow développèrent, vers 1858, cette théorie de la structure. Leur succès brillant et rapide fut marqué d'abord par le livre où Kékulé avait appliqué la nouvelle manière de voir à l'ensemble des combinaisons organiques alors connues. Ce livre n'est pourtant pas du tout rédigé d'une façon logique, selon la conception simple que je viens d'exposer. On reconnaît facilement que l'auteur en concevait de plus en plus clairement les bases générales, au fur et à mesure qu'il avançait dans sa tâche. Cette circonstance activa d'autant le passage de l'ancienne théorie à la nouvelle : presque tous les chimistes partaient avec l'auteur des idées anciennes pour aboutir peu à peu aux idées nouvelles. Dans la seconde partie de l'ouvrage figurait, pour la première fois, la conception nouvelle de l'hexagone symbolique de la benzine. Cette évolution intérieure fut si puissante que l'auteur ne put plus maîtriser les génies qu'il avait évoqués, et qu'il n'a jamais pu achever son livre d'initiation.

La valeur de la doctrine de la structure tenait à deux causes. Mieux que la vieille théorie des types, elle rendait possible une classification univoque des combinaisons organiques, et elle présentait une image extrêmement frappante des relations d'isomérie antérieurement connues ou récemment découvertes. Comme on l'a déjà dit, il fallait précisément ramener à quelques principes méthodiques convenablement choisis le fait qu'il y avait des corps de même composition avec des propriétés différentes.

La théorie des radicaux avait déjà donné des indications correspondantes ; ainsi Berzélius avait déclaré que le sulfate stanneux aurait la même composition qu'un sulfite stannique basique, si on pouvait en préparer un. Ici la différence entre les proportions d'oxygène des deux bases était compensée par une différence correspondante de sens inverse entre les proportions d'oxygène des acides, de sorte que la composition brute restait la même. De même, on pouvait de bien des façons différentes distribuer entre les radicaux les atomes d'une combinaison quelconque.

Ce schéma était naturellement beaucoup trop lâche pour pouvoir conduire à une évaluation du nombre des isomères de composition donnée, et, en réalité, il n'a jamais été appliqué à des types de ce genre. La théorie des types donnait lieu à des remarques semblables : on n'était jamais sûr que des arrangements différents des mêmes éléments, d'après différents types, exprimassent ou non une différence réelle entre les combinaisons correspondantes. La relation entre formule et corps n'acquit quelque précision que par les formules de structure. Des corps différents devaient correspondre à des schémas d'arrangements différents des atomes, et inversement, si la formule de structure ne donnait pas de différence, il n'y avait pas lieu de s'attendre à obtenir des corps différents.

Aussi ne fut-on pas peu surpris quand on constata l'existence de deux combinaisons différentes CH^3Cl. Trois atomes d'hydrogène monovalents et un atome de chlore monovalents ne peuvent se combiner que d'une seule façon à l'atome de carbone tétravalent, et, d'après la théorie de la structure, il ne pouvait y avoir qu'un seul chlorure de méthyle. A. von Baeyer, alors étudiant, fit, sous la direction de Bunsen, des expériences, qui semblèrent confirmer l'existence de différences entre ces deux chlorures de méthyle, provenant de l'acide cacodylique et de l'alcool méthylique. Ce résultat fut interprété en faveur de la théorie des radicaux contre la théorie de la structure. Mais on établit plus tard que ce n'était qu'une apparence, et que la différence observée était due à la difficulté alors très grande d'obtenir à l'état de pureté ce corps gazeux à la température ordinaire.

La théorie de la structure a souvent célébré de ces triomphes et on vit bien qu'elle était très propre à expliquer des isoméries existantes, à en prévoir de nouvelles, et même à indiquer la voie à suivre pour les obtenir.

On dit que les États se maintiennent par les moyens mêmes qui ont présidé à leur fondation, mais il faut plutôt dire le contraire des théories chimiques. Elles voient leur existence menacée par les mêmes problèmes, qui les ont conduites à la victoire. C'està propos de l'isomérie que s'est développée la chimie de constitution, c'est autour de l'isomérie que se sont soutenues toutes les luttes, qui, après avoir élargi la notion de structure, commencent, aujourd'hui, à en compromettre l'existence.

Examinons d'abord les postulats de la théorie de la structure. La doctrine de la liaison réciproque ou de la saturation des valences des atomes des éléments offre une image univoque de la réalité ou, tout au moins, un schéma univoque, et on doit considérer ces valences comme des grandeurs invariables tout à fait déterminées. Sur ce point, Kékulé était très net : il a toujours dit très haut que la valence est une propriété invariable des atomes. Mais il y a deux directions distinctes, dans lesquelles cette supposition ne s'accorde pas avec l'expérience. Dans la formule de structure de certaines combinaisons, certains éléments présentent moins de liaisons saturées que cette supposition n'en exige, et, d'autre part, il y a des combinaisons dont on ne peut écrire la formule de structure, sans prendre un plus grand nombre de ces liaisons.

Ces deux faits étaient connus de Kékulé, aussi en a-t-il amendé au moins la forme en créant deux concepts complémentaires pour expliquer ces irrégularités. Il appelait *corps non saturés* ceux de la première sorte, et il déclarait que, dans certaines circonstances, certaines valences ne se saturaient pas, bien qu'elles fussent possédées par les éléments en question. Il nommait *combinaisons moléculaires* les corps de la seconde sorte, et il attribuait leur formation à d'autres forces que celles qui forment les combinaisons chimiques proprement dites. Kékulé corrigeait ce que cette dernière explication avait d'arbitraire, en ajoutant que, à l'état gazeux, il ne pouvait exister de combinaisons moléculaires.

Plus tard, pourtant, on constata l'existence de plusieurs vapeurs de cette sorte, et les partisans de la valence constante ont écrit des mémoires pour expliquer que des combinaisons moléculaires peuvent aussi exister à l'état de vapeur. Il ne reste donc que cette définition : les combinaisons, qui satisfont à la loi de la valence constante, sont de vraies combinaisons chimiques, tandis que toutes les autres doivent être envisagées comme des combinaisons moléculaires.

Comme on le voit, ces amendements enlevaient à la théorie de la structure son principal avantage, la relation univoque entre la formule et le corps. Malgré cela, cette théorie s'est maintenue en substance pendant un demi-siècle. C'est que ses autres avantages sont si grands qu'on passe volontiers sur ses inconvénients : la théorie de la structure s'applique complètement aux corps les plus importants, aux combinaisons organiques les plus compliquées; elle ne présente d'exceptions que pour quelques corps assez simples, et on peut facilement les retenir. Elle remplit ainsi son but systématique et heuristique d'une façon très suffisante, et c'est pour cela qu'on la conserve en dépit de ses lacunes.

Au début, on avait regardé tout naïvement ces dessins de structure, tels qu'on les trace sur le papier, comme des images suffisantes de toutes les relations des atomes entre eux et de toutes les isoméries. Les représentations dans l'espace pouvaient seules épuiser complètement la question, on l'avait dit à l'occasion, mais sans effet. Il fallait d'abord rendre intuitive la différence entre la représentation plane et la représentation dans l'espace ; il fallait montrer aussi que l'introduction de cette nouvelle multiplicité graphique pouvait rendre intuitive une multiplicité spéciale des combinaisons chimiques, et c'est seulement quand la théorie du carbone tétraédrique de Van t'Hoff (1877) eut réalisé cette double condition, que l'on commença, petit à petit, à examiner ce côté de la question. Des prédictions et de brillantes confirmations attirèrent de plus en plus l'attention sur ces schémas de structure perfectionnés, et, actuellement, la stéréochimie revendique une place importante dans les théories de la chimie.

Ici encore, ce fut une question d'isomérie qui força les chimistes à élargir leurs conceptions. Comme dérivés de l'acide malique on connaissait depuis longtemps deux acides isomères, maléique et fumarique, auxquels, avec les formules de structure plane, on ne pouvait d'aucune façon raisonnable, attribuer deux constitutions chimiques différentes. On avait d'abord essayé, mais en vain, tous les détours possibles pour rendre plausible une différence de structure entre les deux corps : l'étude de ces tentatives est très instructive, mais elle est trop longue pour trouver place ici. On connaissait encore d'autres couples semblables, par exemple les acides crotoniques, et, vers 1870, dans les traités qui, ayan a prétention d'être complets, ne pouvaient passer sous silence ces êtres récalcitrants, on avait l'habitude de les reléguer dans un petit coin comme des parias.

Van t'Hoff et Lebel, en même temps mais indépendamment l'ún de l'autre, montrèrent alors que les formules de structure dans l'espace permettaient précisément d'expliquer les isoméries, quand les formules planes n'y réussissent pas. En disposant les quatre valences du carbone ou aux sommets d'un carré plan ou dans l'espace aux quatre sommets d'un tétraèdre, on obtient deux arrangements différents. Par exemple, on peut fixer dans le carré deux paires différentes AA et BB de deux manières différentes, soit en les alternant ABAB, soit en les couplant AABB. Mais tous les arrangements possibles sur le tétraèdre ne montrent pas cette différence essentielle, par suite, leur sont équivalents entre eux. L'expérience a montré que le caractère de ces arrangements différents sur le tétraèdre est précisément le même que celui des isomères observés parce qu'il y a ici un type seulement : d'après cela, le schéma dans l'espace convient mieux que le schéma plan.

Le second cas où triompha l'idée de Van t'Hoff, fut une isomérie d'une nature particulière : l'acide racémique, qui au début de cette histoire a joué un rôle si décisif avec Berzélius, donna de nouveau lieu à un important mouvement d'idées. Pasteur montra, en 1848, que l'on peut de diverses façons décomposer l'acide racémique en deux parties constitutives, dont l'une est l'acide tartrique ordinaire à rotation optique droite, tandis que l'autre est un acide tartrique ayant mêmes propriétés physiques que l'acide ordinaire, mais déviant vers la gauche le plan de polarisation juste autant que l'acide ordinaire le dévie vers la droite. Van t'Hoff montra que ses formules dans l'espace conduisent précisément à deux sortes d'acide tartrique : la distribution des atomes dans l'espace est la même dans l'une que dans l'autre en ce qui concerne les longueurs et les angles; mais ces formes dans l'espace ne sont pas égales, elles sont symétriques et non superposables, comme un objet et son image vue dans un miroir ou comme la main droite et la main gauche. Van t'Hoff réussit à prouver que, dans tous les cas où la formule dans l'espace fait prévoir cette sorte de différence, on retrouve la même différence optique, tandis que les formules, qui ne se laissent pas mettre sous deux formes symétriques, correspondent à des corps sans aucune influence sur la direction du plan de polarisation de la lumière.

Débarrassée de quelques contradictions qui tenaient à des fautes expérimentales, la stéréochimie, fut chaleureusement accueillie et devint l'objet d'une vive attention. On ne peut plus mettre en doute que ses formules représentent avec une très grande approximation la variété des phénomènes chimiques. Une hypothèse féconde doit faciliter la systématisation des observations déjà faites, et elle doit pousser à de nouvelles recherches, dont elle fait plus ou moins exactement prévoir les résultats : à ce double point de vue. l'hypothèse de l'atome de carbone tétraédrique s'est montrée extrêmement féconde, et il est tout à fait naturel qu'elle soit actuellement regardée comme un des points bien établis de la science, et qu'elle soit entrée dans l'enseignement élémentaire de la chimie organique.

En suivant jusqu'à nos jours le sort des théories chimiques, voici ce qu'on observe régulièrement. D'abord une théorie se développe pour représenter par des modifications d'un certain schéma la variété des combinaisons existantes. Naturellement on choisit un schéma qui s'accorde avec les faits connus, aussi toutes les théories expriment-elles plus ou moins complètement l'état de la science à leur époque. Mais la science s'accroît sans cesse ; nécessairement, il se produit tôt ou tard un désaccord entre la multiplicité réelle des faits observés et la multiplicité artificielle de la théorie. La plupart du temps, on essaie d'abord de plier les faits si la théorie, dont il est plus facile d'embrasser d'un coup d'œil toutes les possibilités, ne peut plus rien céder. Mais les faits sont plus durables et plus résistants que toutes les théories, ou, tout au moins, que les hommes qui les défendent. Et ainsi il devient nécessaire d'élargir convenablement la vieille doctrine ou de la remplacer par de nouvelles idées mieux adaptées. A la lumière de la théorie nouvelle, on peut bientôt prévoir d'autres faits encore inconnus, mais analogues; ces prévisions se trouvent régulièrement confirmées de façon surprenante, et cet état dure plus ou moins longtemps, suivant que l'adaptation a été plus ou moins heureuse. Mais il vient un jour où certains faits nouveaux ne s'accordent plus avec la théorie. Alors recommence l'effort de l'adaptation réciproque entre la théorie vieillie et les faits : on recourt à des hypothèses complémentaires, et l'insuccès de toutes ces tentatives rend de nouveau nécessaire une réforme radicale.

La seconde période paraît approcher lentement, même pour la stéréochimie qui a complété la théorie de la structure, et les désaccords se présentent sous une double forme. On a découvert des cas d'isomérie plus nombreux que ne le faisaient prévoir les formules de structure dans le plan et dans l'espace ; et, sur le terrain même du plus grand triomphe de la stéréochimie, celui des combinaisons optiquement actives, certains phénomènes observés me font l'impression d'être d'autant plus dangereux qu'ils concernent un cas relativement simple.

Voici les faits : on transforme certains corps optiquement actifs en d'autres produits, puis on revient à des corps ayant même composition que ceux qui ont servi de point de départ. On devrait s'attendre à obtenir ainsi des corps actifs déviant le plan de polarisation dans le même sens que les corps primitifs, puisqu'on n'a fait qu'échanger deux atomes l'un avec l'autre, et recommencer le même échange en sens inverse. On connaît des cas où, après ces opérations, toute activité optique disparaît, mais cela tient à ce que, de toutes les formes possibles, la plus stable est le mélange ou la combinaison des deux corps opposés, et que, par conséquent, c'est elle qui doit se former, s'il se produit des transformations de cette sorte (par exemple grâce à des corps catalyseurs). Mais la transformation immédiate et complète d'un corps optiquement actif en un autre corps de même composition et d'activité inverse n'a jamais été observée ; elle serait même en contradiction avec les lois de l'énergétique.

P. Walden transforme l'acide malique en acide succinique halogéné par l'action ménagée des composés halogénés du phosphore, et il a régulièrement observé que l'acide malique gauche donne de l'acide succinique halogéné droit, et inversement. L'action des bases détermine la transformation inverse de l'acide succinique halogéné en acide malique, et on peut, suivant la base, obtenir soit l'acide malique primitif, soit l'acide malique de sens inverse. De même, l'acide aspartique optiquement actif peut donner, selon les réactions employées, l'un ou l'autre des acides maliques actifs.

Il est par conséquent possible, tout en conservant l'activité optique, de passer d'un corps déterminé au corps de configuration opposée, sans traverser le stade intermédiaire de la combinaison racémique.

Ce fait me paraît en contradiction avec les bases

de la stéréochimie, et j'y vois une contradiction de principe, car nous ne pouvons recourir ici à la transposition moléculaire qui, ailleurs, nous a été si utile, puisque, par principe, la modification ne peut jamais donner qu'une combinaison racémique, et non la combinaison active inverse. On ne peut naturellement pas prétendre que la difficulté est insoluble, mais une solution sérieuse, quelle qu'elle soit, pourrait bien ébranler ou modifier complètement les bases actuelles de la stéréochimie.

Dans tout ce chapitre, j'ai employé sans réserve l'hypothèse atomique et moléculaire, car c'est la seule façon d'exprimer les rapports que j'ai exposés, et je n'aurais pu être compris si j'avais essayé d'en introduire et d'en appliquer un autre. Jusqu'à présent, je me suis efforcé d'extraire de leur enveloppe hypothétique les rapports des faits eux-mêmes, et de les présenter sous forme de relations fixes entre des grandeurs que l'on puisse mesurer et montrer. Je suis donc naturellement amené à me demander s'il y a moyen d'en faire autant pour le concept de constitution en chimie organique. Quand, en causant avec des amis, je disais que la notion d'atome n'était pas indispensable pour représenter et comprendre les faits fondamentaux de la chimie, on me répondait presque toujours : mais les rapports des combinaisons organiques ne peuvent être exposés sans le secours de la théorie atomique, dont la nécessité est par là bien prouvée.

Je dois le déclarer, je ne sache pas qu'il existe d'exposé de la chimie organique fait sans l'aide de la théorie atomique, et je ne peux même pas en apporter d'échantillon, ne fût-ce que pour quelques exemples. Pendant près d'un siècle, on a exposé et transmis la totalité des faits scientifiques de ce genre dans le moule de la théorie atomique. La forme de ce moule et même l'orientation involontaire de toutes les recherches de chimie organique nous forcent à adapter nos connaissances à cette manière de voir. Mais je ne peux pas m'abstenir de croire que, dans un avenir, qui n'est peut-être pas très éloigné, il sera possible ici aussi, et sans faire intervenir d'hypothèse, d'exposer les faits dans le sens que je vais indiquer.

Les rapports de parenté des combinaisons chimiques et les isoméries sont soumis à des lois. Si ces lois étaient connues sous une forme mathématique abstraite, elles constitueraient une systématisation complète de toutes les combinaisons connues et inconnues, et elles représenteraient aussi d'une façon générale les relations de parenté entre les combinaisons.

Il faudrait seulement que les propriétés de tous les corps fussent connues en fonction de variables déterminées. La composition des corps appartient sûrement à ce groupe de grandeurs directrices variables, mais l'existence des corps isomères nous montre qu'elle n'est pas la seule variable qui intervienne. Nous devons chercher une autre variable directrice, qui ne soit pas hypothétique et qui puisse être mesurée.

Nous en trouvons une dans l'énergie intérieure des corps. Toujours, les corps isomères possèdent dans les mêmes circonstances des quantités d'énergie différentes ; c'est ce qui les caractérise, et on peut dire : des corps sont isomères, quand ils ont la même composition avec des quantités d'énergie différentes. De toutes les définitions existantes, voilà celle qui est le plus conforme aux faits, parce qu'elle est dégagée de toute hypothèse, et qu'elle fournit le caractère de différenciation le mieux déterminé. Cela exige, en général, qu'il n'y ait dans des conditions données qu'une seule forme stable. Pour l'état solide, cette forme peut être un corps pur, si les différents isomères ne se dissolvent pas à l'état solide les uns dans les autres. Au contraire, s'il s'agit d'un liquide ou d'un gaz, la forme stable est toujours une solution de tous les isomères possibles dans des proportions qui dépendent de la température et de la pression.

D'ailleurs, les isomères de la chimie organique ont la plupart du temps une grande stabilité, c'est-à-dire qu'ils se transforment si lentement, en la forme stable, qu'on n'a généralement pas l'occasion d'observer ce phénomème de transformation.

Naturellement aussi, le chimiste, s'occupant de préparations organiques, faisait bien plus attention aux circonstances, dans lesquelles il obtenait le mieux possible certains produits, qu'aux états d'équilibre du genre de ceux dont je parle ici. En majeure partie, la chimie organique est une chimie de formes intermédiaires susceptibles de transformations, et, pour l'intelligence de tous les cas possibles qu'on y rencontre, on ne peut se contenter des lois de la mécanique chimique connues jusqu'ici, qui, en général, se rapportent toutes aux formes stables.

En résumé, on pourra sans hypothèse faire la classification des combinaisons organiques, quand on aura d'abord classé les diverses formes stables, d'après leur composition et leur énergie intérieure. Mais, par là, on ne pourra encore atteindre qu'une partie relativement petite des variétés existantes. Il faudra aborder, en outre, la théorie des formes de passage instables, qui est encore à créer et qui seule pourrait nous donner une vue d'ensemble complète sur les combinaisons connues et sur les combinaisons possibles.

Ces formes intermédiaires instables ont une constitution bien remarquable. Dans des réactions relativement rapides, elles se comportent comme des corps déterminés possédant des propriétés spécifiques déterminées. Mais, plus les réactions sont lentes, plus la transformation d'une forme dans l'autre se fait sentir, par exemple, sous l'action des catalyseurs, et plus s'efface la personnalité de ces formes individuelles : finalement, il n'en subsiste qu'une dont les propriétés sont déterminées à la fois par celles de chacun de ces corps particuliers. Pour quelques combinaisons organiques, qui, pour la plupart, ont une composition assez simple, et, par suite, une vitesse de réaction généralement grande, on sait que ces transformations réciproques se passent si rapidement qu'on ne peut pas isoler du tout les différents corps. A cause de cette constitution des formules, ces corps réagissent comme les isomères qui les constituent, et on a donné sur leur nature beaucoup d'explications avant d'arriver à les ranger sous le nom de corps *tautomères*.

Il faut encore signaler une particularité : les tautomères sont des corps liquides, tandis que les corps solides correspondent à des formes déterminées. Cela tient à ce que les solutions réciproques de deux ou plusieurs corps isomères ou tautomères ne se trouvent qu'à l'état liquide et n'existent pas à l'état solide. D'où ce résultat tout à fait étrange, d'une grande importance pour les conceptions générales : la constitution et la formule d'une combinaison chimique dépendent de l'état sous lequel elle se présente, et varient selon qu'elle est solide ou liquide ou dissoute.

Les relations entre les différents isomères permettent de reconnaître qu'il peut exister, à côté de la forme la plus stable de toutes, d'autres formes accessoires relativement stables, et la future théorie générale des combinaisons organiques devra tenir compte de ces formes, et en donner un exposé convenable. Pour les combinaisons organiques, l'existence nous apparait comme une fonction de la composition et de l'énergie intérieure, et cette fonction présente un caractère assez particulier, car, pour une composition donnée, on ne peut y introduire des valeurs quelconques de l'énergie; elle nous laisse seulement le choix entre un nombre limité de valeurs discrètes. Là-dessus, je ne puis donner actuellement que ces indications générales. On voit que la chimie organique à ses débuts n'aurait pu que difficilement suivre une voie différente de celle qu'elle a suivie en réalité, tant qu'elle s'est contentée de schématisations provisoires, basées sur les réactions observées, préparations et transformations. D'ailleurs, si ces schématisations se sont exclusivement rattachées à l'hypothèse atomique c'est par un pur hasard historique, dont il n'y a pas lieu d'admettre sans hésitation la nécessité.

CHAPITRE IX

ÉLECTROCHIMIE

Effets chimiques du courant.

La profonde influence exercée par la théorie électrochimique de Berzélius sur le problème de la constitution chimique des corps donne un intérêt très vif à l'étude plus détaillée de son développement historique, et, d'une manière plus générale, aux relations qui existent entre les phénomènes chimiques et les phénomènes électriques. Aujourd'hui, il nous semble tout naturel que, dès les premières recherches concernant les phénomènes galvaniques, l'attention des observateurs ait dû être attirée tout de suite sur ces relations. Mais il faut bien se dire que, dans la période de ce qu'on peut appeler le galvanisme simple, c'est-à-dire avant l'invention des piles formées par la réunion d'un nombre quelconque d'éléments, on n'avait à sa disposition que des forces électromotrices produites en associant deux métaux à un liquide, et que la tension ne pouvait guère dépasser un volt. D'autre part, la polarisation, qui prend naissance dans les électrolyses ordinaires et les entrave, est du même ordre de grandeur. Par conséquent, on ne réalisait jamais d'électrolyses régulières, et il était très difficile de démêler, dans les phénomènes peu marqués que l'on observait ainsi, une relation avec les phénomènes chimiques.

Alessandro Volta, le physicien de génie qui, développant l'expérience de Galvani sur la grenouille, en avait fait la brillante théorie de la production de l'électricité par contact, fermait les yeux sur les phénomènes chimiques auxquels il se heurtait constamment dans ses expériences. L'oxydation de ses plaques de zinc lui apparaissait tout au plus comme une réaction accessoire gênante, qui le forçait sans cesse à les nettoyer : il n'y voyait pas une partie essentielle du phénomène. Il était réservé à Johann-Wilhelm Ritter (1776-1810) de faire cette découverte fondamentale, que la série des tensions des métaux, si ingénieusement établie par Volta, n'était pas différente de la série d'oxydation de ces métaux : à l'extrémité positive, se trouvent les métaux qui s'oxydent avec le plus de facilité, à l'extrémité négative, les métaux nobles, et, dans l'intervalle les autres sont rangés exactement dans l'ordre où ils se précipitent respectivement de leurs solutions. Le nom de Ritter est peu connu, bien qu'il mérite d'être cité parmi les premiers en électrochimie. En dehors de cette découverte, il en a fait une série d'autres, qui sont également pour l'électrochimie d'une importance capitale ; mais l'éclat des noms de Volta et de Davy a éclipsé le sien. Parmi les causes de cet oubli immérité, signalons sa langue obscure et ampoulée. Pourtant la réhabilitation commence déjà pour Ritter, et on reconnaît de plus en plus qu'il est un des plus grands électrochimistes.

Ni la relation inattendue découverte par Ritter, ni les expériences intéressantes qui avaient amené sa découverte n'éveillèrent l'attention du monde savant. Il fallut pour cela que Volta trouvât sa pile, et donnât le moyen d'élever à volonté la tension d'une chaîne. Il est très amusant de lire le début de la description que Volta donne de sa grande invention : il dit avec insistance qu'il ne s'agit là que d'une chose tout à fait superflue. Il vient de développer, d'étayer sur des mesures toute la théorie des phénomènes galvaniques. Il n'avait d'ailleurs à mesurer que de faibles forces, et il y a des hommes qui reprochent aux feuilles de son électromètre de ne s'écarter l'une de l'autre que de quelques lignes, et qui voudraient les voir heurter les parois de la cage de verre. Ils ne sont pas contents non plus que l'étincelle soit si petite; ils voudraient que cette étincelle fît du bruit. Pour montrer en grand à ces incrédules les détails de sa théorie, il indique qu'on peut renforcer l'action électrique en prenant plusieurs éléments et les assemblant pour faire la pile composée, et il décrit sa grande invention dans ses formes principales, la pile à colonnes et la pile à tasses.

Volta est surtout frappé de ce fait, qu'on peut, au moyen de cet appareil, imiter les décharges des poissons électriques, et il croit nécessaire de décrire exactement comment, en cousant une de ces piles dans une peau, et en lui adaptant une tête et une queue artificielles, ou arrive à imiter aussi exactement que possible une torpille. Il est particulièrement intéressant pour nous d'apprendre que, pendant ses expériences, il plongea plus d'une fois les deux fils des extrémités de sa pile dans un vase contenant de l'eau. Sans aucun doute, l'électrolyse dut se produire avec dégagement de gaz, pourtant Volta n'en dit pas un mot. Fut-il frappé de cécité ou entrevit-il que les phénomènes chimiques, qui se produisaient, étaient destinés à anéantir la théorie de l'électricité de contact, qu'il avait développée avec tant de perspicacité?

La pile de Volta ne devint un instrument fécond pour l'électrochimie que quand elle fut en d'autres mains, mais cela se fit tout de suite. Volta avait décrit son invention dans une lettre adressée à Banks, président de la Société royale de Londres, pour être publiée dans les comptes rendus de cette Société. Banks lut la lettre, et la fit circuler quelque temps parmi ses amis qui se hâtèrent de répéter de leur côté les expériences remarquables décrites par Volta. A cette occasion, deux d'entre eux qui d'ailleurs ne s'étaient encore distingués par aucune découverte scientifique et ne firent rien de saillant dans la suite, Carlisle et Nicholson, remarquèrent que, si les fils conducteurs des extrémités des piles de Volta plongeaient sans se toucher dans une masse d'eau, il se produisait aux deux bouts un dégagement de gaz. On reconnut que l'un des gaz dégagés était de l'hydrogène, et que l'autre était de l'oxygène. On put de même obtenir différents métaux à partir de leurs sels. Les métaux se déposaient régulièrement sur le fil relié à l'extrémité négative de la pile.

Ces expériences furent le début d'une infinité d'autres recherches faites dans les directions les plus diverses, et une science spéciale, l'électrochimie, se développa rapidement. Les rapports entre la chimie générale et l'électrochimie furent très variables avec les époques. Tantôt la fille domina complètement sa mère, et tantôt elle fut complètement effacée. Dans ces derniers temps seulement un régime stable paraît s'être établi : l'électrochimie a pris une position ferme sur le terrain qui lui appartient en propre, celui des électrolytes ; elle renonce à des rapines plus ou moins hypothétiques chez les voisins, et elle cherche, dans un labeur paisible, jusqu'où peut s'étendre son influence légitime.

On peut distinguer trois orientations principales dans le développement de l'électrochimie. En premier lieu, la pile de Volta offrant un moyen très actif de provoquer des réactions chimiques, on fit des préparations électrochimiques; dès le début, et, aujourd'hui encore, la science et l'industrie découvrent, grâce au courant électrique, de nouveaux corps et de nouvelles préparations.

En second lieu, l'étude de la conductibilité électrique a donné des résultats aussi profonds qu'étendus. L'étude progressive de ces problèmes, qui s'est prolongée pendant une très longue période, est surtout poussée actuellement.

Enfin l'origine de l'électricité dans la pile a été l'objet d'incessantes recherches; pourtant on ne tient pas encore la solution complète de ce problème que Volta avait déjà posé et apparemment résolu. Voilà les trois points que nous allons étudier.

De tous ceux qui, dès la première heure, cherchèrent à établir et à expliquer les actions chimiques de la pile de Volta, nul n'obtint un succès plus brillant que Humphry Davy (1778-1829), physicien et chimiste nommé de bonne heure professeur à l'Institution royale[1]. Grâce à son activité et

(1) Il ne faut pas confondre l'Institution royale avec la Société royale, dont il vient d'être question. La Société

à celle de son successeur Faraday, les progrès de l'électrochimie vinrent pendant longtemps du modeste laboratoire de cette société.

Les travaux de Davy eurent un début assez humble. On avait reconnu très vite que, quand le courant avait passé pendant quelque temps, le voisinage du pôle négatif présentait une réaction alcaline et, celui du pôle positif, une réaction acide. Le même fait semblait se produire quand, au lieu de solution saline on prenait de l'eau pure, et des esprits fantaisistes avaient bâti là-dessus d'aventureuses théories. Davy chercha d'abord à débrouiller la chose expérimentalement, et ses premiers résultats semblèrent établir que ces phénomènes étaient dus à l'eau, car son eau la plus pure présentait le phénomène, bien que faiblement. Cette dernière circonstance lui donna la conviction qu'il pouvait s'agir d'une impureté, car plus l'eau était pure, mois il se formait d'acide et de base, mais des impuretés d'une petitesse incroyable suffisaient déjà à faire apparaître la

royale est une société savante comme les académies des sciences du continent, tandis que l'Institution royale est une association privée, dont les membres entretiennent, sur leurs cotisations annuelles, un établissement, où leur sont données des conférences scientifiques, conférences de vulgarisation pour la plupart. L'association possède un laboratoire et charge de cet enseignement un ou plusieurs savants, qui, dans leurs heures de loisir, peuvent s'occuper de travaux personnels. La Société a toujours eu la main singulièrement heureuse dans ses choix.

réaction au tournesol. Les vases de verre cédant à l'eau des substances qui y sont un peu solubles, il faut des précautions spéciales pour se mettre à l'abri de cette cause d'erreur. En se servant de vases d'or (les ustensiles de platine n'étaient pas encore connus), Davy réussit à montrer que le passage du courant ne produit ni acide ni alcali, et la question fut résolue.

Nous ne pouvons suivre Davy dans toutes les étapes de ses travaux. Il reconnut bientôt l'influence puissante du courant électrique pour décomposer les combinaisons chimiques de toute sorte. Il fit agir ce nouvel agent sur les corps les uns après les autres, et enfin, il s'en servit pour résoudre une vieille question. A bien des égards, les alcalis se comportaient comme des oxydes métalliques, pourtant on n'avait pas réussi à les décomposer en éléments plus simples. Davy les soumit à l'action du courant, et put mettre en évidence une décomposition : à un pôle apparut l'oxygène, comme il l'attendait, et à l'autre pôle, un métal de propriétés complètement inattendues et même inouïes. Il était extraordinairement léger, et il brûlait à l'air, surtout au contact de l'eau. Il était, par là même, très difficile d'avoir de ces métaux merveilleux une quantité suffisante pour pouvoir les étudier; Davy en obtint néanmoins assez pour établir les propriétés principales du potassium et du sodium.

Ces recherches firent sensation, et donnèrent rapidement à Davy une renommée européenne. Partout on les répéta, on les confirma, et elles devinrent le point de mire de l'intérêt général, comme le sont, de nos jours, les rayons X et le radium. Le développement ultérieur de cette partie de l'électrochimie n'a plus amené de grandes découvertes ou de découvertes théoriques fécondes. Un demi-siècle plus tard, Bunsen montra que l'on peut, par l'électrolyse des composés halogènes fondus, obtenir un grand nombre de métaux de préparation difficile. Pendant le dernier quart du XIXe siècle, le développement rapide de l'électrotechnique a permis aux chimistes d'employer en quantité et à bon compte cette énergie maniable qu'est l'électricité, et l'électrochimie a pris beaucoup d'étendue et d'importance. Mais ces progrès n'ont pas amené de nouvelles idées directrices ; on peut dire, par exemple, que nous obtenons toujours le sodium par la méthode qui le donna à Davy pour la première fois.

A peu près en même temps que les brillantes découvertes de Davy, paraissait un autre travail, qui fut alors à peine remarqué, parce qu'il se rattachait à des phénomènes peu frappants, mais qui, dans la suite, devait avoir une influence autrement grande. Il était fait par deux jeunes Suédois, Berzélius et Hisinger, et se rapportait, lui aussi, à la décomposition des corps sous l'influence du courant électrique. Les auteurs y étudiaient surtout les sels les plus connus, salpêtre, sel de Glauber, sel marin, etc..., et ils avaient reconnu la généralité de ce fait déjà signalé, que l'acide va au pôle positif, et l'alcali, au pôle négatif. Ce n'est pas toujours vrai, car les sels des métaux lourds donnent le métal lui-même, et non l'*hydroxyde*. Se basant sur cette observation, Berzélius considérait l'acide et la base comme deux corps avec lesquels on peut refaire les sels, et, d'une manière générale, comme des parties constitutives, qui gardaient, même dans des combinaisons effectuées, une certaine personnalité. C'était envisager les sels comme formés d'une partie positive et d'une partie négative, et cette manière de voir s'étendit bientôt à tous les autres corps. Dans la conception de Berzélius, toute combinaison comprenait une partie positive et une partie négative. Mais, d'après cette théorie, les deux propriétés opposées ne se neutralisaient pas complètement, de sorte que la combinaison résultante était toujours positive ou négative, suivant la nature de ses constituants, et, à cet égard, pouvait faire partie de combinaisons d'ordre supérieur. La même chose était vraie pour ces combinaisons d'ordre supérieur, mais leur caractère positif ou négatif devait être d'autant plus faible, que l'ordre de la combinaison était plus élevé.

Telle est la célèbre théorie électrochimique de Berzélius, elle n'appartient pas à l'électrochimie proprement dite. Elle n'a provoqué aucune recherche plus étendue dans le domaine commun de l'électricité et de la chimie, et Berzélius lui-même n'a jamais repris d'expériences de ce genre. Son importance reste tout à fait confinée à la systématisation, et nous l'avons déjà étudiée sous ce rapport.

Les brillantes recherches expérimentales de Davy n'étaient pas non plus destinées à éveiller des recherches électrochimiques s'y rattachant. La chimie suivit d'autres voies, et les corps, qui fixaient de plus en plus l'intérêt, les combinaisons organiques ne présentaient pas de liens apparents avec l'électricité. D'autre part, l'électricité se développa d'abord essentiellement sous l'influence des idées de Volta. La forme parfaite de la théorie que ce savant proposait pour expliquer, par le contact des différents conducteurs, la production de l'électricité dans sa chaîne, séduisit complètement les physiciens, et aussi les quelques chimistes qui s'occupaient de ces questions.

Il fallait donc des découvertes nouvelles et essentielles pour raviver l'impulsion, et nous verrons qu'une seule ne suffit pas, qu'il en fallut une série pour que l'électrochimie scientifique pût enfin se constituer. Toute une légion de précurseurs avaient en vain fait des efforts; voilà seulement vingt ans, que le sol, incessamment fouillé, se trouve enfin prêt à donner des moissons régulières.

CHAPITRE X

LA CONDUCTIBILITÉ DES ÉLECTROLYTES

Nous abordons maintenant l'étude de la conductibilité dans les liquides décomposables. Volta avait déjà distingué deux classes de conducteurs. La première classe comprenait les métaux, qui conduisent le courant sans éprouver de modification quelconque, et la seconde, les conducteurs que le courant décompose chimiquement, en particulier les solutions aqueuses de sels, d'acides et de bases.

Les premières expériences de Nicholson et Carlisle montrèrent que la décomposition chimique n'était pas le seul phénomène remarquable que produit le courant électrique. Aux points où les conducteurs plongeaient dans le liquide, se dégageaient des gaz, d'un côté, l'oxygène pur, et de l'autre l'hydrogène pur. On reconnut que cela ne dépendait pas de la distance qui séparait ces deux points. Alors, une question se posait : si l'oxygène se dégage à un bout, comment l'hydrogène peut-il apparaître immédiatement à l'autre bout? On ne pouvait admettre qu'il se glissât d'une façon quelconque dans toute la longueur du liquide, et on reconnut que l'on pouvait, sans empêcher le dégagement des gaz, intercaler, dans l'intervalle, d'autres conducteurs de deuxième classe quelconques, même de ceux qui réagissent avec l'hydrogène ou l'oxygène.

Théodor von Grotthus (1785-1822) chercha le premier à résoudre cette énigme, et, à vingt ans, publia la théorie qui a gardé son nom. Selon lui, les atomes devaient s'arranger en chaînes formées alternativement d'oxygène et d'hydrogène, sur lesquels la charge électrique des conducteurs métalliques agit par induction. Un jeu de combinaisons et de décompositions, analogues à la chaîne du quadrille, nous permet de concevoir que les éléments se séparent seulement sur les conducteurs métalliques, tandis qu'à l'intérieur du liquide, une décomposition fait place immédiatement à une recombinaison, de sorte que le liquide n'est en somme pas modifié.

Si cette théorie, qui fut très longtemps en faveur, présente des parties caduques, elle en a d'autres qui sont durables. Surtout, elle contient cette idée remarquable que, si les éléments d'un conducteur décomposable se déplacent les uns par rapport aux autres, les uns en voyageant dans le sens du courant positif, et les autres en sens inverse, les régions moyennes du conducteur contiendront ces éléments en proportions fixes, et que la décomposition ne se manifestera que vers les extrémités, là où le courant entre ou sort. Comme nous le verrons plus tard, on a conservé cette représentation, mais on en use plus librement que Grotthus ne pouvait le faire, eu égard à la science de son temps.

D'ailleurs, cette idée ne fournissait que des possibilités d'explication, et, pour comprendre réellement le sujet, il fallait d'abord acquérir une connaissance plus exacte des faits.

Bientôt après, le problème fut attaqué expérimentalement, et c'est au successeur de Davy à l'Institution royale, que nous devons le grand progrès qui suivit. Faraday, par sa découverte de l'induction électrique et électromagnétique, s'était déjà fait un nom, quand, à l'occasion de problèmes plus généraux, il s'occupa de l'électricité voltaïque. Il s'agissait d'abord de savoir si, outre la différence bien connue entre l'électricité positive et l'électricité négative, il n'existait pas d'autres différences, dépendant de l'origine de l'électricité, de même que pour la lumière, en dehors des différences d'intensité, il y a des différences de couleurs, c'est-à-dire des nombres de vibration différents.

Pour y répondre, il fallait mesurer les effets de l'électricité, et voir si ces effets restaient proportionnels entre eux, quand l'origine de l'électricité changeait. On eut recours, d'une part, à des effets physiques, comme la déviation de l'aiguille magnétique, le dégagement de chaleur, etc...; d'autre part, on devait employer l'action chimique. Pour celle-ci, on ne connaissait que le fait général de la décomposition par le courant, mais on ne savait pas de quel facteur dépendait la masse de corps décomposé. L'étude de ces questions conduisit bientôt Faraday aux deux lois tout à fait remarquables qui portent son nom. Voici ce qu'elles nous apprennent : 1° dans tous les cas, la masse du corps décomposé est proportionnelle à la quantité d'électricité, qui a traversé le circuit, quel que soit l'électrolyte employé; 2° en second lieu, les masses des divers corps, mises en liberté dans différentes combinaisons chimiques par le passage de quantités d'électricité égales, sont proportionnelles aux poids équivalents de ces corps, ou à des fractions simples de ces poids équivalents. Les masses de corps mises en liberté par une même quantité d'électricité sont proportionnelles aux poids équivalents de ces corps, et ont reçu le nom d'*équivalents électrochimiques*.

Nous avons déjà vu, dans un chapitre précédent, que la loi, dont il s'agit ici, présente beaucoup d'analogie avec la loi des volumes des gaz, puisque ici aussi le facteur de capacité d'une sorte déterminée d'énergie, l'énergie électrique, prend la même valeur pour des masses chimiquement comparables de différents corps. Il y a d'autres lois du même type.

Les lois de Faraday donnent à penser que, à des masses données des corps, sont liées des quantités déterminées d'électricité positive ou négative, et que ces quantités se meuvent, quand passe le courant, selon la théorie de Berzélius. On aurait donc pu supposer que ce grand chimiste accepterait avec joie le secours inattendu, qui lui venait du camp des physiciens ; mais ce fut une réédition de l'histoire de Dalton et des lois de Gay-Lussac.

Berzélius mit en doute les lois de Faraday, et, plus tard, les combattit avec énergie. Il partait d'une erreur tout à fait excusable pour l'époque : il interprétait l'affirmation de Faraday, qu'un égal courant décompose des masses équivalentes des combinaisons les plus variées, en disant que le même travail était nécessaire pour la décomposition de ces diverses combinaisons, et il objectait que les différents sels devaient sans aucun doute être maintenus en combinaison par des affinités différentes. Beaucoup plus tard seulement, on reconnut que la différence d'affinité s'exprimait par la différence des valeurs de la force contre-électromotrice ou polarisation, tandis que l'autre facteur de l'énergie électrique, la quantité d'électricité, conserve la même valeur, quelle que soit la nature du corps. Comme Dalton l'avait fait pour la loi de

Gay-Lussac, Berzélius méconnaissait précisément le progrès qui, plus tard, devait servir de base à une rénovation de sa propre doctrine; mais, comme Dalton pour les volumes des gaz, il ne trouva aucun écho, et la loi de Faraday fut bientôt admise d'une façon générale.

D'ailleurs, Faraday se trompait sur un point important relatif à la portée et à l'exactitude de sa propre loi ; selon lui, à côté de la conductibilité électrolytique liée à une décomposition chimique, les électrolytes possédaient une conductibilité indépendante de toute décomposition, comme la conductibilité métallique ; il croyait même avoir des exemples du fait. Alors la masse du corps décomposé ne serait pas exactement proportionnelle à la quantité d'électricité mise en jeu ; mais les recherches ultérieures ont prouvé que, dans de très larges limites, la loi de Faraday était rigoureusement exacte.

Dans des conducteurs de la seconde classe, les phénomènes chimiques ne se manifestent que là où le courant entre dans le conducteur ou en sort. Faraday en conclut que, à l'intérieur des électrolytes, l'électricité est transportée par leurs particules électriquement chargées, et que, aux points d'entrée et de sortie du courant, aux électrodes, elle continue seule à se mouvoir, tandis que son support chimique est arrêté, produisant le phénomène chimique par sa mise en liberté à l'état non électrisé. On appelait *ions* ou voyageurs ces particules de l'électrolyte, qui voyagent dans le sens du courant ou en sens inverse. Le *cation* suit le courant positif; l'*anion*, le courant négatif. Faraday n'a jamais fixé d'une façon ferme et univoque ce que l'on devait considérer comme ions. Il regardait comme tels les métaux et les halogènes. Dans le chlorure d'argent fondu, objet favori de ses expériences, les seuls ions dont on puisse admettre l'existence, sont l'argent et le chlore. Mais, pour les sels alcalins, il était disposé à prendre comme ions l'acide et la base, et, dans les sels ammoniacaux, l'ammoniaque $Az\ H^3$.

Autour de ce problème de la conductibilité des électrolytes se concentra dès lors une part très importante de l'électrochimie, qui se développa suivant les vues de Faraday, débarrassées de leurs erreurs secondaires.

D'abord, la notion d'ion fut unifiée par les travaux de John-Frédérick Daniell (1790-1845). Ce chimiste anglais est surtout connu par sa pile zinc-cuivre, petit appareil qui a réellement joué un rôle important dans le développement de la science. Ce fut la première pile constante, et, comme telle, non seulement elle a servi d'étalon pour la mesure plus précise des forces électromotrices, mais encore elle a réalisé le type de l'appareil électrochimique idéal. C'est seulement depuis que l'on a pris comme point de départ de la théorie de l'électricité de contact la pile de Daniell, au lieu du couple de Volta, qu'on a pu traiter cette question d'une manière scientifique correcte.

Par son analyse des phénomènes électrolytiques, Daniell a jeté sur le concept d'ion une lumière, qui n'est pas moins remarquable. Comme on vient de le voir, la question des ions était résolue de façon univoque dans le cas des sels composés binaires. Daniell, rejetant la différence alors admise entre les sels halogénés et les sels oxygénés, revint à l'opinion déjà défendue par Davy, que, même dans les sels oxygénés, le métal forme un des ions, et, l'ensemble des éléments, le second ion. D'après la théorie couramment admise, qui était surtout due à Berzélius, le sulfate de magnésium $Mg SO^4$ est formé de la base $Mg O$ et de l'acide SO^3, et il fallait nécessairement aussi regarder comme base et acide les anhydrides des deux corps $Mg (OH)^2$ et $H^2 SO^4$. D'après Davy et Daniell, au contraire, les composants du sel sont le métal Mg et le groupe SO^4, le sulfanion, comme disait Daniell, le sulfation, comme nous disons aujourd'hui.

Fait très remarquable, à peu près vers le même temps, on fut amené par des considérations purement chimiques à remplacer la théorie des acides oxygénés de Berzélius par celle des acides hydrogénés de Davy. Liebig montra d'une façon convaincante, que les rapports compliqués des acides polybasiques ne pouvaient se représenter d'une façon simple que dans la conception de Davy. Ce travail de réforme fut fait dans l'intérêt de la chimie organique; par suite, cette idée pénétra assez lentement dans les milieux où l'on s'occupait de chimie minérale et d'électrochimie, et où les vues de Berzélius régnèrent encore longtemps.

Daniell développa sa conception de l'ion dans une série de travaux consacrés à un fait particulier, les variations de concentration des solutions électrolytiques au voisinage des électrodes, c'est-à-dire aux places où se manifeste la décomposition, mais il ne réussit pas à l'éclaircir complètement. Les recherches de Wilhelm Hittorf, né en 1824, furent plus heureuses. Ce savant expliqua ces phénomènes et perfectionna la conception des conducteurs électrolytiques.

Si on part de l'idée fondamentale de Faraday, que l'électricité se meut avec les ions et traverse l'électrolyte, on peut se demander avec quelles vitesses ces mouvements s'effectuent. Ces vitesses doivent précisément se manifester dans les phénomènes que Daniell a étudiés. Soit K le cation et A l'anion d'un électrolyte. Si le cation seul se déplaçait, l'anion restant au repos, le passage du courant laisserait partout à l'anion sa concentration initiale ; de l'anode partirait une masse de cation déterminée par la loi de Faraday, et il y aurait à la cathode un excès correspondant de cation. Puisque les ions ne peuvent exister après s'être dépouillés de leur charge électrique, il doit naturellement se produire, entre les électrodes et les éléments de l'électrolyte, des phénomènes chimiques qu'il faut prendre en considération dans la détermination des masses en question. Inversement, si l'anion se déplaçait seul, la concentration du cation demeurerait partout invariable, et celle de l'anion éprouverait auprès de la cathode une diminution selon la loi de Faraday. Enfin, si les ions se déplacent tous les deux, on observera à l'anode une certaine diminution de cation, à la cathode, une diminution correspondante d'anion, et ces diminutions sont proportionnelles aux vitesses avec lesquelles les deux ions se déplacent.

Telle est la pensée fondamentale, simple et féconde, de Hittorf : en analysant les solutions qui entourent les électrodes, on peut déterminer le rapport des vitesses avec lesquelles les ions se déplacent dans les électrolytes.

Dans une série de travaux devenus classiques, Hittorf détermina les rapports des vitesses des ions pour un grand nombre d'électrolytes, et ainsi éclaircit beaucoup certaines questions alors discutées. On pouvait penser que la grande simplification apportée par ces considérations en ferait généralement accepter le point de vue. Ce ne fut pas le cas. Hittorf était jeune et inconnu, et des chefs d'école s'étaient déjà attaqués en vain à ce problème. Par une réaction psychique, qui manque de noblesse, mais qui est bien humaine, c'est-à-dire très répandue, ce ne fut pas la joie du progrès intellectuel réalisé qui se fit sentir, mais plutôt la jalousie contre l'inconnu. Les intéressés qui, au moins pour un temps, gouvernaient l'opinion scientifique, firent silence, et on ne prêta d'abord aucune attention aux résultats de Hittorf.

La situation ne changea que quand F. Kohlrausch eut trouvé un procédé facile et précis pour mesurer la conductibilité des électrolytes, et qu'il eut fait, à l'aide de sa méthode, un grand nombre de mesures, dont voici les résultats : si on appelle conductibilité moléculaire la conductibilité trouvée entre deux électrodes éloignés d'un centimètre, quand cet espace renferme une molécule-gramme (c'est-à-dire un nombre de grammes égal au poids moléculaire de l'électrolyte), la *conductibilité moléculaire est additive*, c'est-à-dire que, pour les différents sels, elle est égale à la somme de deux constantes dépendant seulement des ions du sel. Si l'on considère ces constantes comme les vitesses de déplacement de ces ions, on peut dire aussi que la vitesse de chaque sorte d'ions est indépendante des autres ions, qui lui sont combinés pour former le sel. Voilà pourquoi Kohlrausch appelait sa loi : *loi de l'indépendance de la vitesse des ions.*

On avait, dès lors, sur la vitesse des ions deux données tout à fait indépendantes. Les recherches d'Hittorf fournissaient le rapport de deux vitesses;

celles de Kohlrausch, leur somme, et il devait évidemment exister des rapports numériques tout à fait déterminés entre les nombres de transport de Hittorf et les nombres de conductibilité de Kohlrausch. Soit : u_1, u_2, u_3, etc..., les vitesses des cations K_1, K_2, K_3, etc..., v_1, v_2, v_3, etc..., celles des anions A_1, A_2, A_3, etc...; les mesures de Hittorf donnent les rapports u/v et celles de Kohlrausch les sommes $u+v$. Si, pour une couple d'ions, K_1 et A_1, par exemple, on divise la conductibilité $(u_1 + v_1)$ en deux parties qui soient dans le rapport $\frac{u_1}{v_1}$ déterminé par la méthode de Hittorf, on obtient les vitesses respectives des ions A_1 et K_1.

En déterminant les conductibilités des sels A_1 K_2, A_1 K_3, etc., et A_2 K_1, A_3 K_1, A_4, K_1, etc., on obtient les valeurs u_1+v_2, u_1+v_3, etc., ainsi que u_2+v_1, u_3+v_1, etc. Par soustraction, on détermine les vitesses de déplacement de tous les autres ions ; on pourra alors calculer les rapports correspondants u/v et comparer ces nombres aux résultats des mesures de Hittorff. On peut ainsi calculer à l'avance les conductibilités de toutes les autres combinaisons entre ces ions, c'est-à-dire des autres sels correspondants et les comparer aux résultats de la mesure directe. En un mot, les relations de ce groupe, trouvées d'une façon analogue aux relations de Richter pour les poids équivalents des acides et des bases, permettent le contrôle de l'expérience. Kohlrausch a montré que toutes ces relations se vérifient réellement pour les solutions très diluées, et il a mis en lumière de la façon la plus convaincante la fécondité des vues de Hittorf.

Les résultats de ces mesures devaient être encore plus riches en conséquences. De ce qu'un ion déterminé se déplace avec une égale vitesse, quels que soient les autres ions auxquels il est combiné dans un sel, il faut conclure que la combinaison n'a pas d'influence sur la vitesse des ions. Ce serait un fait absolument incompréhensible, si, comme on le croyait alors, les ions étaient liés entre eux par une affinité chimique, dont la grandeur varie beaucoup suivant les cas. Par exemple, l'ion potassium se déplace avec la même vitesse que l'ion ammonium dans tous les sels de même acide, alors que l'on considérait les sels de potassium comme possédant les plus fortes affinités, et qu'on attribuait au contraire aux sels d'ammonium des affinités très faibles. Hittorf avait déjà signalé des contradictions analogues entre les faits et les idées généralement acceptées. Les sels de potassium conduisent mieux que tous les autres sels, il semble donc qu'ils doivent se décomposer plus facilement en ions ; les sels de mercure au contraire conduisent très mal, et, par suite, leurs ions sont très fortement liés : c'est précisément l'inverse de ce que l'on admettait pour les affinités chimiques correspondantes.

On savait aussi que, tant que la polarisation aux

électrodes n'intervient pas, la conductibilité des électrolytes se comporte comme celle des métaux : la moindre force électromotrice produit un courant, qui ne dépend que de la conductibilité. Si l'action du courant devait d'abord séparer les sels de l'électrolyte en leurs ions, il faudrait pour cela une certaine force électromotrice, et la conduction du courant ne pourrait commencer qu'une fois cette force électromotrice atteinte. Mais cela est contraire à l'expérience, et, en 1857, R. Clausius, s'appuyant sur l'hypothèse moléculaire, avait admis que, par leurs chocs mutuels, quelques molécules salines s'étaient déjà dissociées. Dans cette hypothèse, la conductibilité moléculaire devrait être d'autant plus faible que la solution est plus étendue, parce que les rencontres de molécules seraient d'autant plus rares, et la dissociation qu'elles entraînent, d'autant moins complète que la dilution augmenterait et que ces molécules se mouvraient plus loin l'une de l'autre. Or l'expérience montre précisément le contraire : la conductibilité moléculaire augmente quand on dilue la solution, et tend vers un maximum, qui, pour beaucoup de sels, se trouve déjà atteint avec des dilutions mesurables. Il fallait plutôt admettre que les ions, complètement séparés dans la solution étendue, se combinent d'autant plus activement qu'ils se rencontrent plus souvent, quand les solutions se concentrent davantage. Clausius ne connaissait pas ce dernier fait, et ne pouvait pas tirer cette conclusion. Svante Arrenhius, né en 1859, l'indiqua en 1887 et ce fut le début d'une nouvelle période pour l'électrochimie.

D'abord, on peut, en s'appuyant sur la loi de l'action de masse, dégager ce postulat des hypothèses. Si l'on considère les ions comme des corps, qui, dans certaines conditions, peuvent avoir une existence indépendante, cette loi exige immédiatement que la concentration croissante soit accompagnée d'une augmentation de recombinaisons, tandis qu'une dilution plus grande donne lieu à une dissociation plus grande. La loi permet même de prévoir comment la dissociation dépend de la dilution, et l'expérience a vérifié dans un très grand nombre de cas l'exactitude quantitative de cette prévision.

De même, conformément à la théorie, on a trouvé que la loi de Kohlrausch, relative au déplacement indépendant des ions, n'est exacte que pour des solutions très étendues quand la séparation des ions ou dissociation électrolytique est pratiquement complète. Pour des solutions moins étendues, elle est assez approchée, quand on compare entre eux des électrolytes ayant à peu près même dissociation.

Les idées d'Arrhenius reçurent la plus éclatante confirmation quand on les rapprocha de la théorie de la pression osmotique de Van t'Hoff. Cette théorie s'appliquait très bien aux combinaisons organiques, mais elle semblait absolument en défaut dans le cas si important des solutions salines aqueuses. La pression osmotique, l'abaissement du point de fusion, et l'élévation du point d'ébullition, que l'on observait pour ces solutions, étaient toujours beaucoup trop grands. Pour des sels du type chlorure de potassium, les nombres trouvés étaient à peu près le double de ce qu'ils auraient dû être ; pour le sulfate de potassium et d'autres sels analogues, ils atteignaient presque le triple de leur valeur théorique. Pour des sels de même type, les écarts étaient de même grandeur.

Il n'y avait pas lieu d'admettre une polymérisation du corps dissous, qui aurait conduit au contraire à des valeurs trop petites de la pression osmotique et des grandeurs qui en dépendent. Il ne semblait guère qu'on pût songer à une dissociation, puisqu'il s'agissait des formules les plus simples qu'on pût écrire. Puisque la constante de la loi de Van t'Hoff avait la même valeur que la constante des gaz, on ne pouvait, pour obtenir des valeurs exactes relatives aux sels, supposer que les combinaisons organiques étaient polymérisées. En outre, les différents types de sels présentaient des écarts différents, ce qui rendait impossible un calcul uniforme. Bref, les contradictions étaient si grandes que Van t'Hoff avait dû les laisser sans explication, et que, pour exprimer l'allure bizarre de ces corps, il avait introduit un coefficient irrationnel i, et avait écrit pour eux l'équation de la pression osmotique sous la forme $pv = iRT$.

Arrhenius montra que ce coefficient fatal i se présente pour toutes les solutions qui conduisent le courant électrique et sont des électrolytes, et ne se présente que pour elles. Toutes les contradictions s'expliquent d'un coup si l'on admet que, dans ces solutions, les sels ne restent pas à l'état de sels, mais qu'ils se dissocient en ions, quand la dilution augmente. Dans une solution qui contient une molécule ou 74,5 grammes de chlorure de potassium, il n'y a pas une molécule mais bien deux molécules de substance dissoute en solution étendue, quand tout le sel est dissocié en ions, chlore et potassium ; il en résulte que la pression osmotique est le double de celle que donnerait le calcul dans l'hypothèse de la non-dissociation du sel. Il en est de même pour les modifications concomitantes du point de fusion et du point d'ébullition. Dans les solutions moins étendues, la dissociation est incomplète, et les écarts plus petits. Les sels du type du sulfate de potassium K^2SO^4 se dissocient en trois molécules ions 2K et SO^4 et donnent à la limite une valeur triple. Bref, si l'on admet la doctrine de la dissociation électrolytique toutes les contradictions apparentes de la théorie osmotique s'évanouissent et se transforment en autant de confirmations de ces deux théories.

Enfin, les vues d'Arrhenius expliquent des faits qu'on connaissait depuis longtemps et qu'on n'avait jamais compris. Les différents réactifs employés pour l'analyse des sels n'indiquent jamais le sel comme tel, mais n'en font reconnaître que les parties constituantes ou ions. Ainsi, les chlorures précipitent le sel d'argent, quel que soit le métal ou le radical avec lequel le chlore est ou plutôt était uni. Et comme réactif de ces combinaisons chlorées, point n'est besoin de recourir à l'habituel nitrate d'argent : tout sel d'argent soluble dans l'eau peut servir. Auparavant, on ne pouvait en comprendre la raison, seulement on ne s'étonnait plus de ce fait parce qu'on le rencontrait tous les jours. Aujourd'hui, tout est expliqué d'un coup : les réactions d'analyse se passent entre ions, et, pour qu'elles se produisent, il faut bien que les ions correspondants soient là. L'ion argent réagit sur l'ion chlore, et, s'ils se rencontrent tous deux dans une solution, le précipité de chlorure d'argent se forme, quels que puissent être les autres ions. Ces derniers n'ont en effet aucune importance, parce qu'ils existent libres à côté des ions chlore et argent.

On doit à cette géniale théorie de multiples éclaircissements sur les questions les plus diverses et il m'est impossible de les rassembler ici. Mais cela n'est plus nécessaire aujourd'hui : tous les commençants connaissent les grandes lignes de la théorie des ions libres et les appliquent ; on a bien vu que, grâce à elle, l'enseignement élémentaire de la chimie gagnait extraordinairement en clarté et en intérêt. Il me suffira de dire qu'il n'est guère de chapitre de la chimie des sels que la théorie d'Arrhenius n'ait fait progresser, en lui apportant quelque explication. Ce que la théorie électrochimique n'avait pu réaliser, la théorie de la dissociation électrolytique l'a fait : elle est devenue une théorie des phénomènes chimiques. En même temps se sont précisées les limites dans lesquelles elle est applicable, et dont la méconnaissance avait été si funeste aux vues de Berzélius. La théorie s'applique exclusivement aux systèmes possédant la conductibilité électrolytique, solutions salines et sels fondus. Sous sa forme actuelle, elle ne peut s'appliquer aux corps non conducteurs, qui forment la plus grande partie des combinaisons organiques, puisqu'ils ne remplissent pas les conditions qu'elle exige. On peut cependant penser que plus tard elle s'appliquera aux éthers, alcools, cétones, etc. Ces corps ne sont pas tout à fait dépourvus de conductibilité, et cette conductibilité est presque sûrement de nature électrolytique, c'est-à-dire suppose la présence d'ions. Mais ces questions demandent avant tout une étude expérimentale précise, que l'influence énorme des moindres impuretés rend très difficile.

Il me reste à ajouter quelques mots sur la nature des ions. Dans l'hypothèse atomique, on les a regardés comme des corpuscules électriquement chargés, qui, par suite d'une propriété spéciale, ne peuvent porter que des masses électriques bien déterminées, ou des multiples simples de ces masses. Les dernières recherches physiques sur la conductibilité électrique des gaz ont démontré que ces quantités d'électricité sont les quantités élémentaires d'électricité, dont la division ne peut être poussée plus loin, et que, analogues aux atomes pondérables, elles représentent la dernière limite de petitesse des masses électriques. Nous en restons là pour ces considérations. Si intéressants que soient les résultats fournis par elles relativement à la conductibilité des gaz, elles n'ont guère fait avancer la théorie des électrolytes. En nous plaçant à notre point de vue général, nous nous bornerons à dire : le passage de masses électriques aux surfaces qui limitent les électrolytes, est expérimentalement lié à la mise en liberté de quantités de matières correspondantes. L'expérience ne nous apprend rien de la relation entre l'électricité et les électrolytes à l'intérieur de ces corps. Nous savons seulement qu'un conducteur électrolytique traversé par un courant se comporte extérieurement à tous égards comme un conducteur de première classe de même forme et de même conductibilité traversé par le même courant. On n'a d'ailleurs à faire là-dessus aucune hypothèse particulière.

La conception chimique des ions consiste essentiellement à admettre qu'ils sont des corps déterminés doués de propriétés spécifiques. Dans les premiers temps, on a beaucoup discuté à propos de la grande différence qui existe entre les éléments et les ions correspondants. En s'affranchissant le plus possible de suppositions, on peut y voir des corps allotropiques, à peu près comme l'oxygène et l'ozone, ou le phosphore blanc et le phosphore rouge, car la seule façon de définir l'allotropie, sans faire d'hypothèses, consiste à dire que les corps allotropiques ont, avec la même composition, une quantité d'énergique différente (p. 152). La même définition s'applique aussi au gaz chlore et à l'ion chlore, mais elle ne vide pas la question. D'ailleurs, les ions sont toujours mis en liberté en même temps que les ions contraires. La constitution chimique de ces autres ions est tout à fait indifférente, une seule chose est essentielle : c'est que, à tout instant, des masses équivalentes de cation et d'anion existent en même temps dans un liquide. Si l'ensemble de ce liquide est électrisé, nous pouvons et nous devons même admettre la présence d'ions en excès, se trouvant avec leurs charges à la surface du liquide. Ces masses sont toujours extraordinairement petites, puisque à de très petites quantités de matière correspondent des quantités extrêmement grandes d'électricité. On peut se représenter les ions comme des corps liés à des quantités d'électricité déterminées et très grandes, possédant, en conséquence, avec des propriétés physico-chimiques spéciales, une quantité d'énergie différente de celle que possèdent les corps de même composition non ionisés. L'état gazeux est caractérisé par un grand volume, et l'état d'ion, par de grandes quantités d'électricité : dans les deux cas, l'existence d'une forme d'énergie particulière, énergie de volume et énergie électrique, entraîne des propriétés simples et générales bien déterminées.

CHAPITRE XI

LE SIÈGE ET L'ORIGINE DE LA FORCE ÉLECTROMOTRICE DANS LA PILE

Abordons maintenant le troisième grand problème de l'électrochimie : quel est le siège de la force électromotrice dans la pile? Quelle est son origine? Quand Volta étudia les phénomènes découverts par Galvani, il eut le grand mérite d'en dégager la partie purement physique, et d'expliquer, par le contact des différents conducteurs, les phénomènes électriques connus de son temps, de sorte qu'on put croire la question résolue dans ses principes. Volta démontra qu'il fallait au moins trois conducteurs différents, deux métaux et un liquide, pour obtenir des phénomènes électriques. On reconnut bientôt qu'un métal et deux liquides, ou même trois liquides pouvaient produire des phénomènes électriques.

Si l'on forme une chaîne avec deux métaux et un liquide, il y a trois contacts, savoir : deux contacts métal-liquide et un contact métal-métal.

Volta chercha à fixer où se trouve le siège de l'électricité, qui doit être à l'un de ces trois contacts.

Il se convainquit d'abord qu'il était impossible de faire des chaînes actives avec des métaux seulement. En arrangeant comme on voulait des conducteurs quelconques de la première classe, on n'obtenait jamais d'action électrique. Il était naturel de conclure qu'il n'existe pas de force électromotrice au contact de deux métaux. Il fallait donc chercher la force électromotrice aux contacts métal-liquide.

Mais c'était en contradiction avec une expérience, qui faisait partie intégrante de l'enseignement de la physique, avec l'expérience fondamentale de Volta, qui, parce qu'elle ne réussit pas souvent, fut un souci éternel pour les professeurs. Volta la fit d'abord en prenant deux plaques bien polies de métaux différents, par exemple, cuivre et zinc; il les amenait en contact, puis les éloignait l'une de l'autre, aussi parallèlement que possible, et ensuite il étudiait leur état électrique. Quand l'expérience réussit, le zinc est positif, le cuivre négatif.

Dans la forme plus simple qu'il lui donna pour faire des essais de mesures, Volta isola l'un de l'autre les deux plateaux placés parallèlement l'un à l'autre, les réunit un instant par un fil métallique, puis enleva le fil et éloigna les plateaux l'un de l'autre. Les plaques parurent alors chargées électriquement. En mesurant la tension électrique qui existe entre elles quand elles sont placées en face l'une de l'autre, on trouve à peu près les mêmes valeurs que si on plongeait dans de l'eau les deux métaux, et mesurait la tension de cette chaine. Voici comment Volta, et après lui d'innombrables physiciens interprétèrent ces expériences, qui semblaient contradictoires. Du fait qu'on ne peut pas construire de chaîne active avec des métaux seuls, il semble résulter qu'il n'y a pas entre eux de force électromotrice; par contre, l'expérience fondamentale montre que toute la force électromotrice de la chaîne doit être attribuée au contact métal-métal, car elle ne fait pas intervenir de conducteur liquide. Pour accorder ces deux résultats, on est obligé d'admettre qu'il existe bien des forces électromotrices entre métaux, mais que ces forces sont liées entre elles, de telle sorte que, dans les chaînes formées uniquement par des métaux, elles se neutralisent. Formons une chaine fermée avec les trois métaux, A, B, C. Sur cette chaine se trouvent les trois forces électromotrices A : B, B : C et C : A. Il faut donc que $A:B + B:C + C:A = 0$ ou encore que $A:B + B:C = A:C$ puisque $A:C = -C:A$, le sens de la tension se renversant avec la direction dans laquelle on l'observe : si C est négatif par rapport à A d'une certaine quantité, A est positif par rapport à C de la même quantité. L'équation $A:B + B:C = A:C$

montre que la tension entre deux métaux a la même valeur, que ces métaux soient directement en contact ou qu'ils soient réunis par l'intermédiaire d'un autre métal. On montrerait de même que, dans le cas d'une chaîne composée d'un plus grand nombre de métaux quelconques, la différence de tension entre les deux métaux extrêmes est absolument indépendante des métaux intermédiaires.

Dans la théorie de Volta, la force électromotrice de la pile a son siège au contact des deux métaux, tandis qu'aux contacts métal-liquide il n'y a que des forces électromotrices nulles ou insignifiantes. Les expériences ultérieures ont conduit à admettre l'existence de forces électromotrices au contact du métal et du liquide, mais on considérait ces forces, la plupart du temps, comme beaucoup plus petites que les forces électromotrices au contact des métaux.

Bien qu'artificielle, la théorie de Volta réunit bientôt l'accord unanime : cela peut tenir, en partie, aux grandes dignités qui furent alors conférées à Volta, mais la raison principale de son acceptation par les physiciens était sa forme simple. Ni les brillantes découvertes de Davy, ni la théorie électrochimique généralement acceptée de Berzélius n'avaient réussi à édifier une théorie chimique des phénomènes galvaniques.

Une campagne, menée par le physicien génevois de La Rive en faveur d'une théorie électrochimique de la pile, resta sans résultats. Mais quand eut pâli la première splendeur de la théorie de Volta, des doutes plus ou moins conscients se firent jour, parce qu'elle indiquait bien le siège, mais non l'origine de la force électromotrice dans la pile. Aujourd'hui, nous n'hésiterions pas à déclarer que, sans une modification concomitante, un pur contact ne saurait créer le courant de la pile et par lui produire du travail; pour nous, il faut nécessairement qu'en un endroit quelconque il se dépense une quantité d'énergie corrélative, et nous ne devons chercher cette énergie que dans les phénomènes chimiques qui se produisent entre métal et liquide. Mais nous n'avons pas le droit d'oublier que ces faits se passaient dans les premières années du XIXe siècle, et que la loi de conservation de l'énergie n'était encore qu'une vague idée de quelques pionniers d'avant-garde. Chez quelques savants, il y avait bien une répugnance à l'égard des violations flagrantes de cette loi, mais ce n'était qu'une répugnance instinctive, et non la conséquence d'un raisonnement réfléchi.

Les partisans de la théorie chimique ne pouvaient donc prendre leurs raisons dans ce point encore obscur. Ils n'avaient recours qu'à des arguments moins frappants que les contactistes pouvaient repousser avec succès. Par exemple les chimistes faisaient valoir contre l'expérience fondamentale de Volta que la présence inévitable de l'air humide pouvait très bien produire une action chimique; leurs contradicteurs ripostaient à bon droit que c'était l'affaire des chimistes d'en prouver l'influence, mais, à cette époque, ce n'était pas possible. Ce n'est que tout récemment qu'on a pu en apporter la preuve. D'autre part, les chimistes ne se représentaient pas clairement le lien qui unit les phénomènes chimiques et les phénomènes électriques. Ritter avait déjà dit nettement que seuls les phénomènes chimiques, qui ne peuvent se produire que par l'intermédiaire du courant électrique, sont capables de provoquer des phénomènes électriques et, à l'aide de quelques exemples, il avait mis sous forme concrète ce postulat général. Mais cette indication était tombée dans l'oubli avec les autres travaux de Ritter; il fallut tout récemment la retrouver à nouveau, et alors la condition générale put être exprimée plus nettement.

En attendant, on admit couramment que l'électricité apparaît aux points de la chaîne où se produit une réaction chimique. Si, par exemple, on plonge dans de l'acide sulfurique du zinc et du cuivre, le zinc se dissout, et on pensait que l'électricité devait par conséquent se dégager sur le zinc. Cette conjecture inexacte aboutit à une contradiction expérimentale de la théorique chimique, et cela parut si convaincant que Berzélius lui-même abandonna la théorie chimique de la pile, quoiqu'il l'eût antérieurement considérée comme exacte, à cause de sa théorie électrochimique des combinaisons.

Si on met le zinc dans un sel neutre quelconque et le cuivre dans de l'acide nitrique, en interposant une cloison poreuse ou simplement en laissant les liquides séparés par leur différence de densités, il se produit une violente réaction, non sur le zinc, mais sur le cuivre. Dans cette chaîne au phénomène chimique renversé, le sens du courant est le même que dans la chaîne zinc-cuivre-acide sulfurique, et le courant y est même plus fort que quand c'est le zinc qui est attaqué. Les partisans de la théorie du contact en concluaient que le phénomène chimique n'a pas d'influence sur le courant, et que celui-ci dépend seulement de la nature des métaux conformément à leur théorie.

Il faut avouer que, si on se place au point de vue des connaissances de cette époque, il n'y a rien à objecter à ce raisonnement, et que Berzélius avait le droit de regarder cette expérience comme une preuve en faveur de la théorie du contact. On ne savait pas alors que l'action chimique violente de l'acide sur le cuivre n'a rien à faire avec la production du courant, ni que, malgré la neutralité du liquide qui l'environne, le zinc s'y dissout quand le courant passe. C'est seulement en s'appuyant sur un grand nombre de découvertes et d'explications venues plus tard, qu'on put établir la théorie chimique de cette expérience.

En face de ce va-et-vient sans résultat, les découvertes de Faraday apportèrent un progrès essentiel, en montrant qu'il existe une relation fixe entre la conductibilité et la décomposition, lors du passage du courant dans les électrolytes. Nous n'avons guère besoin d'une affirmation spéciale et explicite pour savoir que Faraday se plaçait résolument du côté des chimistes. Nous ne décrirons pas dans le détail les nombreuses expériences qu'il fit pour soutenir sa manière de voir. La conséquence qu'on tire de la théorie de Volta se défendait contre elles aussi. Dans cette théorie, on pouvait toujours par des hypothèses convenables, pour la plupart d'ailleurs tout à fait artificielles, interpréter les faits. Cela tient à ce que dans toutes les expériences, on considérait la somme de plusieurs tensions en différents points de contact. Alors le nombre des diverses tensions est toujours plus grand que celui des mesures distinctes possibles, et on peut toujours faire sur une tension particulière une supposition quelconque, qui permet ensuite de calculer les autres tensions, sans entrer en contradiction avec les faits.

C'est seulement à la fin de ses recherches électrochimiques que Faraday proposa une idée, que nous avons déjà mentionnée comme décisive. Il dit que le courant peut fournir du travail. Dès lors si, comme le prétendait Volta, le courant était dû au simple contact, il y aurait là une création à partir de rien, ce qui serait absurde.

Rappelons-nous qu'il exprimait cette considération en 1840, deux ans avant que Mayer énonçât la loi de la conservation de l'énergie. Ce qui nous apparaît maintenant comme banal était alors plus qu'une idée neuve, c'était une idée contestée par les plus zélés partisans de la théorie de Volta. En Allemagne, Pfaff, professeur de physique à Kiel, déclarait qu'une vraie force naturelle était par essence inépuisable. Faraday n'en est que plus digne d'éloges, pour avoir pressenti avec un sûr instinct le principe de la conservation de l'énergie, bien que les publications ultérieures nous montrent qu'il n'arrivait pas sur ce point à une clarté parfaite. Il a d'ailleurs constamment fait usage, pour ses recherches expérimentales si nombreuses et si variées, de cette notion que les diverses forces naturelles peuvent se transformer les unes dans les autres.

On fit bientôt l'application consciente de la loi de l'énergie à la pile. Indépendamment l'un de l'autre, William Thomson et Helmholtz développèrent la même idée : l'énergie électrique est le produit de la masse électrique par la tension. Le premier facteur est donné par la loi de Faraday ; le passage de quantités d'électricité égales dans des circuits quelconques transforme chimiquement des masses équivalentes des corps correspondants. Les différentes valeurs de la force électromotrice sont dues à la différence des énergies chimiques de ces phénomènes, dont la production directe dégage des quantités de chaleur différentes. D'après cela, on obtient la force électromotrice en divisant la quantité de chaleur, dégagée dans la réaction, par la quantité d'électricité, qui, d'après la loi de Faraday, correspond à la masse considérée des corps.

William Thomson fit ce calcul pour la pile de Daniell, et c'était alors assez compliqué à cause de la grande variété des unités. La réaction chimique de la pile de Daniell est la transformation du sulfate de cuivre et du zinc métallique en cuivre métallique et sulfate de zinc. On peut déterminer le dégagement de chaleur de cette réaction en plongeant tout simplement du zinc dans du sulfate de cuivre : alors l'énergie chimique ne se transforme pas en énergie électrique, elle donne immédiatement de la chaleur. Cette détermination fut faite par Joule, et le calcul aboutit à une confirmation brillante de la théorie.

On a reconnu dans la suite que cette théorie trop simple était incomplète, et on a dû la remplacer par une autre un peu plus compliquée, qui montre la nécessité d'un terme de correction. Par hasard, pour l'élément Daniell, ce terme de correction est nul, de sorte que l'accord observé pour cette pile ne se retrouve pas pour la plupart des autres exemples étudiés depuis. C'était néanmoins un pas très important, qui fixa définitivement la théorie chimique de la pile.

Les deux hommes auxquels nous devons ce progrès ne croyaient pas qu'il contredisait les idées de Volta. Pour eux, l'énergie du courant dans la pile provenait assurément du phénomène chimique, mais les tensions pouvaient être rangées, comme Volta l'avait supposé; il suffit que leur somme satisfasse à la relation théorique. Ne connaissant pas les tensions isolées, on peut toujours admettre qu'il en est ainsi. Tant est forte la tradition, même chez les esprits originaux, chez les hommes qui guident les autres.

Le point essentiel de ce progrès était d'établir une relation déterminée et univoque entre la force électromotrice et les phénomènes chimiques. Pour chaque dispositif fonctionnant comme pile, on devait se demander quels phénomènes chimiques s'y passent. En conséquence, les piles, où les phénomènes chimiques sont indéterminés ou variables, ne peuvent présenter de force électromotrice constante. En d'autres termes, si la pile de Daniell est constante, c'est que les corps s'y trouvent aux places convenables pour le phénomène parfaitement déterminé qui s'y produit quand le courant passe. On peut construire à volonté beaucoup de piles constantes, si on a soin que cette condition soit remplie.

Mais comment exprimer cette condition d'une manière générale? Ici encore les dernières explications ont été apportées par la théorie des ions libres, appliquée par W. Nernst (né en 1864).

La classique pile de Daniell, que nous prendrons encore comme exemple, se compose, comme on l'a vu, d'une plaque de cuivre plongeant dans du sulfate de cuivre, et d'une plaque de zinc plongeant dans du sulfate de zinc. Les deux solutions sont en contact au point de vue électrique par l'intermédiaire d'un vase poreux. Il ne peut se produire avec ce dispositif aucun phénomène chimique immédiat, mais il s'en produit un médiat. Le zinc tend à se dissoudre, et le zinc métallique se transforme en ion-zinc, en prenant la charge électrique positive, par laquelle l'ion se distingue de l'élément ordinaire. Si on porte immédiatement le zinc dans la solution du sel de cuivre, qui contient le cuivre à l'état d'ions, le zinc prend à l'ion-cuivre cette charge, qui lui est nécessaire, et le cuivre est déchargé, c'est-à-dire qu'il se dépose à l'état métallique. Dans la pile de Daniell ouverte, cela ne peut arriver, parce que le zinc n'est pas en contact avec l'ion cuivre. Mais si on ferme la chaîne, c'est-à-dire si on établit une communication conductrice entre les deux métaux, l'ion-cuivre, par l'intermédiaire du conductenr, peut céder sa charge électrique au zinc qui se dissout comme ion chargé, tandis que le cuivre, dépouillé de sa charge, se dépose à l'état métallique. Avec ce contact médiat, le phénomène se passe comme lors d'un contact immédiat, et se continue tant que l'électricité traverse le conducteur intermédiaire. Le phénomène est interrompu dès que l'on coupe ce conducteur. Pourquoi le zinc soustrait-il à l'ion-cuivre sa charge? Cela tient à ce que la transformation du zinc en ion-zinc dégage beaucoup plus d'énergie libre, que la transformation du cuivre en ion-cuivre. On peut très bien comparer la tendance qu'ont les métaux à passer à l'état d'ions avec la tension de vapeur des liquides volatils. Imaginons un cylindre vide d'air, fermé sur ses deux bases, garni à son intérieur d'un piston mobile, et mis en relation d'un côté avec une chaudière contenant de l'eau, de l'autre avec une chaudière contenant de l'éther. L'éther ayant une tension de vapeur beaucoup plus grande que l'eau refoulera le piston, et la vapeur d'eau se condensera. De même le zinc a une *pression* d'ion beaucoup plus grande que le cuivre, et l'ion-zinc se forme aux dépens de l'ion-cuivre. A la position du piston correspond ici la quantité d'électricité, et à la différence de pression, la force électromotrice.

Ce schéma simple et intuitif suffit à expliquer la grande variété des piles analogues à la pile Daniell. Remarquons en particulier que, par la loi de Faraday, tout mouvement d'ions (et non pas seulement la formation des ions et leur destruction) est lié à des mouvements correspondants d'électricité, et que nous pouvons calculer les forces électromotrices correspondantes d'après les travaux mis en jeu, qui sont pour la plupart de nature osmotique. On obtient la théorie des autres piles en généralisant convenablement le schéma primitif. Le problème de Volta peut donc être considéré comme résolu, au moins en principe. L'étude expérimentale des cas, pour lesquels le calcul peut se faire, a si bien confirmé la théorie, que, sans garder aucun doute, on peut envisager celle-ci comme généralement applicable.

Pour finir, jetons un coup d'œil d'ensemble sur l'électrochimie. Dans les trois directions, préparations électrolytiques, théorie de la conductibilité, et théorie des forces électromotrices, les résultats obtenus par sa jeune sœur ont apporté à la chimie pure l'aide la plus précieuse. La prédominance exclusive des vues électrochimiques a disparu, mais, actuellement encore, une bonne partie de nos idées générales est déterminée par les faits de l'électrochimie, et, chose très remarquable, par ceux qui n'étaient pas connus au temps de la toute-puissance des théories électrochimiques. La théorie des forces électromotrices nous permet de comprendre de façon de plus en plus générale le problème de l'affinité chimique, et de répondre aux questions suivantes : quels travaux peuvent accomplir les phénomènes chimiques? dans quelles conditions? Ce sont les problèmes qui nous occuperont dans les chapitres suivants.

CHAPITRE XII

AFFINITÉ

Quand on attribua les phénomènes chimiques à l'action réciproque des divers corps, on fut naturellement amené à se demander quelles circonstances déterminent cette action réciproque. La grande multiplicité, l'arbitraire apparent, qu'on observe dans ces phénomènes, les firent comparer aux actions volontaires des hommes. Non seulement le mot alors en usage, pour désigner la cause des combinaisons et des décompositions chimiques, sert de titre aux *Affinités électives* de Gœthe, mais, dans le cours de cet ouvrage, elles sont présentées comme des images de l'action réciproque des hommes mis en jeu.

On était bien loin alors de la conception simple et régulière, qui est l'idéal de toute science, et qui était déjà atteinte ailleurs, en astronomie, par exemple. La nature spéciale de ces phénomènes, si variés suivant les corps qui les manifestent, se montre comme prédominante.

E. Stahl, le créateur de la théorie du phlogistique, avait signalé, comme un phénomène typique, le déplacement réciproque des métaux dans leurs sels, et, dans la théorie du phlogistique, nous reconnaissons sans peine le reflet de ces expériences sur les combinaisons hypothétiques des corps avec le phlogistique. Plus tard, des savants français ont étendu et systématisé ces séries de réaction, et les railleries des contemporains ne manquèrent pas à ces *fabricants de tables*. Vers la fin du XVIIIe siècle, Torbern Bergmann (1735-1784) rassembla enfin les connaissances et les conceptions du temps.

L'idée fondamentale de toutes ces recherches était que la nature des parties constituantes détermine leurs forces de combinaison réciproque, de telle sorte que la combinaison, qui se forme aux dépens des combinaisons primitives, est celle qui correspond à la plus forte affinité. Jusque-là, on n'avait pas fait intervenir d'autres facteurs. En comparant systématiquement entre elles les expériences anciennes, et en en faisant de nouvelles, Bergmann, le premier, trouva que le résultat diffère souvent beaucoup selon que l'on fait réagir les corps dissous dans l'eau ou fondus par la chaleur. Il fut amené à distinguer l'affinité par voie humide de l'affinité par voie sèche.

On reconnaissait pour la première fois que les échanges chimiques sont déterminés par d'autres facteurs que la nature des corps seule. Claude-Louis Berthollet (1748-1822), dont nous avons déjà rencontré le nom, a eu le grand mérite de découvrir ces facteurs et d'en prouver l'action par des expériences frappantes. Il introduisit dans la question la notion nouvelle des réactions partielles. Pour les anciens chimistes, il fallait qu'une porte fût ouverte ou fermée : tous les phénomènes devaient se produire complètement dans un sens ou dans l'autre. Cela tenait à la prédominance des besoins techniques, car on cherchait toujours à trouver des procédés donnant les produits sous la forme la plus homogène et la plus pure. On ne connaissait guère que ces procédés pratiquement parfaits, et l'attention n'avait pas été attirée sur la présence normale des réactions incomplètes.

Berthollet montra que l'on devait, au contraire, envisager comme les plus généraux les processus incomplets, dans lesquels une réaction est limitée par une réaction inverse, qui reforme les produits primitifs, et que les processus complets n'existaient que grâce à des circonstances secondaires. Il formula le principe de l'action de masse qui détermine un équilibre chimique, tout comme l'action simultanée de plusieurs forces sur un point donne une résultante, qui dépend, en grandeur et en direction, de chacune des composantes.

En développant ces vues générales, Berthollet s'appuyait, d'une part, sur des expériences qu'il avait instituées dans ce but, et, d'autre part, sur des vues intuitives, auxquelles il attribuait sans doute plus d'importance. Il regardait les phénomènes chimiques comme dus à une certaine gravitation entre les atomes, et il avait le ferme espoir qu'une mécanique chimique se développerait bientôt, qui serait comparable à la mécanique céleste. Il est intéressant de remarquer que T. Bergmann, aux vues de qui Berthollet était nettement opposé, s'était appuyé aussi sur l'hypothèse d'une gravitation entre les atomes, ce qui montre que les hypothèses générales influent bien peu sur les conséquences qu'on en tire; dans les deux cas, seuls les faits chimiques connus par les deux chercheurs ont agi sur la formation de leurs pensées.

En ce qui concerne l'action de masse, Berthollet avait un précurseur, K.-F. Wenzel (1740-1793), à qui on a faussement attribué les découvertes de Richter; il avait exprimé la loi quantitative de l'action de masse avec toute la clarté désirable. Dans un livre sur l'affinité, publié en 1777, il ne cherche rien moins qu'une évaluation numérique des forces chimiques, et, bien plus, les principes d'où il part ne prêtent guère aux objections. Il était guidé, lui aussi, par une analogie mécanique. Un corps se mouvant d'autant plus vite que la force qui agit sur lui est plus grande, il attribua une affinité plus grande au corps qui produit plus rapidement une réaction chimique. Il prit comme exemple l'action des acides sur les métaux. Il vit bien clairement que cette action était proportionnelle à la surface, et il donna aux métaux qu'il voulait comparer la forme de cylindres égaux, recouverts, sauf sur une base, d'un enduit inattaquable. Il décrivit même comment, pour avoir des mesures comparables, on doit placer le mercure liquide dans un cylindre creux de même diamètre. Il vit bien que les acides agissent plus énergiquement s'ils sont concentrés que s'ils sont étendus, et il dit expressément que la vitesse de réaction est proportionnelle à leur concentration.

Berthollet n'a sans doute pas connu cette tentative de mesure de l'affinité ; en tout cas, on ne rencontre chez lui aucune indication relative à cette idée ou à ses applications. Son attention n'était pas dirigée sur tout le cours des phénomènes, mais seulement sur le résultat final, sur leur côté statique, comme l'indique à lui seul le titre de son principal ouvrage : la *Statique chimique*. Il sut tirer de cette simple idée fondamentale de l'équilibre chimique tout un ensemble de conséquences remarquables.

Avant tout, pour qu'un équilibre existe, il faut que tous les corps qui y participent soient constamment présents. L'un ou l'autre de ces corps est-il enlevé du lieu de la réaction, c'est un nouvel équilibre qui se produit. Berthollet en donne deux exemples : dans le cas où un des corps est gazeux, et dans celui où un corps est solide, l'élasticité et la cohésion, comme il les appelle, qui caractérisent ces états, interviennent, comme des forces chimiques pour déterminer le résultat final.

Toutes ces idées sont exactes, mais elles n'ont été confirmées que plus tard, et après une longue évolution. Berthollet jouissait d'une grande renommée. Son ouvrage principal fut traduit plusieurs fois. Au dire de tout le monde, il renfermait les idées directrices les plus élevées. Pourtant, ce début fameux ne fut suivi d'aucun développement, et, pendant près d'un siècle, les problèmes de l'affinité chimique attirèrent peu l'attention. Quelles sont les raisons d'un fait si extraordinaire?

Voici ce qu'il est naturel de penser : par sa conception de l'équilibre chimique, Berthollet avait été conduit à méconnaître l'existence des combinaisons de composition constante. En toute rigueur, au point de vue théorique, nous dirions encore aujourd'hui qu'il avait raison au fond, et que, en principe, il est tout aussi impossible de produire un corps absolument pur que d'atteindre un autre absolu quelconque, par exemple, de réaliser le vide parfait; expérimentalement, au contraire, nous pouvons obtenir un très grand nombre de corps, où il ne nous est plus possible de décéler la présence de substances étrangères, et qui sont pratiquement purs. Berthollet ne s'est trompé que sur la limite jusqu'à laquelle nous pouvions pousser la séparation des corps, et, sur ce point, il a été réfuté par Proust. Quoique contredites par l'expérience, les vues de Berthollet contenaient une part de vérité, mais la science de cette époque n'était pas encore assez avancée pour qu'on pùt s'en apercevoir.

Voilà assurément une raison pour laquelle le livre de Berthollet n'eut pas d'action; mais ce n'est pas tout, car, même après sa polémique avec Proust, l'autorité de Berthollet ne fut pas sensiblement amoindrie. Seulement son œuvre est de celles que tout le monde loue, et que personne ne lit. Même aujourd'hui, si on cherche à approfondir le travail de Berthollet à la lumière d'une science plus avancée, on est bientôt déçu, et on le laisse de côté : pour exercer une influence profonde sur une science, dans laquelle de nouveaux faits intéressants surgissent tous les jours, il contient trop peu de choses bien déterminées dont l'expérience puisse profiter.

Le développement de la chimie fut influencé d'une manière définitive par les autres découvertes du début du XIXe siècle. Nous connaissons déjà les principales. D'abord les lois de la stoechiométrie, confirmées partout où on cherchait à les appliquer sous la forme imagée et intuitive de la théorie atomique, puis les étonnantes découvertes de l'électrochimie, enfin le développement envahissant de la chimie organique, ouvrent à la science des régions toutes nouvelles et deviennent bientôt le point de départ d'applications techniques colossales. Tout cela exigeait un travail immédiat, et, circonstance décisive, cela pouvait, au moins au début, être traité, sans que les vieux problèmes fussent résolus.

Car, avant comme après, et même dans les branches nouvelles, on s'attachait surtout à préparer des corps. Les conditions d'une réaction étaient toujours assez étudiées quand on avait trouvé un procédé avantageux pour obtenir tel ou tel corps, et personne n'avait intérêt à étudier d'une manière approfondie les mauvaises méthodes, qui ne donnaient pas de produits purs; au contraire, chaque chercheur appliquait toute sa perspicacité à retirer le produit demandé du mélange brut résultant de la réaction. Le développement du problème de l'affinité ne s'est fait que sur le tard, et il a une origine toute différente : le fil ne se rattache pas à la chimie pure, mais à un tout autre point, qui a donné à la physique, elle aussi, une vie nouvelle.

C'est la découverte des lois de l'énergie qui vivifia la chimie. Cela se fit d'ailleurs bien plus lentement que pour la physique, car, au début, ce furent essentiellement des physiciens, qui développèrent et lancèrent la nouvelle idée, bien qu'elle fît ses premiers pas à l'occasion de problèmes chimiques. C'est la question de la production de chaleur chez les animaux, qui a éveillé les idées de Mayer et de Helmholtz, et c'est en cherchant à transformer en travail mécanique l'énergie chimique des piles de Volta que Joule a fait sa découverte : tous trois sont partis des transformations de l'énergie chimique en d'autres formes. Fait remarquable, avant de connaître le principe général de l'énergie, on connaissait déjà la loi particulière à laquelle il conduit dans le cas de la chimie, lors des transformations de l'énergie chimique en chaleur.

Déjà en 1840, G.-H. Hess (1802-1856) à Saint-Pétersbourg énonçait la loi de la constance des sommes des quantités de chaleur, d'après laquelle le dégagement total de chaleur, qui accompagne un phénomène chimique, est déterminé par l'état initial et l'état final, mais ne dépend pas des états intermédiaires. Hess était arrivé à sa loi par voie expérimentale, mais il en avait aussitôt saisi l'importance théorique, et il avait montré, en particulier, comment elle peut servir à calculer indirectement des chaleurs de réaction, que l'expérience ne peut atteindre. Deux années après, la loi de la conservation de l'énergie avait été découverte et exposée dans toute sa généralité, et l'application aux phénomènes chimiques en fut faite entre 1850 et 1860 par Julius Thomsen de Copenhague (1826-1909).

Puisque, d'après cette loi, la quantité de chaleur

dégagée par un phénomène chimique quelconque correspond à la différence d'énergie entre les corps dont on part et les produits de la réaction, il semble que des mesures thermochimiques puissent donner la solution immédiate du vieux problème de l'affinité, car la réaction, qui mettra le plus d'énergie en liberté, l'emportera évidemment sur toute autre réaction possible, dégageant moins d'énergie. Enfin si les différences d'énergie sont immédiatement mesurées par les quantités de chaleur dégagées, il faut conclure simplement que, de toutes les réactions possibles, celle qui se produit est toujours celle qui dégage le plus de chaleur.

Ainsi fut posé le principe de Thomsen, mais ce savant se convainquit bientôt qu'il n'était pas valable dans tous les cas; ce principe fut pourtant repris par M. Berthelot, et défendu par lui avec beaucoup de perspicacité et au besoin d'éloquence contre les objections, qui ne manquèrent pas de se produire. Il faut bien comprendre, en effet, que ce principe était une résurrection de la vieille théorie de l'affinité de Stahl-Bergmann, fondée sur la prépondérance de la matière la plus forte. On oubliait le progrès réalisé dans l'intervalle par Berthollet, qui avait montré que le résultat d'une réaction dépend de la masse relative, ou, plus exactement, de la concentration aussi bien que de la nature des corps. Cet oubli se produisait d'autant plus facilement que les faits chimiques répondant à la conception de Berthollet étaient peu connus, et encore moins étudiés. Le premier essai fait par Thomsen, pour appliquer les méthodes thermochimiques aux problèmes de la formation des sels, et de la *concurrence* des acides en présence d'une base, avait bien confirmé le point de vue sous lequel Berthollet envisageait l'équilibre chimique, mais on était alors trop éloigné de cette vue d'ensemble, pour qu'elle pût attirer l'attention et exercer une influence plus générale.

Ce fut l'origine d'une lutte longue et acharnée entre la nouvelle forme de l'ancienne théorie de Bergmann, qui semblait morte depuis longtemps, d'une part, et, d'autre part, les faits et la connaissance plus mûrie des lois directrices. Il s'agit ici d'une méprise tout à fait analogue à celle qui avait commencé par le calcul de la force électromotrice d'une pile à partir de la chaleur totale (p. 198) : dans les deux cas on mit fin à l'erreur en reconnaissant que les phénomènes ne sont pas régis par la différence de l'énergie totale, mais par celle de l'énergie libre. Bien souvent l'énergie libre n'est pas très différente de l'énergie totale, et alors la considération des quantités de chaleur conduit à des résultats peu éloignés de la vérité. Ce sont ces cas, qui ont fait croire à l'exactitude du principe général, et l'ont fait maintenir malgré les contradictions toujours plus nombreuses. Les faits firent abandonner cette théorie thermochimique sans explication pour l'influence de l'action de masse. qui s'imposait de plus en plus.

On avait tenu auparavant pour insoluble le problème, qui consistait à mesurer l'état chimique d'un mélange homogène sans en troubler l'équilibre; on reconnut qu'il devenait accessible, quand on l'abordait avec des procédés physiques sans recourir à l'analyse pondérale. Dans la mesure où s'augmentait et se multipliait l'application des méthodes physico-chimiques, on voyait toujours plus clairement que, même dans les mélanges homogènes, l'état d'équilibre admis par Berthollet, et d'après lequel, dans un système quelconque, tout corps satisfait ses affinités selon sa masse propre, était la règle absolue, et que, si quelques réactions paraissaient complètes, cela tenait pour la plupart à ce que les produits, auxquels elles donnaient naissance, se dégageaient sous forme gazeuse, ou se précipitaient à l'état solide. Les idées de Berthollet furent peu à peu remises en honneur, et Guldberg et Waage, à Christiania en 1867, les présentèrent sous une forme mathématique suffisante pour donner une confirmation quantitative des prévisions théoriques. Le fameux reproche de Kant, disant que la chimie n'était pas une science, parce qu'elle n'était pas traitée mathématiquement, était pour la première fois écarté.

Le travail fondamental de Cato, M. Guldberg (1836-1902) et Peter Waage (1833-1900) attira peu l'attention. Dans les annuaires de la chimie, il n'est pas cité, et quand, douze ans plus tard, ses auteurs revinrent sur le même point dans une nouvelle publication, ils ne trouvèrent pas une douzaine de travaux parus dans l'intervalle, et pouvant augmenter le nombre des observations en faveur de leur proposition. C'est seulement un travail de Julius Thomsen publié en 1869 qui fit connaître un peu plus le progrès réalisé. Dans ses travaux de jeunesse, Thomsen avait eu recours au phénomène calorifique qui accompagne la formation des sels pour étudier les solutions homogènes, et il avait trouvé que ses résultats s'expliquaient complètement par la théorie de Guldberg et Waage. Il faut spécifier que le dégagement de chaleur dans ces expériences ne servait que comme une caractéristique de chaque état, et que l'on ne faisait point usage de la proposition critiquée plus haut, d'après laquelle la réaction, qui dégage le plus de chaleur, doit nécessairement se produire. Dans ces conditions les résultats ne dépendent absolument pas de l'exactitude ou de l'inexactitude de cette loi, et ont été reconnus exacts par les contrôles postérieurs indépendants. Inversement, on trouve dans ces travaux que ce faux principe est contredit par l'expérience, car ils montrent que l'acide sulfurique est un acide plus faible que l'acide chlorhydrique et l'acide nitrique, quoique, lors de la formation d'un sel, il dégage notablement plus de chaleur qu'eux. A l'œuvre de Thomsen se sont rattachés, dans la suite, d'autres travaux analogues, qui conduisirent au même résultat par des moyens différents, et confirmèrent de divers côtés la loi de l'action de masse de Guldberg et Waage.

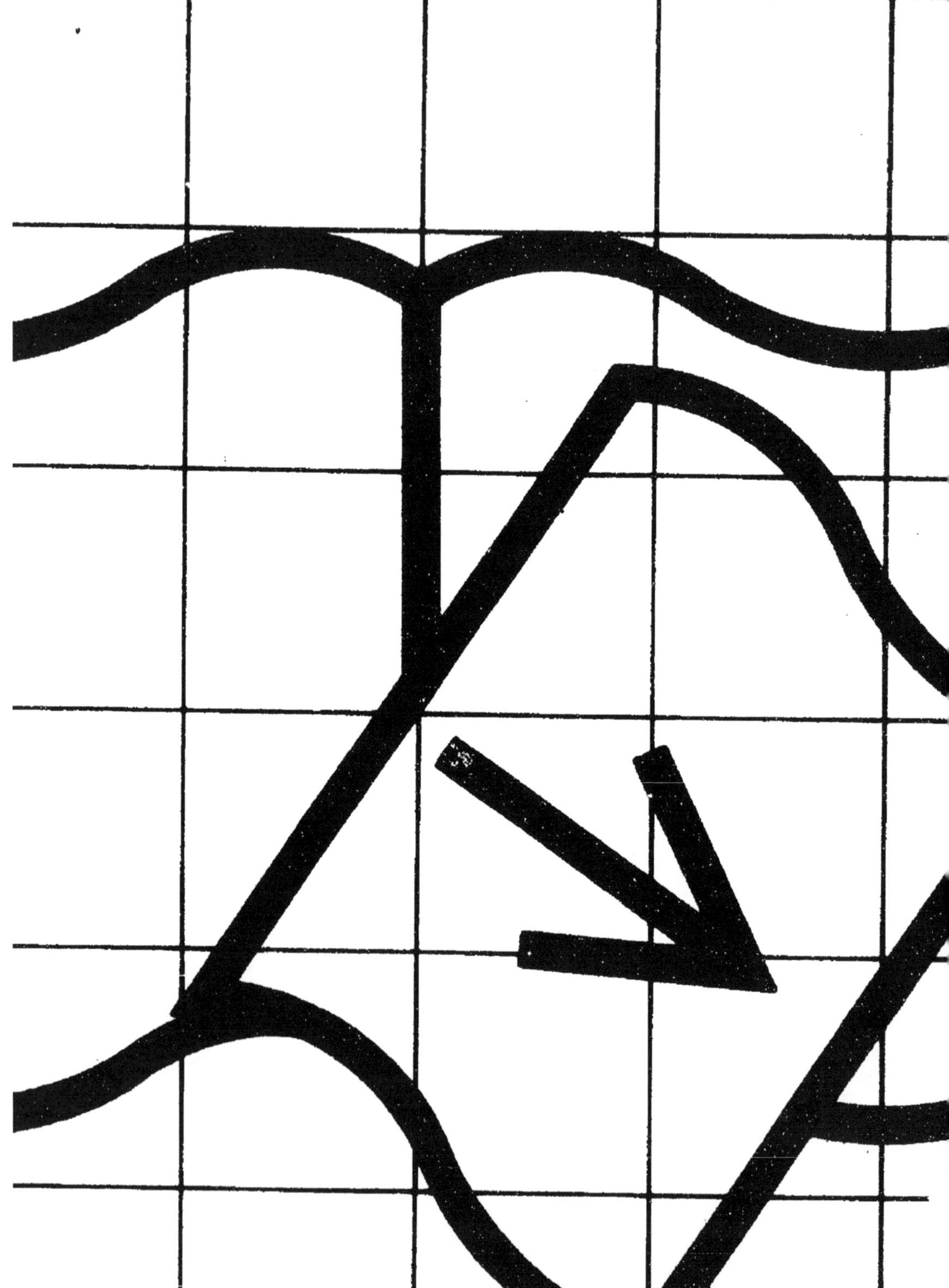

CHAPITRE XIII

LA THERMODYNAMIQUE ET LA CHIMIE

Voilà le côté expérimental de la question. En même temps se poursuivait le développement d'une théorie qui au début n'avait rien de commun avec la chimie. Nous avons déjà signalé que la première tentative d'application des lois nouvelles de l'énergie à la solution du problème de l'affinité avait échoué, parce qu'elle reposait sur ce postulat inexact, que, dans les phénomènes chimiques, il n'intervenait pas d'autres formes d'énergie que de l'énergie chimique et de la chaleur. Au commencement de la seconde moitié du XIXe siècle, Clausius et William Thomson avaient montré comment il convenait de traiter les problèmes plus compliqués de la transformation de l'énergie; ils s'étaient appuyés pour cela sur un mode de raisonnement publié en 1824, bien avant la découverte de Mayer, par un jeune officier français mort prématurément, Sadi Carnot (1796-1832). Carnot s'était demandé quelles lois régissent la production du travail dans serait le mouvement perpétuel. Puisque le mouvement perpétuel est irréalisable, l'hypothèse est fausse. On montrerait de même que B ne peut avoir un meilleur rendement que A. Il faut en conclure que, dans deux machines parfaites, le rapport entre la chute de chaleur et le travail produit est le même, ce qu'il fallait démontrer.

Comme on le voit, ces considérations ne font pas intervenir la loi de la conservation de l'énergie, car elles laissent absolument indéterminé le mode de transformation de la chaleur en travail. Carnot croyait d'abord que la chute de température suffisait à elle seule, comme la chute de l'eau dans le moulin, et qu'il n'y avait pas plus de destruction de chaleur que de perte d'eau. Ses notes posthumes semblent montrer que, plus tard, il s'est rendu compte qu'une partie de la chaleur disparaît, mais elles n'ont été publiées que quand toute la question était déjà éclaircie par d'autres savants. Les conclusions de Carnot peuvent donc être obtenues sans connaître le premier principe, c'est-à-dire la conservation de l'énergie : c'est un point essentiel, par lequel le mouvement perpétuel, dont le raisonnement de Carnot démontre l'impossibilité, est différent d'un mouvement perpétuel, qui pourrait être dû à une création d'énergie, car il est tout à fait indépendant du premier principe.

Ainsi un mouvement perpétuel, suivant Carnot, se produirait, si la chaleur d'une masse d'eau à température constante pouvait se transformer partiellement en quelque autre énergie, en énergie électrique, par exemple. L'expérience prouve que c'est tout aussi impossible que la création de l'énergie. Voilà par conséquent une seconde loi, indépendante du premier principe. On l'appelle le second principe, et on peut, en généralisant, la formuler ainsi : l'énergie immobile ne se met pas d'elle-même en mouvement, ou, si on donne au mouvement perpétuel, suivant Carnot dont il vient d'être question, le nom de mouvement perpétuel de seconde espèce, on peut dire : tout mouvement perpétuel de seconde espèce est impossible.

La grande idée de Carnot resta d'abord stérile, comme beaucoup de celles qui devancent leur temps. Le petit livre où il l'avait exposée tomba dans l'oubli complet. Sans faire cesser cet oubli, un ingénieur du nom de Clapeyron reprit cette idée dix ans plus tard, et lui donna une forme analytique élégante. De même, dix ans après Clapeyron, Poggendorff reproduisit dans ses Annales si répandues le travail de Clapeyron, en insistant tout spécialement sur son importance. Mais Clausius et W. Thomson, apprécièrent les premiers, en 1850, la portée de l'idée de Carnot. Clausius montra, comme on l'a vu plus haut, qu'elle est indépendante du premier principe : malgré l'inexactitude de l'hypothèse de Carnot, à savoir qu'il n'y a pas de chaleur détruite dans les machines thermiques, son idée conduit à des résultats exacts, quand on la rattache d'une façon convenable au premier principe. Thomson put encore en tirer des conclusions importantes, sans décider si le premier principe était exact ou non.

Il arriva ainsi que, tandis que le premier principe est facile à comprendre et qu'il a aujourd'hui sa place marquée dans l'enseignement élémentaire, le deuxième principe a conservé un caractère de difficulté, et qu'il reste actuellement encore enveloppé d'une sorte de mystère.

Clausius et W. Thomson en ont rattaché l'application à des opérations mathématiques, dont on reconnaît l'exactitude et dont on peut admirer les résultats, mais on ne voit pas bien pourquoi on n'obtient les relations simples définitives qu'après une double différentiation, en annulant la différentielle seconde. D'autre part, la découverte du second principe, faite vingt ans avant celle du premier, montre bien qu'il s'y cache une relation générale analogue à la loi de la conservation de l'énergie. Mais c'est seulement plus tard qu'on a reconnu les deux points suivants : 1° le second principe ne s'applique pas uniquement à la théorie de la chaleur, comme dans les travaux de Clausius et W. Thomson, mais encore à toutes les sortes d'énergies ; 2° il représente, il définit la condition générale qui doit être remplie pour que quelque chose se passe. Le premier principe dit : Si quelque chose se passe, il y a équivalence entre les quantités d'énergies qui apparaissent et celles qui disparaissent, mais il ne dit pas du tout que quelque chose doit se passer, il fixe seulement le bilan d'un fait. Ici intervient le second principe, qui établit la condition nécessaire pour que quelque chose se passe, par des considérations tout à fait semblables à celles que Carnot a appliquées à la chaleur.

Une différence de température détermine l'existence d'un phénomène calorifique ; une différence de tension électrique, celle d'un phénomène électrique, et une différence de pression, celle d'un phénomène mécanique correspondant. Une étude plus approfondie montre que, pour chaque sorte d'énergie, il est possible de déterminer une grandeur, qui a, pour cette sorte d'énergie, la même signification que la température pour la chaleur, et, par conséquent, les considérations de Carnot s'appliquent à toutes les sortes d'énergie. Il y a donc en particulier pour l'énergie chimique un potentiel chimique, qui est l'expression exacte de ce qu'on cherchait, sans le bien connaître, sous le nom d'affinité chimique. Par l'intermédiaire des poids, qui entrent en combinaison, ce potentiel chimique est en relation étroite avec la grandeur qu'on avait auparavant désignée sous le nom d'énergie libre, et pour qu'un phénomène chimique se passe, il faut qu'il existe une différence de potentiel chimique.

CHAPITRE XIV

LES TRAVAUX DE WILLARD GIBBS

Willard Gibbs a publié ses importantes recherches dans un journal presque inconnu et très peu répandu, *les Transactions de l'Académie du Connecticut*. Gibbs était le type classique du savant, pour lequel l'exactitude et la rigueur sont tout, et qui n'a ni l'aptitude, ni le goût de faire un exposé attrayant, et il n'a fondé aucune école immédiate qui aurait pu étendre ces recherches. Il n'est donc pas étonnant que ces travaux de génie soient d'abord restés complètement inconnus, jusqu'à ce que d'autres chercheurs isolés, trouvant plus ou moins par hasard ces trésors cachés, et cherchant à les rendre accessibles à leurs collaborateurs, aient tardivement mis en lumière l'œuvre de Gibbs et ses applications.

L'ensemble des découvertes de Gibbs ne fait pas encore partie du fonds scientifique commun, et, par suite, n'a pas encore pris une forme compréhensible pour tous. Il est d'ailleurs si riche et si varié

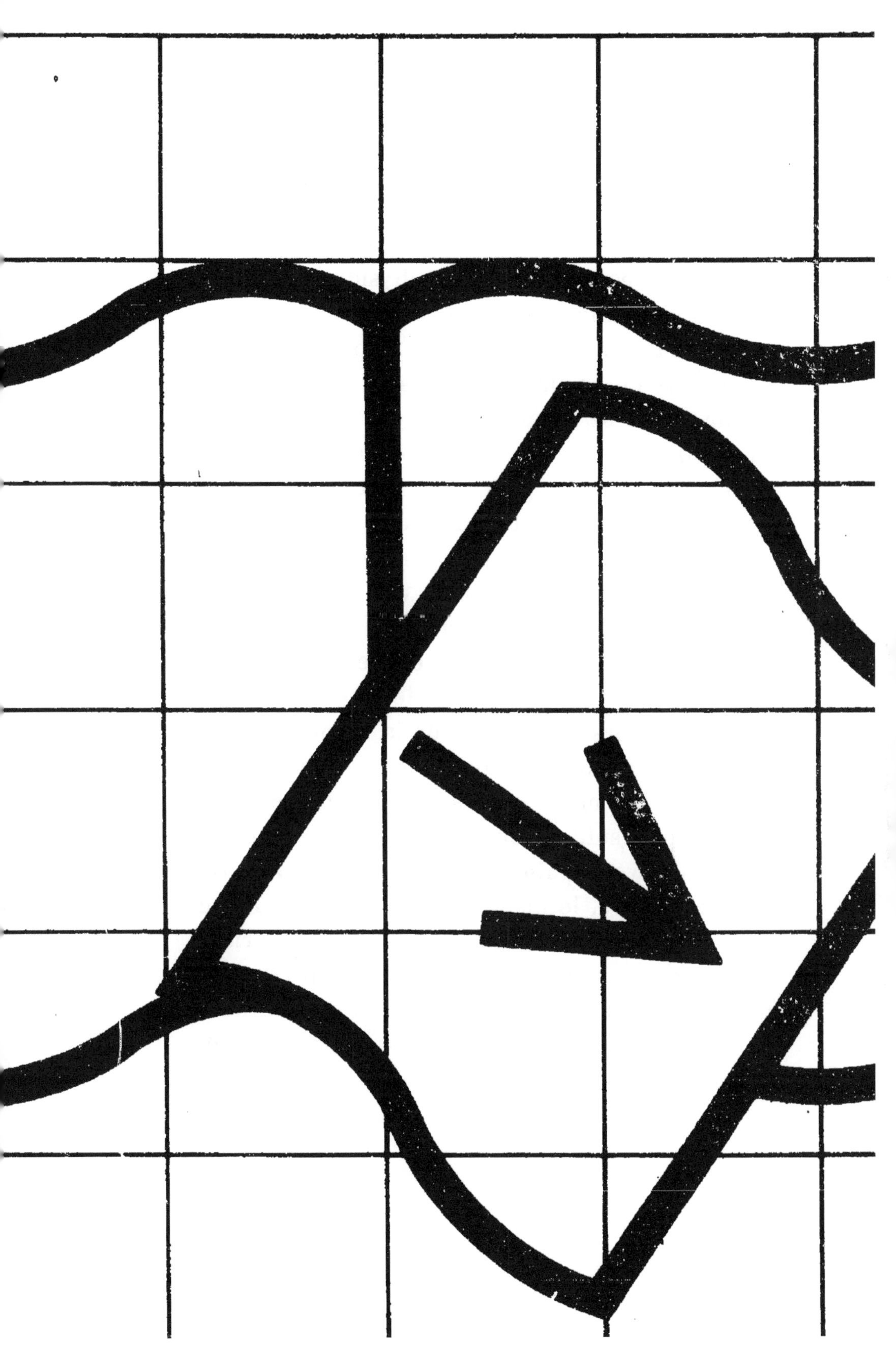

que les spécialistes eux-mêmes sont encore loin de l'avoir épuisé, quelque riches et multiples que soient les applications qu'on en a tirées déjà, et je dois me contenter de caractériser d'une manière tout à fait générale le progrès scientifique réalisé par Gibbs.

De toutes les branches de la physique théorique, la thermodynamique ou plus généralement, puisque le nom de thermodynamique est trop étroit, l'énergétique est de beaucoup la plus sûre et la mieux ordonnée. En se basant sur les deux principes de l'énergétique, que nous avons déjà examinés, et à l'aide d'autres lois générales, comme la loi des gaz parfaits, la loi de Faraday, etc... on peut trouver des relations numériques déterminées entre les propriétés les plus différentes des systèmes physiques. Beaucoup de ces relations étaient encore inconnues au point de vue expérimental, quand on les a trouvées théoriquement ; les expériences instituées selon les indications de la théorie ont toujours donné de ces lois une confirmation générale, et même les ont vérifiées numériquement. Un exemple peut suffire : Bunsen avait remarqué que la pression élève le point de fusion de certains corps, tels que la cire, le blanc de baleine, etc... Peu de temps après, en étudiant cette question théoriquement, on trouva une relation entre la pression, le point de fusion, la chaleur de fusion et la variation de volume qu'éprouve le corps en fondant. Cette relation conduisait à ce résultat inattendu que, pour l'eau, le phénomène devait être de sens contraire à ce qu'il était pour la cire, etc... dans les expériences de Bunsen : le point de fusion de l'eau devait s'abaisser quand la pression augmentait. L'expérience confirma la théorie non seulement en ce qui concerne le sens du phénomène, mais même l'abaissement du point de fusion, d'ailleurs très faible, calculé à l'avance, fut trouvé exact dans la mesure où le permettaient les erreurs d'expérience inévitables.

Alors, grâce à l'application des deux principes, l'histoire expérimentale des corps, dont nous connaissons les rapports d'énergie, n'est plus qu'un chapitre de l'analyse combinatoire. Il suffit d'appliquer les méthodes de Clausius, W. Thomson et Gibbs à toutes les combinaisons imaginables des énergies mises en jeu, pour obtenir entre elles toutes les relations possibles. L'idéal le plus élevé, que Leibnitz se faisait de la science, se trouve aujourd'hui atteint partout où règne l'énergétique.

L'importance des travaux de Gibbs tient justement à ce qu'ils ont réalisé ce progrès pour la théorie de l'équilibre chimique. On sait depuis longtemps en physique, que la thermodynamique, qui est l'une des branches les plus fécondes de la science, en est aussi la plus exacte. A cet égard, elle ne le cède en rien à la mécanique rationnelle, à laquelle, d'un autre côté, elle est bien supérieure parce qu'elle se rapproche bien davantage des faits réels. Les travaux de Gibbs ont ouvert en chimie une voie analogue, et, depuis que les chimistes appliquent ses méthodes et ses découvertes, ils ont récolté une riche moisson de résultats ; mais la variété des phénomènes chimiques est si grande en comparaison de la thermodynamique, que le champ n'est pas épuisé, que presque tous les jours on trouve de nouveaux fruits, et que partout il manque de mains pour en cueillir d'autres, qui seraient faciles à atteindre.

Pour mieux caractériser le progrès dû à Gibbs, je veux exposer d'une façon un peu plus détaillée une des nombreuses lois découvertes par lui, la *loi des phases*. C'est celle dont l'importance a été reconnue dès la première heure, et qui a, par suite, trouvé les applications les plus variées, grâce surtout aux efforts de Bakhuis Roozeboom (1854-1906). Cet exemple montrera du même coup le caractère général des relations que Gibbs a su découvrir.

Considérons un corps homogène, solide, liquide ou gazeux, peu importe, et envisageons toutes les modifications possibles qu'il éprouverait sous des influences calorifiques ou mécaniques, en nous bornant, pour ces dernières, au cas d'une pression uniforme : son état est déterminé d'une façon univoque et invariable, si sa température et sa pression sont données. Cela se voit immédiatement pour les gaz, auxquels s'applique l'équation

$pv = RT$. Nous pouvons ici choisir arbitrairement deux des trois variables, la troisième est alors numériquement déterminée. Nous reconnaissons en même temps que nous ne sommes pas obligés de choisir la température et la pression. Sur les trois variables, il y en a deux d'arbitraires ni plus ni moins. Il en est tout à fait de même pour les liquides et les solides : leur volume est déterminé quand on donne la pression et la température ; ici aussi, il n'y a que deux variables arbitraires : dès qu'elles sont choisies, la troisième se trouve par cela même déterminée.

Voilà pourquoi l'on dit qu'un corps homogène quelconque possède deux degrés de liberté, ou plus brièvement deux libertés.

On peut disposer encore de ces libertés autrement qu'en se donnant la pression, la température ou le volume, etc. On peut avoir à côté d'un liquide, sa vapeur, à côté d'un corps solide, le même corps fondu et liquide, etc. Gibbs appelle *phases* les diverses parties du système, où celui-ci présente des propriétés différentes, et, en particulier, une autre densité. Un système composé d'eau et de vapeur présente donc deux phases, une phase liquide et une phase gazeuse. Alors on peut demander les conditions pour que les deux phases existent l'une à côté de l'autre.

Si deux phases sont en équilibre l'une à côté de l'autre (et nous nous occupons uniquement de ces cas), il faut manifestement qu'elles aient même température et même pression.

Gibbs a montré que cette condition permet toujours de disposer d'une des libertés existantes. Quand le nombre des phases en contact augmente, le nombre des libertés conservées par le système décroît. Dans un système formé par un corps pur, pour lequel chaque phase peut se transformer complètement dans l'autre, il n'y a plus qu'une liberté, quand les deux phases coexistent, et, si les trois phases coexistent, il n'y a plus de liberté du tout.

D'autre part le nombre des libertés augmente, si plusieurs corps différents sont mis ensemble. Chaque nouveau corps indépendant entraîne une liberté de plus. Appelons L le nombre des libertés, φ celui des phases et n celui des constituants, le cas général est réglé par l'équation $\varphi + L = n + 2$, la somme du nombre des phases et du nombre des libertés est égale au nombre des parties constituantes, augmenté de deux. On ne se rend pas immédiatement compte de tout ce que renferme cette simple équation. Vérifions d'abord qu'elle convient aux cas simples, d'où nous sommes partis. Pour un seul constituant, sous une seule phase, $n = 1$, $\varphi = 1$, donc $L = 2$, le nombre des libertés est 2 comme nous l'avons déjà vu. Pour un seul corps sous deux phases, $L = 1$, il n'y a plus qu'une liberté. Par exemple, quand un liquide se trouve à côté de sa vapeur, nous ne pouvons plus choisir arbitrairement qu'une seule grandeur, la température par exemple, mais alors la pression n'est plus arbitraire. Un liquide pur possède pour une température déterminée, une tension de vapeur déterminée, et sa vapeur ne peut exister à côté de lui sous aucune autre pression, car si la pression augmente, la vapeur se liquéfie, et, si la pression diminue, le liquide se vaporise.

Pour montrer une application plus étendue de la loi des phases, cherchons comment se comporte une solution saline au contact d'un sel solide. Nous avons deux constituants et deux phases, la solution et le sel solide ; alors $L = 2$, il y a deux libertés. Nous pouvons, par exemple, choisir une température déterminée. Or nous savons que, dans ces conditions, la solution se sature du corps solide, et qu'il s'établit, dans le liquide, un rapport bien déterminé entre le dissolvant et le sel. La seconde liberté, que la loi des phases exige, semble manquer. Toutefois, l'expérience a montré plus tard, que la concentration de la solution saturée peut varier, si on fait varier la pression : alors la saturation varie aussi. Cette variation d'ailleurs très faible existe, et, maintes fois déjà, dans des cas analogues, la loi des phases a conduit à étudier expérimentalement des variations, qui par leur petitesse, avaient jusqu'alors échappé à l'observation.

De même, mais d'une manière d'autant plus variée que le nombre des constituants est plus grand, la loi des phases caractérise tous les systèmes chimiques possibles à l'état d'équilibre. Elle joue ainsi le rôle d'un principe de classification pour l'étude scientifique de la question, et il faudrait un beau nombre de gros volumes pour exposer toutes les connaissances actuelles qui se rattachent à la loi des phases.

Enfin, on ne peut passer sous silence le rôle essentiel joué par la notion de phase dans les recherches théoriques relatives aux concepts fondamentaux de la chimie. Cette notion est plus générale que celle de corps, car elle embrasse les corps purs aussi bien que leurs solutions. Grâce à elle, on peut développer les lois fondamentales de la stoéchiométrie d'une manière plus générale et plus exempte d'hypothèses qu'il ne serait possible de le faire autrement. C'est tout spécialement Franz Wald, né en 1861, qui a travaillé ce sujet.

Nous venons de jeter un court aperçu sur la portée de l'un des nombreux résultats obtenus par Gibbs. Il suffit à donner une idée de l'importance des travaux de ce savant, qui a amené la chimie mathématique au degré d'exactitude et de variété que la physique mathématique avait atteint depuis plus d'un siècle. Voici, pour conclure, un fait bien caractéristique : autrefois les traités de thermodynamique se terminaient d'ordinaire par la théorie de la machine à vapeur, aboutissant à une application numérique. Aujourd'hui on met en avant les principaux résultats de la chimie mathématique, dont on fait pour ainsi dire le cheval de bataille de la thermodynamique.

CHAPITRE XV

LE PRINCIPE DU DÉPLACEMENT DE L'ÉQUILIBRE ET L'AFFINITÉ

Nous avons déjà remarqué que l'importance de la loi des phases concerne exclusivement le côté formel. Elle nous donne un schéma, auquel sont soumis tous les équilibres possibles, mais ne nous dit rien de déterminé sur la constitution de ces équilibres. Ici intervient une autre loi tirée de la conception générale de l'équilibre. Elle ne suffit pas non plus à définir complètement un équilibre, mais elle indique comment un équilibre une fois constitué peut se modifier, si on change les conditions dans lesquelles il s'est constitué. En d'autres termes, elle nous indique une relation entre les divers équilibres possibles pour le même système. Son histoire est très compliquée, et on peut, si l'on veut, la retrouver jusque dans les principes du moindre effort et de la moindre action, en mécanique. De différents côtés, on a cherché à l'appliquer dans le domaine physicochimique, et on y est arrivé d'une façon plus ou moins claire ; c'est encore Van t'Hoff qui y a réussi le plus nettement.

Le principe dont il s'agit est plus facile à comprendre, si on le considère comme une définition élargie de l'état d'équilibre. En mécanique, on distingue l'équilibre stable, l'équilibre instable et l'équilibre indifférent. A proprement parler, et dans un sens précis, l'équilibre, c'est l'équilibre stable. Ce qui le caractérise, c'est que toute perturbation de cet équilibre modifie le système de telle sorte que le résultat de la perturbation tend de son côté à rétablir l'équilibre. Considérons, par exemple, une masse pesante suspendue à un fil et en repos. Dans tous les mouvements qu'elle peut effectuer, cette masse remontera puisque sa position d'équilibre sur la verticale du point d'attache du fil est la plus basse qu'elle puisse occuper. Il s'ensuit que, à partir de toute autre position que celle d'équilibre, cette masse pourra et devra aller vers le point d'équilibre, en s'abaissant. On reconnaît que ce qui caractérise la position de repos et d'équilibre, c'est que, à partir d'elle, la masse pesante ne peut atteindre aucune autre position voisine sans une certaine dépense de travail, et que, de toute autre position, la masse tend à revenir à sa position d'équilibre et y revient en effet, si elle est libre.

Le progrès en question est de savoir que ces états d'équilibre stables n'existent pas seulement pour les systèmes mécaniques, mais qu'ils existent aussi pour tous les autres systèmes. Il ne serait manifestement pas logique d'en tirer cette conclusion que tous les systèmes sont des systèmes mécaniques; il faudrait prouver d'abord que seuls les systèmes mécaniques jouissent de cette propriété. Nous exprimons mieux les faits d'une façon plus exacte et plus générale en disant : il s'agit d'une propriété très générale de tous les systèmes énergétiques, quelles que soient les formes d'énergie qui interviennent.

Voilà pour l'équilibre stable. L'équilibre instable n'est qu'une abstraction théorique; il n'est jamais réalisé dans un systèmè réel, et, par conséquent, nous n'avons pas à l'envisager ici. On définit un équilibre instable en disant qu'il n'a aucune tendance à se modifier, mais que la plus petite perturbation suffit à faire naître cette tendance et cela d'autant plus que le système s'éloigne davantage de sa position d'équilibre. Les oscillations mécaniques, thermiques et électriques du milieu ambiant n'étant jamais complètement supprimées, nous ne pourrons jamais réaliser de système à l'abri de toute perturbation. Nous n'aurons donc jamais affaire à des systèmes en état d'équilibre instable au sens strict.

Il y a, par contre, un grand nombre d'équilibres indifférents, et les propriétés de l'équilibre stable et celles de l'équilibre indifférent ne s'excluent pas les unes les autres. Tout équilibre stable se comporte comme un équilibre indifférent à l'égard des modifications, qui ne provoquent aucun travail de l'espèce qu'on envisage. Ainsi, notre masse pesante suspendue à un fil est indifférente à l'égard d'une variation de la température ou de l'état électrique, etc... On désigne pourtant par excellence, sous le nom d'indifférents les équilibres des systèmes, dans lesquels il n'y a pas de travail mis en jeu par des modifications susceptibles de déterminer des travaux dans d'autres systèmes, qui paraissent semblables. On dit, par exemple, qu'une sphère pesante, reposant sur un plan horizontal, est en équilibre indifférent, parce que les déplacements, qui, d'ordinaire, pour les autres corps pesants, mettent en jeu du travail, s'accomplissent ici sans travail.

Pour les systèmes chimiques, les équilibres indifférents ne sont pas rares. Deux phases d'un même corps, qui peuvent coexister, sont en équilibre indifférent, en ce qui concerne leurs masses relatives et absolues. Si nous avons à côté l'une de l'autre de la glace et de l'eau à 0°, nous pouvons arbitrairement transformer en eau une partie de la glace, ou transformer en glace une partie de l'eau, sans troubler l'équilibre. De même, sous la pression atmosphérique, l'eau et la vapeur d'eau à 100° sont en équilibre indifférent. Nous pouvons, à volonté, augmenter ou diminuer la capacité du vase qui les contient. Pourvu que nous fournissions ou que nous enlevions une quantité de chaleur telle que la température et la pression du système restent invariables, ce système n'a jamais aucune tendance à abandonner son état actuel pour revenir à l'état précédent.

Si, au contraire, nous empêchons tout apport ou toute soustraction de chaleur, l'équilibre devient stable, car une diminution de volume échauffe le système, et produit une augmentation de pression qui s'oppose à une nouvelle diminution du volume. Inversement, toute augmentation de volume amène un refroidissement, et la diminution de pression, qui accompagne ce refroidissement, s'oppose à ce que l'augmentation de volume continue. Supposons, au contraire, le volume constant : si nous apportons de la chaleur, une partie du liquide se vaporise, ce qui absorbe de la chaleur, et cette modification s'oppose à une augmentation de température. Si nous enlevons de la chaleur, une certaine quantité de vapeur se condense, et la chaleur de vaporisation mise en liberté s'oppose à l'abaissement de température.

Ces considérations nous mènent directement à notre principe et à ses applications : nous voyons de nouveau que l'équilibre stable est caractérisé par ce fait que, si on cherche à le troubler, il se produit des réactions, qui atténuent les conséquences de ces perturbations, et tendent à ramener le système à son état primitif. Nous voyons, en même temps, qu'il ne s'agit pas ici d'une particularité mystérieuse, sans aucune relation avec d'autres faits, mais bien d'une définition physique de l'équilibre, réglé par notre principe.

Une des plus jolies applications de ce principe est la détermination de la ligne de solubilité. On sait que, quand la température s'élève, la solubilité des corps peut, suivant les cas, augmenter ou diminuer, cette dernière alternative étant relativement rare. En d'autres termes, il existe entre le dissolvant et le corps dissous un équilibre variable avec la température. Considérons cet équilibre à une température déterminée, et demandons-nous ce qui va se passer si nous essayons d'échauffer le système par un apport de chaleur. Conformément à notre principe, le phénomène qui va se produire s'opposera à l'élévation de température. Il s'ensuit que, si le corps se dissout dans le liquide avec absorption de chaleur, une nouvelle quantité du corps se dissoudra. Si, au contraire, la dissolution s'effectue avec dégagement de chaleur, une certaine quantité du corps dissous se déposera à l'état solide. En cherchant à vérifier la chose expérimentalement, on rencontra un cas particulièrement intéressant. Le chlorure de cuivre dissous dans l'eau semblait offrir l'exemple d'un corps se comportant d'une façon exactement inverse. Des recherches de Thomsen, il résultait, en effet, que ce corps se dissout dans l'eau avec un faible dégagement de chaleur et que, pourtant, sa solubilité augmente au lieu de diminuer, quand la température s'élève. Cette contradiction s'explique parce que le dégagement de chaleur se produit quand on dissout le sel dans une grande quantité d'eau pure, ce qui, au fond, n'est pas le cas dont il est question ici : ce dont il s'agit dans l'application du principe, c'est de savoir si la dissolution d'une nouvelle quantité de sel dans la solution saturée à basse température dégage ou absorbe de la chaleur. L'expérience montra que ce dernier phénomène est endothermique, et cette contradiction apparente du principe en devint alors une confirmation particulièrement frappante.

Ce *principe de déplacement de l'équilibre* nous donne une indication pour tous les phénomènes liés à une modification des conditions d'équilibre, et, grâce à lui, nous tirons enfin de la loi de l'action de masse les conditions de l'équilibre à une constante près. En retraçant l'histoire de la question, j'ai montré comment cette loi, d'après laquelle l'action d'un corps est proportionnelle à sa concentration, avait été, pour ainsi dire, déjà devinée par Wenzel, pour les vitesses de réaction, et par Berthollet, pour les équilibres, et comment, beaucoup plus tard, elle fut établie expérimentalement par Guldberg et Waage, ainsi que Julius Thomsen et ses successeurs. L'application de la thermodynamique aux équilibres chimiques des gaz fournit la première loi, comme Horstmann le montra d'abord et après lui Gibbs, d'une façon plus détaillée et plus approfondie. Van t'Hoff découvrit que les lois des gaz peuvent s'appliquer sans modifications aux corps dissous, si l'on considère leur pression osmotique, et cette découverte étendit d'une façon extraordinaire l'application de la théorie : au lieu de ne concerner que quelques gaz, la loi d'action de masse s'étendit, dès lors, à d'innombrables corps dissous.

En même temps, on trouvait les limites dans lesquelles la loi est applicable. Puisque la déduction repose sur l'équation des gaz parfaits $pv = RT$, elle est sans valeur pour les états des gaz ou des solutions auxquels cette formule ne convient pas, c'est-à-dire que la loi de l'action de de masse n'est valable que pour des gaz sous faible pression, et des solutions étendues, et qu'elle est d'autant plus exacte que les solutions sont plus étendues. En d'autres termes, c'est une loi-limite, comme la formule des gaz elle-même.

Cela nous fait songer à la théorie de Van der Waals et à son application. Seulement, le problème est plus compliqué que dans le cas des gaz simples, puisqu'il y a un mélange de deux d'entre eux au moins, et la théorie de ces états n'est pas encore suffisamment développée, pour donner à ces questions une base sûre et simple.

On est vite arrêté là, mais, dans une autre direction on a pu étendre beaucoup les cas où ces lois sont applicables, quand on eut reconnu que les ions obéissent exactement comme d'autres corps aux lois de la pression osmotique et de l'action de masse. Par là, tout ce qui se trouve dans des solutions salines était soumis aux lois de la mécanique chimique. On parvint ainsi à expliquer des faits nombreux, qui jusque-là étaient restés inexpliqués, que l'on avait observés comme des particularités sans lien entre elles, enregistrées purement et simplement dans les annales de la science. A côté des progrès généraux ou théoriques, on arriva aussi à des résultats pratiques : on réussit, en particulier, à donner une théorie suffisante et générale des réactions que l'on emploie pour l'analyse chimique qualitative et quantitative.

De ces progrès eux-mêmes, on ne peut donner, par des exemples, qu'une idée approximative, puisque, en fait, presque toute la chimie inorganique est aujourd'hui un champ d'application nouveau pour la partie de la mécanique chimique, qui traite des équilibres des ions, ou des équilibres électrochimiques.

Considérons d'abord la question de la *force* des acides et des bases, qui, historiquement, s'est posée en premier lieu, et autour de laquelle gravitent les autres problèmes qui nous intéressent ici. J'ai déjà dit que Thomsen montra d'abord comment on peut, sans troubler l'équilibre, déterminer l'état d'une solution homogène par des méthodes thermochimiques : il établit ainsi qu'il existe des acides de différentes forces, et que, par exemple, l'acide chlorhydrique est environ deux fois plus fort que l'acide sulfurique. Par là se posait naturellement la question de savoir si ce résultat dépendait ou non de la base, en présence de laquelle se trouvaient les acides : après ses recherches, Thomsen avait conclu affirmativement. Mais des recherches analogues, faites par des méthodes différentes, plus rapides, et en partie aussi plus exactes, montrèrent que cette influence de la base n'était qu'apparente, qu'elle était due à des complications spéciales, et que la force des acides, qui se manifeste par le partage inégal d'une même base entre deux acides agissant simultanément, est une propriété spécifique des acides et ne dépend pas de la base.

En outre, on observa un grand nombre d'autres phénomènes, où les acides, dans leur action relative, sont caractérisés par ces mêmes nombres.

En un mot, on put fixer pour la force des acides des constantes analogues aux poids équivalents, et exprimer l'affinité réciproque entre acides et bases par le produit de leurs forces respectives, comme le poids équivalent du sel l'est par la somme des poids équivalents de l'acide et de la base.

Tel était l'état de la question, quand Arrhénius commença à publier les recherches qui devaient le conduire plus tard à la théorie des ions. Dans ses premiers travaux, il avait déjà songé aux points essentiels de cette théorie, et il avait dit notamment que la force des acides et des bases devait être proportionnelle à leur conductibilité électrique.

Cette dernière propriété était alors (vers 1885) si peu étudiée qu'Arrhénius put à peine trouver dans la littérature scientifique une demi-douzaine d'acides pour lesquels fussent déterminées à la fois la force et la conductibilité électrique. Pour ces acides, sa prédiction fut vérifiée au moins pour le rang dans lequel ils se classaient et pour l'ordre de grandeur des valeurs numériques. D'autres savants remarquèrent bientôt le parallélisme entre ces deux grandeurs, et plus de trente cas montrèrent que la propriété générale des acides, que l'on appelle leur force, était proportionnelle à leur conductibilité électrique aussi exactement qu'on pouvait l'espérer.

Ici se dressait une autre difficulté : la conductibilité des acides, selon la définition donnée plus haut (p. 177), n'est pas une grandeur déterminée, mais elle varie avec la concentration, et cette variation n'est pas la même pour tous les acides. Les acides forts ou bons conducteurs (avec le parallélisme dont nous venons de parler, cela revient au même) conservent leur force et leur conductibilité presque indépendamment de la dilution ; pour les acides faibles, les valeurs de ces propriétés augmentent beaucoup quand la solution est plus étendue. On reconnut que cette augmentation se faisait dans tous les cas suivant la même loi et que l'influence de la dilution, si on prend pour coordonnées la conductibilité et la dilution, peut être représentée par la même courbe, à condition de choisir convenablement pour chaque acide l'unité de dilution. En d'autres termes, si l'on prend deux acides ayant même conductibilité, — et il suffit pour cela de les prendre sous des dilutions convenables, — cette égalité persiste quand on étend ou concentre les deux solutions dans la même proportion. Une série particulière d'expériences montra que ces lois, établies pour la conductibilité électrique, sont applicables également à la force des acides, au sens indiqué plus haut. Cela pouvait se prévoir, comme on pouvait prévoir, en partant de la loi des volumes de Gay-Lussac, que la loi des gaz était généralement applicable (p. 75).

Toutes ces lois s'expliquèrent d'un seul coup, quand Arrhénius, en 1887, publia sa théorie de la dissociation électrolytique (p. 181). Si on considère les ions comme des corps indépendants, on peut, d'après la loi de l'action de masse, écrire la formule de l'équilibre chimique entre les ions et la partie non dissociée d'un acide. Cette formule indique toutes les propriétés trouvées expérimentalement, relatives à l'influence de la dilution sur la conductibilité et la force de chaque acide, et aux relations des divers acides entre eux.

Tous les acides ont, à certains égards, des propriétés communes, par exemple, la saveur acide, le virage rouge au tournesol, etc... : cela tient à ce qu'ils ont tous une même partie constitutive, l'ion hydrogène. On dit que des acides différents et différemment dilués possèdent cette propriété commune à des degrés différents selon leur force, et leur force peut être simplement définie comme correspondant aux ions hydrogène libres, qu'ils contiennent. Bref, l'histoire de la science a rarement présenté des cas où l'expérience et la théorie, après s'être développées indépendamment l'une de l'autre, se trouvent réaliser un accord aussi parfait.

Ces résultats étaient propres à convaincre les plus incrédules, et le nombre des chimistes augmenta rapidement, qui se décidèrent à ne plus voir dans ces formules de purs amusements théoriques, mais à les regarder comme des faits scientifiques tout à fait importants et conformes à l'expérience. D'ailleurs, ce furent exclusivement des hommes jeunes, qui se rallièrent au mouvement nouveau dès 1887, année où parurent simultanément les théories de Van t'Hoff et d'Arrhénius.

A la suite de la découverte de la circulation du sang, Harvey perdit, par l'opposition violente de ses collègues, sa clientèle florissante et ne put convertir à ses vues aucun confrère de plus de quarante ans; les partisans de la nouvelle théorie de Van t'Hoff n'eurent pas ce triste sort. Pourtant, pendant quelques années, ils soutinrent des luttes assez chaudes en voulant attirer l'attention sur les nouveaux travaux. Notre temps plus pressé présente, à côté de ses défauts, certains avantages : il n'est plus nécessaire qu'un grand novateur meure inconnu, pour que l'importance de ses recherches soit mise en lumière. Aujourd'hui encore, il est vrai, pour les progrès essentiels, en particulier, s'il ne s'agit pas de la découverte de faits nouveaux et frappants, mais seulement d'une explication fondamentale pouvant éclairer des faits anciens et apparemment bien connus, il faut un certain temps. Comme on l'a vu au cours de cette esquisse historique, presque tous les présents de cette sorte apportés à l'humanité restent d'abord complètement étrangers à ceux qu'ils concernent immédiatement, mais ce temps est, en général, beaucoup plus court qu'autrefois, et nous sommes assez heureux pour nous apercevoir relativement vite de leur importance, et pouvoir exprimer notre reconnaissance à nos guides spirituels encore vivants.

De cette façon le problème de l'affinité des acides n'était pas seul résolu, c'est-à-dire rendu accessible au calcul par la connaissance de quelques constantes, mais il en était de même pour tout le problème des équilibres des solutions salines. La force des acides est définie d'une façon générale comme la concentration en ions hydrogène libres ; de même, pour les bases, il y a une définition correspondante par rapport à l'ion hydroxyle. Pour les sels enfin, où le degré de dissociation est assez concordant, intervient comme facteur prépondérant la solubilité, dont Berthollet avait déjà entrevu l'importance.

Il est naturel de se demander s'il n'existe pas entre les sels et les autres combinaisons chimiques, un passage analogue à celui qui s'est montré dans la strochiométrie. En fait, on peut écrire, pour tous les systèmes chimiques quels qu'ils soient, des équations d'équilibre formelles, mais pour les corps en solutions étendues seulement, on peut considérer la fonction de l'action de masse, d'où dépend l'équilibre, comme simplement proportionnelle à la concentration, tandis qu'on ne connaît pas cette fonction pour les solides, les solutions concentrées ou les mélanges de corps purs sans dissolvants. On en est encore provisoirement aux relations empiriques, qui ne permettent d'ébaucher qu'une esquisse relativement grossière des phénomènes. Il y a place d'abord pour une recherche patiente, qui procurera les matériaux nécessaires, et l'avenir pourra nous amener de grandes découvertes, permettant de rassembler de nouveaux faits de détail, et de les mettre en valeur comme des cas particuliers de lois générales. Si nous songeons que l'étude systématique des équilibres chimiques ne se fait que depuis peu d'années, que le nombre des travailleurs qui s'en occupent est restreint, et que le travail scientifique d'ensemble, tel qu'il se fait actuellement pour la chimie organique, n'est pas orienté du tout dans cette direction, nous reconnaîtrons qu'un avenir prochain peut nous réserver encore de très grandes surprises.

CHAPITRE XVI

DYNAMIQUE CHIMIQUE

La vitesse des réactions.

La cinétique chimique ou théorie des réactions s'occupe d'un phénomène beaucoup plus général que la statique ou étude de l'équilibre chimique; pourtant en chimie, comme en mécanique, la statique a précédé de beaucoup la dynamique. Cela tient à ce que, de part et d'autre, l'étude des phénomènes considérés comme variables avec le temps est nécessairement plus compliquée que celle qui suppose l'équilibre déjà établi.

La première tentative faite pour trouver des lois concernant les phénomènes chimiques variables avec le temps remonte à une époque très reculée de l'histoire de la chimie. Elle se rattache au nom de Wenzel, qui a par lui-même des titres très sérieux, indépendamment de la loi des équivalents qu'on lui attribue à tort (p. 51).

Nous avons déjà, à propos de l'action de masse,

indiqué une idée très remarquable de Wenzel : il avait songé à mesurer les vitesses d'action de différents acides sur des morceaux de métaux de même forme et de même surface pour en tirer des conclusions relatives à leurs forces ou affinités. Nous avons vu aussi de quelle façon exacte, précise et rationnelle, il avait établi son projet. Malheureusement l'histoire n'a conservé que le projet, et non sa mise à exécution. J'ai en vain parcouru l'œuvre de Wenzel, en cherchant s'il n'avait pas fait de mesures effectives; je n'ai rien pu trouver. Il a peut-être bien fait des expériences, mais ne les ayant pas trouvées d'accord avec ce qu'il attendait, il a pu ne pas les publier. Nous savons pourtant que le problème de la dissolution des métaux dans les acides étendus ne peut pas encore être considéré comme résolu au point de vue cinétique et qu'il reste à expliquer certaines relations particulières que nous n'avons pas encore exactement saisies.

Après ce début plein de promesses, qui n'attendait plus que des expériences pour donner des fruits à bref délai, nous trouvons un très long temps d'arrêt, interrompu seulement par une remarque isolée et purement théorique. Dans la « Statique chimique », Berthollet mentionne les phénomènes chimiques lents comme dus à la propagation de la réaction chimique, qu'il met en parallèle avec la propagation de la chaleur. Ce parallèle établi par Berthollet entre les phénomènes chimiques qu'il étudie et la perte de chaleur par rayonnement (conductibilité extérieure) est bien remarquable. Newton avait donné la loi du rayonnement : la quantité de chaleur rayonnée est proportionnelle à la différence de la température. Avec le secours de l'analyse mathématique on en déduit que la vitesse de refroidissement est proportionnelle au logarithme du temps : la loi qui régit les phénomènes chimiques les plus simples prend la même forme, si on assimile leur vitesse à la vitesse de refroidissement. Cependant on ne trouve pas encore chez Berthollet l'idée générale de vitesse de réaction, et c'est seulement un demi-siècle plus tard que cette notion s'introduisit d'une façon convenable en chimie.

Il s'agit encore une fois d'un travail fondamental, fait par un homme qui est resté tout à fait inconnu, Wilhelmy. Il n'y a pas longtemps que la chimie générale est une science reconnue, et rien ne le montre si nettement que la faible notoriété de ce grand nom. Les fondateurs de l'astronomie sont universellement connus, et nous concevons à peine qu'on puisse ignorer les noms de Kopernik, Képler et Newton; au contraire, Ritter, Wenzel et Wilhelmy sont inconnus, et si quelqu'un demandait à un homme cultivé quelque renseignement sur leur compte, l'indiscret serait éconduit avec mépris ou indignation. Je craindrais même qu'un certain nombre de chimistes sérieux, qui se croient et qu'on croit bien au courant, ne fussent un peu embarrassés si on venait à leur en parler.

Wilhelmy faisait partie du cercle des jeunes physiciens de Berlin auquel appartenaient Helmholtz, Brücke, Wiedemann, etc., et d'où est sortie en grande partie la physique allemande du XIXe siècle. Il aimait la science, il était riche, et il consacrait volontiers ses revenus à l'achat d'appareils nouveaux et intéressants. Les longs et multiples travaux du physicien français Biot (1774-1862) venaient de montrer l'application du polarimètre à la mesure de la concentration des solutions sucrées, et Wilhelmy s'en était procuré un. Dans un travail fait en commun avec Persoz, Biot avait indiqué que l'on peut suivre la transformation du sucre de canne en ses produits d'hydrolyse (sucre interverti) sans toucher aux corps mis en jeu, tout simplement en observant la rotation du plan de polarisation dans une solution additionnée d'acide, et il avait signalé l'intérêt que pouvait offrir l'étude approfondie de ces phénomènes. Wilhelmy, avec son bel appareil tout neuf, s'était attaché à ces réactions remarquables. Il avait un esprit tourné vers les mathématiques et la théorie, et il profita de l'occasion pour pénétrer de cette façon commode et agréable dans une région tout à fait inconnue, où d'ailleurs il dut se frayer le chemin, et il créa pour cela les concepts nécessaires.

Pour nous maintenant, la tâche semble facile de découvrir dans cette voie les lois de l'inversion du sucre. Il suffit de remarquer que la vitesse de la réaction dépend de la masse du sucre, et tout est dit; mais il faut bien se rendre compte que le concept de vitesse de réaction n'était pas encore formé au temps de Wilhelmy, et qu'on ne pouvait le créer sans anticiper en quelque sorte sur des résultats que l'on ne connaissait pas encore. Le chimiste qui étudie un mélange de réactifs ou des corps nouveaux à l'état de mélange naturel, ou qui veut obtenir par synthèse un produit encore inconnu, doit travailler en ménageant les propriétés du corps nouveau qu'il ne connaît pas encore; de même, le théoricien doit créer un concept dans une branche nouvelle de la science, avant de savoir si le concept qu'il crée est bien celui qui convient le mieux. Le don remarquable, qu'on appelle le génie du savant, se montre alors dans le choix subconscient des mesures, qui le conduiront le plus rapidement au but encore inconnu. En fait, cet instinct de chimiste, ou plus généralement du savant, est fait de raisonnements par analogie, dont les détails échappent à la conscience de leur auteur. Ces opérations inconscientes de l'esprit sont possibles, elles se présentent même très fréquemment et ont par là une grande importance; on peut s'en convaincre pour toutes les branches de l'activité intellectuelle. Qu'un peintre exercé placé devant la nature cherche à obtenir un ton déterminé avec les couleurs de sa palette, il ne se dit pas : Je dois prendre pour cela de l'ocre ou de l'outremer et du blanc d'argent, mais son pinceau va droit aux petits tas de couleur correspondants, et il réalise le mélange en pensant peut être à tout autre chose. Il en est de même pour le savant servi par une mémoire particulière, capable de faire des reproductions rapides, car on ne peut guère imaginer qu'un savant réussisse sans cette mémoire spéciale. Il combine des résultats d'expérience, dont les échelons isolés ne viennent même plus à sa conscience et dont l'aboutissant n'est pas une pensée, mais une opération expérimentale immédiatement accomplie.

Le point le plus important du travail intellectuel qui fit découvrir la loi fondamentale de la cinétique chimique fut la création du concept convenable, celui de la vitesse de réaction : ici, il faut entendre par vitesse le rapport entre la modification de concentration et le temps qu'elle met à se produire. On dit d'ordinaire qu'il s'agit du rapport de la masse de corps transformé en temps. Mais alors, si l'on divisait un système réagissant en deux parties dans le rapport de 1 à 3, la vitesse dans la seconde partie serait triple de la vitesse dans la première, car il s'y transforme une masse triple de matière dans le même temps, et ce n'est pas naturel. Il faut donc entendre des masses relatives, c'est-à-dire des masses rapportées à une certaine unité, celle de volume étant la plus convenable. Wenzel avait déjà clairement reconnu l'influence du volume quand il énonçait la proposition suivante : toutes circonstances égales d'ailleurs, le corps agissant met, pour effectuer la même action, d'autant plus de temps qu'il est plus étendu.

Wilhelmy songea à la même loi pour l'inversion du sucre de canne. Il admit que dans des volumes égaux de sa solution acidulée, la vitesse de transformation est proportionnelle à la concentration en sucre resté inaltéré; alors la masse transformée dans l'unité de temps est proportionnelle à la masse de sucre qui reste encore, ou, en d'autres termes, il se transforme dans l'unité de temps une fraction toujours la même de la masse en question. En appelant Z la concentration du sucre au temps T, et dZ la masse de sucre transformée dans le temps dT, cette hypothèse s'écrit $dZ/dT = kZ$, où k est une constante qui dépend de diverses circonstances, supposées invariables pendant toute la durée de la réaction.

Les résultats des mesures se trouvèrent en accord complet avec cette formule, et même, la température ayant lentement varié, on trouva une variation correspondante de la vitesse de réaction.

Wilhelmy chercha bientôt à savoir si la loi qu'il avait trouvée pour l'inversion du sucre avait une portée générale, et il résolut la question par l'affirmative. En écrivant l'équation, on ne fait pas de suppositions spéciales sur la nature particulière de la réaction étudiée; on suppose seulement, d'une façon générale, que la vitesse de la réaction étant proportionnelle à la concentration, dépend de la quantité de corps mis en jeu de la manière la plus simple qu'on puisse imaginer. Wenzel avait fait ce postulat soixante-dix ans plus tôt, mais malheureusement sans expériences. Il avait en vue des réactions bien différentes de l'inversion du sucre, qui n'était pas connue de son temps, et cela nous fait voir clairement la généralité de cette supposition.

Pourquoi a-t-on mis si longtemps à découvrir cette chose si simple? La réponse la plus naturelle est que, dans tout l'intervalle de temps qui sépare Wenzel de Wilhelmy, la chimie scientifique s'occupait de problèmes tout différents. Les chimistes d'alors avaient une toute autre façon de penser et de travailler; aujourd'hui encore, bien des savants distingués séparent absolument de la chimie proprement dite l'étude des problèmes analogues à celui dont nous parlons; ils la regardent avec une bienveillance toute théorique, et, s'ils veulent bien lui accorder une place dans la science humaine si vaste, c'est à la stricte condition que l'esprit de la chimie pure n'en sera pas souillé.

Autre raison du lent développement de cette question : les réactions entre sels exclusivement étudiées dans les premiers temps, se passent si rapidement qu'on n'a pas encore pu jusqu'à présent mesurer leurs vitesses. Les réactions lentes n'ont été connues que par la chimie organique. Dans la technique des préparations organiques, on cherche toujours à chauffer pour accélérer la vitesse des réactions, et les réactions si connues en vase clos n'ont pas d'autre but que de rendre possible l'élévation de température, sans toutefois vaporiser en même temps les corps pour la plupart volatils.

C'est sur une réaction de chimie organique que Wilhelmy a fait son travail fondamental, et, comme nous le verrons dans la suite, la chimie organique a également fourni presque tous les autres cas auxquels la question s'est étendue depuis.

En chimie minérale, les oxydations et les réductions se font presque seules avec des vitesses assez modérées, pour qu'on puisse pratiquement les étudier au point de vue cinétique. L'intérêt scientifique général, qui s'attache à la connaissance plus exacte des phénomènes naturels, mis à part, il y a encore un intérêt pratique considérable à bien connaître les lois de la vitesse des réactions, puisque c'est par là seulement que nous serons systématiquement maîtres des réactions qui toutes se passent dans le temps. En particulier, il est important d'accélérer les réactions lentes autant que possible, car, pour l'industrie chimique comme pour toute autre, le temps, c'est de l'argent. D'autre part, chez les êtres vivants, la régulation réciproque des réactions chimiques joue un rôle prédominant. Toute l'activité de ces organismes vient de ce qu'ils transforment, en d'autres formes d'énergie, l'énergie chimique accumulée en eux, et ils le font avec une vitesse déterminée, exactement adaptée au but qu'ils se proposent à chaque instant. Les dispositifs compliqués, que possèdent précisément les organismes les plus parfaits, dans les deux premières classes des vertébrés, pour maintenir leur température constante, montrent bien la grande importance qui s'attache à la régulation précise de la vitesse des réactions. Les organismes supérieurs dépensent, pour assurer leur homéothermie, la plus grande partie de l'énergie que leur apporte la nourriture; et, cependant, l'existence des animaux à sang froid le prouve, l'homéothermie n'est pas absolument nécessaire à la vie. Cette constance de la température doit donc avoir une importance spéciale pour les plus hautes fonctions biologiques. En voici le rôle, selon moi : grâce à cette température élevée et constante, le cours des phénomènes chimiques s'établit et se maintient dans les différents organes avec des vitesses qui sont précisément les plus convenables. Des recherches récentes, sur des sujets très variés, ont montré que des réactions organiques de tout genre, le rythme des battements du cœur, aussi bien que l'assimilation de l'acide carbonique par les plantes, sont influencées par la température, au point de vue de leur rapidité, tout comme les réactions chimiques dans nos expériences de laboratoire. Cette influence de la température sur la vitesse des réactions est extraordinairement grande, plus que sur tout autre phénomène : un échauffement de dix degrés suffit à doubler la vitesse des réactions chimiques, tandis que le volume des gaz, qui varie très notablement avec la température, augmente seulement d'un faible pourcentage pour le même échauffement, et qu'il faudrait pour le doubler un échauffement de 273 degrés.

Le travail de Wilhelmy subit le sort que nous avons déjà dû signaler pour divers travaux de ce genre. Quoiqu'il fut publié dans un journal très répandu, les *Annales de physique*, de Poggendorff, qui s'appelaient en ce temps-là les *Annales de physique et de chimie*, il resta complètement inaperçu. Il n'est ni connu, ni mentionné par les savants qui se sont occupés plus tard de problèmes analogues; tout récemment, cette branche de la science, ayant pris un certain développement, on commença à en faire l'histoire, et alors seulement fut mis en lumière le mémoire de Wilhelmy. Qui sait si, par la suite, dans quelque volume inconnu, on ne découvrira pas des recherches oubliées, qui ajouteraient un nouveau chapitre à l'histoire des débuts de la chimie cinétique?

Il faut citer d'abord, dans l'histoire connue, un travail qui fut également oublié de son temps, mais qui a été découvert dans l'intervalle. Il avait trait, comme celui de Wilhelmy, à l'inversion du sucre de canne, mais les mesures y étaient faites par voie chimique, avec la liqueur de Fehling. Lœwenthal et Lenssen l'ont publié, en 1852, dans le *Journal für praktische Chemie*, et on y prêta aussi peu d'attention qu'à celui de Wilhelmy. D'ailleurs, ses auteurs n'ont pas fait beaucoup d'autres recherches scientifiques. Leur travail, au point de vue théorique, ne s'élève pas au niveau qu'avait atteint Wilhelmy, puisqu'ils n'ont pas cherché à établir une loi générale de la vitesse de réaction. Par contre, il s'y trouve un très grand nombre de faits concernant l'action de différents acides et de différents corps sur le sucre de canne. Pour obtenir des résultats comparables, Lœwenthal et Lenssen ont toujours institué des expériences parallèles, mettant en marche une réaction témoin, en même temps que la réaction étudiée, et les interrompant en même temps. La combinaison la plus active correspondait à l'expérience dans laquelle la plus grande quantité de sucre se trouvait intervertie.

Il fallut un troisième travail pour attirer l'attention des spécialistes, et ce travail ne tarda pas à devenir classique, circonstance qui pouvait tenir aussi bien au nom de l'auteur qu'à l'objet du travail. Pour cet ouvrage, Marcellin Berthelot (1827-1907), qui s'était déjà rendu célèbre par un grand nombre de recherches importantes en chimie organique, avait collaboré avec Péan de Saint-Gilles. Ces deux savants avaient observé la formation des éthers et la combinaison des acides aux alcools, réaction qui, pour la chimie organique de l'époque, avait à peu près la même importance que la formation des sels pour la chimie générale. Leurs mémoires, où étaient consignées des recherches très étendues, parurent en 1862.

Si on fait réagir un acide, par exemple l'acide acétique, sur un alcool, par exemple l'alcool éthylique, la production de l'acétate d'éthyle présente une certaine analogie de forme avec la production d'un sel. Néanmoins, la réaction ne se passe pas du tout dans le temps comme celle de l'acide et de la base, qui s'unissent immédiatement : à la température ordinaire, on ne remarque d'abord aucune réaction, l'acide ne disparaît que très lentement, et on peut en faire le titrage avec un alcali. Si on maintient la température invariable, la réaction se poursuit de plus en plus lentement, pendant une série d'années, et s'approche asymptotiquement d'un état d'équilibre pour lequel les deux tiers à peu près des corps employés, si on a pris des masses équivalentes, ont donné de l'éther et de l'eau ; le dernier tiers ne se combine pas. Cet état persiste alors invariable.

Si on répète l'expérience à une température plus élevée, les choses se passent de la même façon, seulement cela va plus vite. Le point où s'arrête la réaction est sensiblement indépendant de la température ; par contre, il dépend de la nature des corps mis en présence et de leur constitution, mais ceci rentre dans la stoéchiométrie et non dans la cinétique chimique.

On voit que ce cas est beaucoup plus compliqué que celui de l'inversion du sucre, où la variation de la masse de sucre, et, par suite, la concentration en sucre, est la seule modification dont on ait à tenir compte pendant la réaction[1]. Ensuite, le phénomène de l'inversion est pratiquement complet, et les produits constitués ne peuvent, dans les conditions où on opère, se recombiner pour donner les corps d'où on est parti.

Dans la formation des éthers interviennent deux corps, acide et alcool, qui disparaissent, et dont, par conséquent, les concentrations varient simultanément pendant la réaction ; puis la réaction n'est jamais complète et s'arrête avant que la totalité des produits employés soit combinée. Cela tient à ce que, comme Berthelot et Péan de Saint-Gilles l'ont expressément démontré, l'éther et l'eau donnent lieu dans les mêmes conditions à la réaction inverse, c'est-à-dire forment de l'acide et de l'alcool :

1. Chimiquement on peut représenter le phénomène par l'équation $C^{12}H^{22}O^{11} + H^2O = 2C^6H^{12}O^6$ où le terme de droite $C^6H^{12}O^6$ indique parties égales de dextrose et de lévulose. Il est vrai qu'avec le sucre il disparaît un peu d'eau, mais, puisque on opère en solution étendue, la variation de la masse d'eau est si faible qu'on peut la négliger.

au lieu d'une réaction, il y en a deux, dont il faut tenir compte dans le calcul.

On n'obtint la solution exacte que pour l'un de ces deux problèmes. Berthelot admit que, quand la réaction modifie la concentration de deux corps différents, sa vitesse est déterminée par l'une comme par l'autre de ces concentrations, et qu'elle est proportionnelle au produit des deux concentrations. C'est parfaitement exact, et on peut généraliser la proposition en disant : si des corps différents, en nombre quelconque, prennent part à une réaction, la vitesse en est déterminée par le produit de toutes les concentrations variables. Cela aussi a été reconnu exact. Par contre, les auteurs n'ont pas réussi à exprimer convenablement que deux réactions opposées sont simultanément possibles, et, vraisemblablement, se produisent ensemble.

Ces travaux valent surtout par le côté expérimental : ils contiennent des données numériques très riches et très variées, et ils ont eu d'autant plus d'importance que les théoriciens, qui sont venus plus tard, y ont pris les bases de leurs calculs.

Des savants, travaillant indépendamment l'un de l'autre, sont arrivés au même résultat. Ce sont les Anglais Harcourt et Esson, les Norvégiens Guldberg et Waage et le Hollandais J.-H. van t'Hoff.

Les travaux de Harcourt et Esson, publiés en 1866, présentent un caractère très personnel. Ils se rapportent à des réactions inorganiques : oxydation de l'acide iodhydrique par l'eau oxygénée, et de l'acide oxalique par le permanganate de potasse. Des rapports très complexes y sont exposés d'une façon qu'on peut citer comme modèle. Ce travail, comme ceux des autres savants que je viens de nommer, apporte un progrès capital : on sait que si, entre les corps mis en présence, il peut se passer plusieurs réactions différentes, chaque réaction se passe comme il arriverait si elle était seule, d'après les concentrations existantes des corps en question. Dans ces conditions, les différentes concentrations dépendent simultanément de plusieurs réactions, et les calculs deviennent assez compliqués, mais le principe reste toujours le même : il exprime tout simplement l'hypothèse la plus simple à faire dans les conditions précédentes.

Les théories de la vitesse de réaction, développées par Guldberg et Waage, se rattachent immédiatement à la loi de l'action de masse, proposée et expérimentalement établie par eux (p. 215). Leur travail montre d'abord clairement qu'un équilibre chimique peut être considéré comme le résultat de deux réactions opposées. Si les concentrations des corps considérés sont telles qu'une réaction reforme exactement ce que l'autre détruit, les concentrations ne varient plus : on a affaire à un état indépendant du temps, et l'équilibre est atteint. L'équilibre chimique est un équilibre dynamique, ce n'est pas un équilibre statique. Cette conception s'est toujours confirmée depuis lors. Elle ne fut, d'ailleurs, pas exprimée pour la première fois par Guldberg et Waage, mais elle prit, grâce à eux, la valeur d'une base correcte de la cinétique chimique.

Le même point de vue se trouve indiqué de façon particulièrement nette dans le travail de van t'Hoff paru un peu plus tard. Guldberg et Waage se représentaient la vitesse de réaction et l'équilibre comme causés par des *forces* chimiques, dont ces deux phénomènes dépendaient d'une façon concordante; van t'Hoff, plus affranchi d'hypothèses, s'en tient davantage aux faits : il envisage l'équilibre comme une conséquence immédiate des réactions, qui se passent en sens contraire.

Les bases théoriques de la chimie cinétique étaient ainsi posées. Comme il arrive d'ordinaire dans les cas analogues, on n'a trouvé que plus tard les exemples, qui illustrent le mieux ces principes. D'abord, on ne parut guère s'en occuper, puis, grâce au développement des méthodes de mesures physico-chimiques, on put recueillir des renseignements très variés sur l'état des systèmes chimiques, sans toucher d'une façon quelconque à leur contenu, et on rassembla des matériaux importants. La plupart du temps, ces recherches concernaient des cas dans lesquels la vitesse de réaction était si faible que, pour devenir mesurables, les modifications exigent des heures et même des jours. L'analyse chimique, menée très rapidement, permet souvent de faire des déterminations suffisantes, quoique les conditions soient un peu changées. Par exemple, on obtient simplement les données nécessaires sur la formation de l'éther en titrant avec un alcali l'acidité des solutions. La formation ou la destruction de l'éther se poursuivent même pendant le titrage, et l'alcali restant en excès à la fin saponifie l'éther en même temps qu'il se neutralise; mais les deux réactions sont si lentes, qu'elles n'empêchent nullement la détermination, elles la rendent seulement un peu plus difficile.

Comme nous l'avons vu dans le dernier chapitre, la loi de l'action de masse pour les équilibres chimiques n'est pas seulement un résultat immédiat de l'observation. On peut, d'une façon générale, la déduire des bases les plus sûres de la science, des deux principes de l'énergétique, au moyen des lois des gaz et des solutions. Nous sommes donc amenés à nous demander s'il n'y a pas quelque chose d'analogue pour les lois de la cinétique chimique. Par malheur, la réponse est essentiellement négative. La forme générale de la loi de l'action de masse pour la cinétique dépend bien de celle que l'on applique en statique : on peut regarder tous les états statiques, quels qu'ils soient, comme dus à des vitesses opposées égales; il doit y avoir une correspondance régulière entre les vitesses et les équilibres pour les différentes concentrations. Tout équilibre dynamique est déterminé par un rapport entre deux vitesses opposées, et, si on attribue à une des deux vitesses de réaction une valeur arbitraire quelconque, on peut déterminer l'autre de façon à établir entre elles deux le rapport voulu. Les deux principes de l'énergétique règlent les rapports de vitesses, mais laissent dans l'indétermination les valeurs mêmes des vitesses individuelles.

Nous pouvons encore préciser quelques restrictions à l'égard de ces rapports de vitesses. Si, par suite d'une circonstance quelconque, la valeur absolue d'une vitesse vient à être modifiée, la même modification doit exister aussi pour la réaction opposée, quand l'équilibre est réalisé. Notamment, si la température a une grande influence sur la vitesse de l'une des réactions, elle doit modifier dans le même sens la vitesse de l'autre réaction. L'influence de la température sur l'équilibre lui-même n'est généralement pas très grande, elle est tout au moins incomparablement plus faible que son influence sur la valeur de la vitesse des réactions. D'ailleurs l'énergétique permet de la calculer; car, lorsque la température s'élève, l'équilibre se déplace d'une manière tout à fait déterminée dans le sens de la réaction qui absorbe de la chaleur. Si donc on connaît ces données relatives à l'équilibre, ou si, grâce aux lois de l'énergétique, on est à même de les déduire d'autres données, on pourra toujours calculer l'une des vitesses en fonction de l'autre. Mais on ne pourra pas pousser le calcul plus loin, car il intervient ici des influences tout autres que celles qui déterminent l'équilibre et ses modifications.

Il faut y songer quand on cherche les valeurs absolues des vitesses de réaction. S'agit-il d'une réaction, qui ne peut se produire que dans un seul sens, il n'y a plus lieu d'envisager la vitesse de la réaction opposée, et on ne peut plus déterminer par l'énergétique la valeur cherchée.

Mais alors nous n'aurons pas à nous étonner si la vitesse de réaction est modifiée dans des proportions énormes par des circonstances qui n'influencent pas le travail mis en jeu par la réaction considérée. Mais précisément ces circonstances hors de proportion avec le résultat obtenu, par exemple la présence de faibles traces de corps étrangers à la réaction, ont toujours provoqué l'étonnement de ceux qui, par hasard, en remarquaient l'influence. Les phénomènes correspondants ont été longtemps considérés comme inexplicables. Ils semblaient en contradiction avec ce qu'on devait régulièrement attendre, jusqu'à ce que la conception générale exposée ici leur enlevât ce qu'ils avaient d'incompréhensible, et aplanît la voie, qui mènera à leur explication. Ce sont là des *phénomènes catalytiques*.

CHAPITRE XVII

LES PHÉNOMÈNES CATALYTIQUES

Il y a peu d'années encore, si quelque chimiste osait employer le mot catalytique, on l'accusait de manquer d'esprit scientifique, et ce reproche lui était adressé d'autant plus volontiers que le critique comprenait moins la question. Aujourd'hui les choses ont essentiellement changé, et le mot longtemps banni est aussi régulièrement employé que n'importe quel autre terme scientifique clairement défini et s'appliquant à un ensemble régulier de faits.

Cette affaire a débuté au commencement du XIXe siècle : Kirchhoff, pharmacien à Saint-Pétersbourg, observa que l'amidon, chauffé avec des acides étendus, se transforme d'abord en gomme puis en sucre. Cette découverte avait beaucoup d'intérêt au point de vue technique, et surtout elle touchait à un genre de phénomènes tout à fait inconnus, car Kirchhoff avait remarqué aussi que l'acide employé n'avait subi aucune modification;

on pouvait le retirer intégralement du liquide sucré. En outre, il ne se dégage pas de gaz pendant la réaction, et il n'y a pas fixation d'oxygène puisque la transformation s'effectue aussi bien en vase clos qu'à l'air libre. Enfin le poids du sucre formé n'est pas inférieur à celui de l'amidon employé; il lui est même plutôt un peu supérieur, mais la consistance sirupeuse du produit ne permettait pas de fixer ce point bien exactement.

Les doutes, qui au début s'élevèrent sur l'exactitude des faits annoncés par Kirchhoff, s'évanouirent bientôt, car ses expériences furent souvent répétées et confirmées. La nature de l'acide a aussi son importance : on obtient du sucre avec l'acide chlorhydrique comme avec l'acide sulfurique; l'acide phosphorique agit beaucoup moins, et l'acide acétique ne donne pas de sucre. D'autre part, une longue ébullition dans l'eau pure suffit à transformer peu à peu l'amidon, mais ne donne que de la dextrine.

La science d'alors n'avait qu'à enregistrer ces faits, sans essayer de les expliquer. L'industrie s'empara bientôt de cette découverte si mystérieuse, et l'appliqua bien avant qu'on en eût trouvé l'explication.

Une dizaine d'années plus tard, dans une tout autre branche de la science, on découvrit une série de faits, qui semblaient n'avoir de commun avec les précédents que leur caractère incompréhensible. En faisant agir divers acides sur le bioxyde de baryum, Thénard avait obtenu des solutions douées de propriétés très remarquables. Ce n'étaient pas des sels de bioxyde de baryum, car avec l'acide sulfurique on pouvait précipiter tout le baryum de la solution, de façon à n'y laisser que les acides employés, et cependant ces curieuses propriétés persistaient. Thénard crut qu'il s'agissait de combinaisons des divers acides avec l'excès d'oxygène du bioxyde, et il pensa avoir découvert toute une série de nouveaux acides, renfermant une plus forte proportion d'oxygène que les acides ordinaires, dont ils se rapprochaient d'ailleurs par la plupart de leurs caractères chimiques. Enfin, il se convainquit que les propriétés nouvelles existent encore quand on a débarrassé les solutions des acides libres qu'elles contiennent. Il découvrit ainsi le bioxyde d'hydrogène ou eau oxygénée, qui se forme par l'action des acides sur le bioxyde de baryum.

Au fond il n'était pas particulièrement extraordinaire que l'hydrogène formât avec l'oxygène une combinaison autre que l'eau. Ce qu'il y avait de surprenant, c'était que la nouvelle combinaison, assez stable en solution aqueuse, dégageât son oxygène d'une façon brutale, violente ou même explosive, au contact de certains corps, qui n'étaient pas avides d'oxygène, et qui d'ailleurs n'éprouvaient alors aucune modification. La mousse de platine et la pierre brune ou bioxyde de manganèse n'étaient pas les seuls corps possédant cette action remarquable ; la fibrine, fraîchement extraite du sang, était tout aussi active, et décomposait l'eau oxygénée sans éprouver elle-même aucune modification ; l'oxygène se dégageait tout simplement sous forme gazeuse et il restait de l'eau.

Ces faits eux aussi furent enregistrés sans que la science pût formuler le moindre mot d'explication.

En ce temps-là vivait à Iéna un chimiste nommé Döbereiner, expérimentateur zélé, qui avait fait et décrit beaucoup de recherches intéressantes. Présentant de la mousse de platine à un jet d'hydrogène dans l'air, il observa qu'elle devenait incandescente, et, dans certaines conditions, pouvait enflammer le jet. Les allumettes n'existaient pas encore, et nous pouvons à peine aujourd'hui nous représenter la situation : quand on voulait faire du feu, il fallait prendre un morceau d'acier, une pierre, de l'amadou, et des fils de soufre, à moins qu'on voulût se servir des briquets phosphoriques, d'invention récente, qui, la plupart du temps, ne marchaient pas, ou donnaient lieu à des explosions inattendues. Cette nouvelle façon commode et pratique d'avoir du feu plut extraordinairement à Döbereiner, qui construisit un petit appareil à hydrogène, muni d'un régulateur automatique, sur lequel il installa près du robinet un peu de mousse de platine : à l'ouverture du robinet la mousse de platine se découvrait, et le jet d'hydrogène s'enflammait. Après s'être conservée pendant plus d'un siècle sous une forme presque invariable, cette invention a fêté dans ces dernières années avec les allume-gaz automatiques une résurrection brillante, et, par suite, le cours du platine, qui est un métal rare, a subi une nouvelle augmentation, qui n'était pas à souhaiter.

Ces phénomènes étaient si variés, qu'on n'y reconnut pas tout de suite l'expression d'un principe commun. On n'y arriva que plus tard à l'occasion d'un sujet encore plus éloigné en apparence.

Dans le chapitre IV, on a vu que la formation de l'éther à partir de l'alcool, sous l'influence déshydratante de l'acide sulfurique, a joué un rôle considérable relativement à la constitution des corps. Cette même réaction fut aussi l'occasion d'un progrès très important pour la question qui nous occupe maintenant. On opère, comme on sait, en distillant le mélange d'alcool et d'acide sulfurique : il passe de l'éther et de l'eau. On peut, pendant la distillation, faire arriver de l'alcool dans la masse, et une quantité donnée d'acide sulfurique peut servir à transformer en éther et eau une quantité presque illimitée d'alcool.

Eilhard Mitscherlich (1794-1863) étudia en détail ce procédé remarquable. Il prouva qu'il ne s'agit pas seulement d'une action déshydratante de l'acide sulfurique, car il existe d'autres corps déshydratants qui ne forment pas d'éther, et que, d'ailleurs, dans les conditions de l'expérience, l'acide sulfurique laisse distiller autant d'eau qu'il s'en forme : s'il ne peut fixer l'eau, *a fortiori* ne peut-il en enlever. De plus, il n'y a pas de rapport fixe entre la masse de l'acide sulfurique et celle de l'alcool transformé. Rassemblant les résultats de son travail, qui montre une grande indépendance d'esprit et beaucoup de sens critique, Mitscherlich dit : c'est un cas où un corps produit par sa présence des actions chimiques, sans intervenir d'une façon permanente dans les résultats de la réaction. Il désignait, sans vouloir exprimer par là de vues théoriques quelconques, ces actions dont nous connaissons un nombre plus grand encore sous le nom d'action de contact.

Ce travail fournit à Berzelius l'occasion de donner une fois de plus dans sa revue annuelle un de ces brillants exposés d'ensemble, qui ramènent à un point de vue commun des faits isolés, et donnent à de nouveaux concepts droit de cité dans la science. Il rappela les travaux de Kirchhoff, Thénard, Döbereiner, etc.... il rendit compte de l'étude approfondie de Mitscherlich, qui était son élève, et dont il faisait grand cas. Il proposa, comme concept d'ensemble, celui de *force catalytique* qu'il définissait de la façon suivante : ce qui caractérise, à proprement parler, la force catalytique, c'est que, par leur seule présence et non par leur affinité, certains corps peuvent éveiller des affinités latentes à la température de l'expérience, si bien que, grâce à eux, les éléments peuvent, dans un corps composé, se grouper autrement, et réaliser une neutralisation électrochimique plus complète.

A première vue, cette définition semble purement hypothétique, puisqu'elle met en cause le dualisme électrochimique actuellement délaissé comme principe général d'affinité. Pourtant, en y regardant de plus près, on voit qu'il n'y a là qu'une pure question de forme, et que le sens fondamental de cette définition est indépendant du dualisme électrochimique. L'expression d'affinités latentes ou endormies signifie simplement qu'il y a des états chimiques, qui ne sont pas des états d'équilibre, et qui malgré cela ne changent pas avec le temps. Dans ces systèmes, la réaction chimique est déclanchée, provoquée par la présence de corps qui agissent catalytiquement ; ce qui se passe doit, comme tous les phénomènes chimiques, aboutir à satisfaire plus complètement les affinités, c'est-à-dire à réaliser un équilibre plus stable. Ainsi, la définition de Berzélius contient ce principe important : la catalyse ne réalise jamais de phénomènes chimiques, qui seraient impossibles sans elle, elle ne produit que des réactions possibles en principe, mais qui, pour une cause ou pour une autre, ne prendraient pas naissance. Berzélius se défendit tout spécialement d'avoir voulu introduire dans la science, par l'expression force catalytique, une nouvelle qualité inconnue. Il ne s'agit pour lui que d'un nom compréhensif, s'appliquant à un ensemble de faits réels, dont la constitution est encore inexpliquée, et il recommanda expressément de ne pas enrayer l'étude expérimentale de ces questions par des théories prématurées, reposant sur des vues hypothétiques. La suite n'a montré que trop clairement combien cet avertissement était justifié, et combien peu on en profita.

Nous arrivons ici à une page très attristante de l'histoire de la chimie. On ne peut malheureusement pas la passer sous silence, comme tant d'autres choses, où se cachent, sous le couvert de la science, les vues courtes et même la malveillance des faibles humains. Les fautes commises ici ont eu tant d'influence, que le développement de la question en a été retardé plus qu'il ne convenait. Reportez-vous de quelques années en arrière, et rappelez-vous ce qu'il en était du mot catalytique : tous ceux qui l'employaient étaient soupçonnés de légèreté, et risquaient de s'entendre dire par les chimistes les moins qualifiés, que le nom de catalyse n'expliquait absolument pas les phénomènes en question, comme si Berzélius n'avait pas mis les gens en garde contre une telle méprise par une recommandation formelle placée en tête de ses explications sur la catalyse.

Celui qui mena la campagne contre le progrès

réalisé par Berzélius, ne fut autre que Liebig. Comme tous les réformateurs, Liebig a lutté pendant une grande partie de sa vie contre les tendances retardatrices de ses contemporains ; sauf quelques erreurs de détail, il a presque toujours eu raison. Mais ici il a eu la main malheureuse, non pas tant parce qu'il avait tort, mais surtout parce qu'il prêta à l'erreur populaire l'appui de sa haute personnalité. Les erreurs des grands hommes, représentant le tribut qu'ils paient à la façon de penser de leur temps, se répandent et agissent beaucoup plus vite que leurs idées neuves et justes. Leurs erreurs ne vont pas, comme les idées nouvelles, à l'encontre de la manière de voir de l'époque, elles n'ont pas à lutter contre la force d'inertie, qui est toujours là pour s'opposer au progrès. Le conflit, qui s'était élevé entre eux à propos de la constitution des combinaisons, fut pour Liebig l'occasion d'attaquer Berzélius. Les vues sur le dualisme chimique formaient partie intégrante de la science pour Berzélius, qui, dans ses revues annuelles, avait souvent jugé avec assez d'injustice Liebig et ses idées réformatrices. Berzélius ne pouvait rendre pleine justice aux grands travaux de Liebig, dont les tendances en chimie physiologique lui inspiraient une certaine prévention. Des rapports extrêmement tendus s'étant établis entre Liebig et Mitscherlich, Berzélius poussa bientôt les choses à l'extrême.

Toutes ces circonstances peuvent expliquer que Liebig prit parti contre le nouveau concept de catalyse, et, malgré les avertissements de Berzélius, fit exactement le contraire de ce que celui-ci avait indiqué avec sa mûre connaissance des lois, que suit le développement de la science. Liebig rejeta le nom introduit, parce que, comme Berzélius l'avait voulu, il ne contenait ou ne promettait aucune explication des phénomènes, et, de son côté, proposa une explication capable au plus haut point d'entraver les recherches ultérieures : c'était précisément ce que Berzélius avait redouté. Liebig émit l'hypothèse inféconde des chocs moléculaires.

Liebig exprima l'idée que, dans les phénomènes catalytiques, il y a simplement passage de mouvement du corps catalyseur au corps catalysé. Il venait d'avoir une discussion avec Pasteur à propos de la levure de bière. Tandis que Pasteur soutenait la nature organisée de la levure, et voyait dans la transformation du sucre en alcool et acide carbonique un résultat immédiat de l'activité vitale des cellules de la levure, Liebig considérait la reproduction par bourgeonnement de la levure comme un accessoire, au même titre, disait-il, que les plantes qui croissent sur un tronc d'arbre pourri sont étrangères à cette pourriture ; et il expliquait l'action de la levure, rangée par Berzélius dans les actions catalytiques, comme un choc mécanique issu de la levure en décomposition et se portant sur le sucre.

Interrompons ici pour un instant notre récit, pour nous attacher à la suite de cette affaire : ce sera très instructif. Pasteur l'emporta sur Liebig grâce à l'expérience de Lüdersdorff, qui broyait la levure pour en déchirer toutes les cellules. La bouillie obtenue ne donnait lieu à aucune fermentation, et on en concluait que la vie de la cellule, comme Pasteur la concevait, était nécessaire à la fermentation.

En définitive, la cellule vivante elle-même doit produire ces actions par la voie chimique, mais on ne s'en occupait pas ; bien plus, on s'en reposait sur cette idée que la vie est un phénomène si mystérieux, que la fermentation du sucre s'arrangeait très bien en sa compagnie. De toutes les tournures d'esprit imaginables, c'était certainement la moins scientifique, parce qu'elle arrêtait purement et simplement les recherches. Il eût mieux valu dire au contraire, que, si jamais on devait dévoiler quelque chose du secret de la vie, l'étude des phénomènes catalytiques pourrait être très féconde à ce point de vue. Cependant Pasteur avait brillamment démontré la nécessité de la présence des êtres vivants pour les phénomènes de la putréfaction et de la fermentation, etc..., et il était si pénétré de sa thèse que, involontairement, il crut éclaircir toute la question en prouvant dans chaque cas particulier, que la présence des êtres vivants était nécessaire. On connaissait déjà des cas dans lesquels ces catalyseurs organiques ou ferments pouvaient être séparés de l'organisme, et produire les mêmes effets indépendamment de lui : la diastase de l'orge germée, qui, *in vitro*, transforme l'amidon en sucre, en est un exemple. Il n'y vit pourtant que des ferments non figurés, et il en distingua les ferments figurés qui, liés aux êtres vivants, ne sont actifs que pendant la vie des cellules. Depuis lors, on a reconnu que, dans cette distinction artificielle, il s'agit d'un simple problème technique : extraire le ferment de l'organisme sans le détruire. Quand les ferments ont une grande stabilité, cela ne fait aucune difficulté, ce sont des ferments non figurés connus depuis longtemps. Mais quand l'opération est difficile, si on veut montrer que l'action de ces ferments est indépendante de la vie, il faut d'abord trouver une méthode d'extraction, qui les laisse inaltérés. L'expérience de Lüdersdorff, que nous venons de rappeler, aurait donné un résultat inverse, si le broyage de la levure avait été assez rapide pour ne pas laisser à l'air et à d'autres causes le temps de détruire le ferment. Plus récemment, Buchner a réussi à extraire le ferment avec plus de précaution et de rapidité, et on a reconnu que le ferment de la levure était un ferment non figuré, et que Pasteur s'était trompé sur ce point aussi.

D'ailleurs l'hypothèse des chocs était insoutenable ; les catalyseurs organiques, les ferments ou, comme on dit maintenant, les enzymes agissent tout à fait comme les catalyseurs inorganiques correspondants. La théorie de ces actions n'a pas encore été donnée, mais nous avons acquis une indication précieuse, nous savons qu'il s'agit d'un processus très général, et que, pour être bonne, la théorie devra avoir ce caractère de généralité. Dans la polémique entre Liebig et Berzélius, la victoire resta d'abord à Liebig, dont les idées furent acceptées par les contemporains et les successeurs. La même pensée fut remise en avant des côtés les plus divers, et tous ses partisans semblaient avoir cru faire eux-mêmes une découverte importante s'y rattachant. Rappelons encore *la théorie* (*1894*) d'un chimiste célèbre qui s'était occupé avec un zèle et un succès tout particuliers de physiologie : « la catalyse est un mouvement mécanique des atomes dans les molécules des corps instables ; elle se produit par la force émanée d'un autre corps, et, avec déperdition d'énergie, aboutit à la formation de corps plus stables ».

La moindre faute de cette conception est qu'on ne puisse ni prouver ni mesurer ces mouvements supposés ; on n'a pas pu prouver non plus l'existence des atomes et cependant, depuis longtemps, l'hypothèse atomique est un outil scientifique très utile, et qui a fait ses preuves. Mais voici la faute fondamentale : de l'hypothèse des chocs moléculaires, il n'y a pas moyen de tirer de conclusions d'ordre expérimental plus ou moins vraisemblables, et dont l'exactitude pourrait être soumise au contrôle de l'expérience. Si défectueuse que puisse être l'image hypothétique d'un fait réel, elle doit au moins faire prévoir certaines relations encore inconnues, mais susceptibles d'être vérifiées expérimentalement. Il faut, en d'autres termes, que l'image établisse quelque lien entre le fait qu'elle représente et d'autres faits, et qu'elle nous fournisse l'occasion de contrôler si la relation pressentie existe réellement. Mais si l'image s'en tient uniquement au fait primitivement représenté, elle reste un mot vide et n'a aucune portée.

Telle est, précisément, la nature de la théorie mécanique de la catalyse. On peut bien imaginer comme on veut des mouvements et des chocs, mais comment reconnaître si un corps à essayer comme catalyseur présente justement les mouvements, qui provoqueront la réaction d'un autre corps donné? Là-dessus, aucun des nombreux défenseurs de l'hypothèse mécanique n'a jamais fourni la moindre indication. Aucune question précise, relative aux lois possibles de l'action catalytique, ne découle de cette hypothèse, et tout le problème reste, avec l'hypothèse, ce qu'il était avant elle.

Ce manque de fécondité pèse de la façon la plus

manifeste sur toute l'histoire de la question. La chimie est pleine de catalyses. Déjà Berzélius avait remarqué que, dans les organismes vivants, ce sont toujours des actions catalytiques qui assurent la satisfaction des besoins biologiques dans le temps et dans l'espace, et le grand physiologiste Karl Ludwig voyait, dans les phénomènes catalytiques, la partie principale de la chimie physiologique. On a remarqué aussi que la préparation des produits chimiques, inorganiques et organiques, recourt partout à des moyens catalytiques. Ne citons, en chimie minérale, que la fabrication de l'acide sulfurique : le corps catalyseur est le bioxyde d'azote dans la méthode ancienne, le platine, dans la méthode nouvelle. Parmi les nombreuses catalyses de la chimie organique, signalons l'action du chlorure d'aluminium dans la réaction de Friedel et Crafts, qu'on a pu comparer au « Tischlein-deckdich » (table, couvre-toi) du vieux conte allemand, tant elle facilite la formation de corps, qui, sans cela, seraient extrêmement difficiles à obtenir. Les anciennes industries domestiques, la boulangerie et la brasserie entre autres, reposent également sur des actions catalytiques, nous l'avons vu pour la brasserie à propos de la fermentation. Bref, de quelque côté que nous nous tournions, nous rencontrons des phénomènes catalytiques.

La science n'a guère cherché à expliquer ces faits, si importants et si nombreux qu'ils soient.

Nous sommes surpris qu'on n'ait jamais fait de recherches expérimentales pour trouver les lois de la catalyse, alors qu'on a étudié d'une façon très suivie des choses d'intérêt infiniment moindre. La science se tenait éloignée de la catalyse comme d'un lieu mal famé. De temps en temps, on réchauffait la vieille hypothèse mécaniste, et c'était tout. Aussi, sur ce sujet, ne connaissait-on que des faits isolés, qui n'avaient jamais été rassemblés ni rapprochés : on cherche en vain dans les traités un chapitre sur la catalyse. Ajoutez à cela que la première réaction, qui établit la loi capitale de la dynamique chimique, l'inversion du sucre de canne par les acides, est aussi une action catalytique, sous la forme la plus pure : c'était, depuis un demi-siècle, une porte ouverte sur la question, mais personne ne s'y engageait.

CHAPITRE XVIII

LES IDÉES ACTUELLES SUR LA CATALYSE

Telle était la situation qu'avait créée l'hypothèse des chocs. Aujourd'hui le mot catalyse ne sonne plus si mal, on le rencontre de plus en plus souvent dans les ouvrages scientifiques ou techniques. On a écrit, sur cette question, des monographies et des travaux d'ensemble, et, pour mettre en ordre toutes nos connaissances sur la catalyse, il faudrait un gros traité; ce n'est plus qu'une question de temps.

Ce revirement a commencé par une formation convenable du concept. Tout a changé quand on a compris que la catalyse se rattache à un problème de cinétique chimique. Dans l'histoire de la science, je ne connais pas d'autre exemple, où la seule formation d'un concept, sans une augmentation notable du nombre des faits connus, ait si brillamment et si manifestement exercé une action décisive et rapide sur le développement scientifique.

Comme Berzélius et d'autres après lui l'avaient

déjà reconnu plus ou moins nettement, on ne peut réaliser par catalyse aucune réaction, qui soit en contradiction avec les lois de l'énergie. On ne peut créer ni énergie brute ni énergie libre, et les actions catalytiques les plus considérables sont produites souvent par des masses extraordinairement petites des corps catalyseurs. Le catalyseur ne peut donc apporter qu'une quantité d'énergie insignifiante, et même, la plupart du temps, on le retrouve inaltéré à la fin de la réaction. Quelle *liberté* le catalyseur peut-il encore modifier? Les explications, que nous avons déjà données (p. 270), contiennent la réponse à cette question. Les principes de l'énergétique ne fixent pas, à eux seuls, la durée ou la vitesse des réactions chimiques : d'autres causes interviennent ici, et c'est le domaine de la catalyse. En d'autres termes, seules les réactions, qui seraient possibles sans catalyse peuvent être produites par l'action des catalyseurs, et cette influence ne peut se rapporter à l'équilibre lui-même, mais seulement à la vitesse, avec laquelle il est atteint. Par conséquent, *un catalyseur est un corps, qui modifie la vitesse d'une réaction chimique, sans apparaître, lui-même, dans les produits résultant de cette réaction.*

Comme le demandait Berzélius, cette définition ne préjuge rien des causes de la variation de la vitesse, et elle laisse le champ libre à une étude expérimentale plus approfondie. D'autre part, elle nous donne aussi ce que nous avons le droit d'exiger d'une théorie, pour qu'elle soit féconde ; elle nous suggère des questions et des expériences déterminées. Car d'innombrables questions se posent immédiatement, relatives aux lois du changement de vitesse. La vitesse de réaction est une grandeur mesurable, et il en est de même de tout ce qui change quand change sa valeur numérique. Ce qui apparaissait autrefois comme un secret inaccessible devient une tâche clairement définie pour un labeur incessant, et, si nous connaissons les lois d'un phénomène, nous connaissons en même temps tout ce qui le concerne, nous connaissons son essence, sa nature.

Le classique problème de l'inversion du sucre nous montre déjà quelles relations inattendues on peut trouver, en observant les faits sans prévention. Nous avons vu comment la loi générale de la mécanique chimique fut pour la première fois étudiée et expérimentalement établie ; c'est aussi à propos de ce problème que, pour la première fois, on étudia la catalyse au point de vue quantitatif. Biot avait remarqué, en passant, que l'étude des différentes vitesses d'inversion du sucre par les différents acides pourrait conduire à des résultats intéressants. Ces mesures avaient déjà pris une certaine étendue, sans qu'on réussît à découvrir de relation entre les constantes trouvées dans cette étude et les autres propriétés des acides. C'est seulement quand on eut déterminé de diverses façons les valeurs de l'affinité des acides, et qu'on les eut trouvées indépendantes de la réaction particulière servant à les mesurer, que l'on reconnut aussi la proportionnalité de la vitesse d'inversion du sucre à l'affinité, ou, si vous préférez, à la force des acides. Plus tard, avec la théorie de la dissociation des électrolytes, ces nombres furent considérés comme proportionnels à la concentration de l'ion hydrogène libre, et on eut, du même coup, la signification du résultat : l'action catalytique des acides sur le sucre de canne est due, tout simplement, à l'ion hydrogène, et elle est proportionnelle à la concentration. Ainsi, on avait trouvé une loi intéressante pour la catalyse, et, en même temps, la catalyse fournissait une des méthodes les plus pratiques pour mesurer la force des acides, contribuant ainsi pour beaucoup à la solution d'un des plus anciens problèmes de la chimie.

Il y a deux autres questions d'intérêt général qui se posent également : 1° toutes les réactions que nous n'avons observé que grâce à la catalyse peuvent-elles se produire, même sans catalyseur? 2° Si, par sa présence, un corps accélère une réaction, cette réaction n'est-elle modifiée que dans sa durée, ou bien se produit-il aussi des modifications de sa modalité, par l'apparition d'intermédiaires particuliers? On peut répondre à ces deux questions d'une façon satisfaisante, c'est-à-dire qu'il ne reste, au fond, aucune énigme, mais naturellement, dans chaque cas particulier, les conceptions auxquelles on peut songer doivent être comparées à l'expérience qui, seule, fixe les valeurs numériques, et appuie sur des chiffres les vues théoriques.

La réponse à la première question paraît au premier abord un peu délicate. Il nous semble difficile d'admettre, par exemple, qu'une solution sucrée se décompose d'elle-même, si peu que ce soit, en alcool et acide carbonique, et cependant je n'hésite pas un instant à dire : si, pour déceler de faibles quantités d'alcool, nous possédions quelque jour un réactif mille ou cent mille fois plus sensible que nos réactifs actuels, nous pourrions montrer la présence de l'alcool dans une solution sucrée quelconque, prise dans des conditions convenables, sans l'action du ferment. Cette conviction tient surtout à la conception à laquelle nous conduisent des considérations générales d'énergétique, à savoir que, dans un système homogène, toute réaction possible se produit effectivement, bien que ce soit le plus souvent avec une vitesse si faible, qu'elle n'est pas mesurable. Pour donner un exemple des vitesses avec lesquelles on peut et on doit scientifiquement compter, revenons encore à l'inversion du sucre. Elle se produit d'autant plus lentement que l'acide est plus étendu, ou, plus généralement, que la concentration de l'ion d'hydrogène dans l'eau est plus petite. En outre la vitesse augmente très vite avec la température; en chiffres ronds, elle double pour une élévation de température de 10°. Au cours de certains travaux, on a étudié des réactions dans lesquelles il fallait vingt-quatre heures pour obtenir une inversion mesurable, le liquide étant maintenu à 100°. Si le liquide était à 0°, la vitesse serait 2^{10} fois moindre. On ne pourrrait observer une réaction mesurable qu'au bout de mille jours, c'est-à-dire dans le courant de la troisième année. Dans la plupart des cas, nous n'avons aucune idée de ce que devient un corps ou un mélange de corps donnés au bout de deux ou trois ans, ce n'est pas la peine d'insister là-dessus devant des chimistes. Le plus souvent nous ne connaissons que ce qui arrive au bout de quelques heures; il est déjà exceptionnel que l'observation atteigne quelques jours, et la limite pratique de nos connaissances ne dépasse pas quelques semaines.

Il n'y a donc aucune difficulté de principe à concevoir toutes les réactions possibles comme des réactions effectives. On a pu, il est vrai, soutenir à l'occasion que certains cas, où les réactions sont lentes, sont séparés par une limite bien tranchée des cas où il y a équilibre, et, pour exposer les conséquences de cette supposition, on a même édifié d'élégantes théories mathématiques. Mais l'étude expérimentale des exemples qui devaient l'étayer a prouvé que cette affirmation était insoutenable; elle a montré une continuité parfaite entre les réactions lentes, et celles qui sont encore plus lentes, et nous pouvons dire d'une façon générale que, en ce qui concerne le temps, on n'a jamais observé le moindre signe de discontinuité essentielle.

Nous pouvons, par conséquent, envisager toutes les réactions, qui s'effectuent par catalyse, comme dues à l'accélération de réactions, qui se produisent d'elles-mêmes, mais avec une autre vitesse. Cette hypothèse peut être introduite partout sans entrer nulle part en contradiction avec aucun principe. Dans certains cas, on peut encore mesurer la vitesse d'une réaction, même quand elle se passe sans catalyse; dans d'autres, on peut tout juste la mettre en évidence (par exemple, le sucre est interverti à la longue même par l'eau pure); enfin, il y a des phénomènes où nous ne pouvons même plus donner cette preuve. Il existe entre tous ces cas une série de passages continus, et on ne trouve nulle part de séparation essentielle. Aussi, pouvons-nous considérer le première question comme résolue de façon satisfaisante.

Le fait que, d'après la nature du catalyseur, les mêmes corps peuvent donner des produits différents ne doit pas nous inquiéter. Si, par exemple, on fait agir du chlore sur le benzène, on obtient le produit d'addition, hexachlorure de benzène ou le produit de substitution, benzène chloré, selon que l'on emploie comme catalyseur l'iode ou le chlorure d'étain. Il faut donc admettre que, sans catalyseur, les deux réactions se produisent, et que l'action des catalyseurs diffère en ce que chacun d'eux accélère plus spécialement une des deux réactions seulement. L'hypothèse est tout à fait admissible, car, en employant simultanément les deux catalyseurs, on recueille les deux produits à côté l'un de l'autre en quantités comparables. Ainsi, parmi toutes les réactions possibles dans un système un peu compliqué, la nature du catalyseur fait prédominer l'une ou l'autre, et pratiquement la rend unique. Cela nous fait comprendre en particulier certains processus physiologiques : le même sang, par exemple, peut donner les produits les plus variés, suivant les organes qu'il traverse. Déjà Berzélius avait fait remarquer que ce fait semble bien peu en accord avec nos réactions de laboratoire. La connaissance plus exacte des phénomènes catalytiques a transformé cette énigme en un problème bien posé, et nous connaissons les voies qui permettront de le résoudre.

La seconde question est celle de la nature, ou, pour employer une expression plus imagée, du mécanisme intime des actions catalytiques. Les principes de l'énergétique ne permettent pas de déterminer la vitesse d'une réaction donnée, mais cette vitesse doit tout de même avoir une *raison suffisante*, c'est-à-dire qu'il doit exister certaines relations entre cette vitesse et d'autres propriétés du système, propriétés qui doivent être modifiées en quelque façon par le catalyseur, pour que la vitesse soit modifiée.

La vitesse de réaction appartient à un groupe étendu de phénomènes généralement désignés sous le nom de phénomènes de dissipation. Ils consistent en ce qu'une certaine provision d'énergie libre change de forme, et devient plus ou moins incapable d'éprouver ultérieurement d'autres modifications. La conduction de la chaleur nous en offre l'exemple le plus pur : une quantité de chaleur, à une température plus élevée ou plus basse que le milieu ambiant, passe à la température de ce milieu, et devient inutilisable pour d'autres transformations. Après que la température s'est nivelée, on ne peut revenir à l'état initial sans une dépense d'énergie libre empruntée ailleurs, mais le système en est incapable à lui seul, parce que jamais une quantité de chaleur ne passe d'elle-même d'une température plus basse à une température plus élevée.

Ce résultat est inévitable, et l'équilibre de température doit toujours être atteint tôt ou tard, seulement le temps nécessaire pour arriver à ce résultal final peut être très différent suivant les cas. Selon que le corps plus chaud sera mis en communication avec le milieu ambiant par de bons ou de mauvais conducteurs, l'égalisation des températures se fera plus ou moins vite; cela dépendra de la forme géométrique du corps, etc. Si le corps chaud est séparé de l'entourage par un espace vide, le phénomène sera très lent, et en l'accélèrera beaucoup en intercalant entre le corps chaud et le milieu ambiant un morceau de cuivre, simultanément en contact avec les deux parties du système; si on laisse cette masse de cuivre osciller entre ces deux parties, elle effectuera un transport de chaleur accéléré, et se comportera encore comme un catalyseur, puisque à la fin elle se retrouvera dans le même état qu'au début.

On trouve dans toutes les branches de la physique des exemples analogues, mais plus compliqués. Si deux corps chargés électriquement à deux potentiels différents sont réunis par un conducteur, l'équilibre s'établit : suivant la nature, la forme et la température du conducteur, la vitesse avec laquelle l'équilibre est atteint peut prendre toutes les valeurs possibles à partir de zéro jusqu'à la vitesse de la lumière. Tous ces cas sont caractérisés par ce fait, qu'une partie de l'énergie libre se transforme en chaleur, pendant que se passe ce phénomène de nivellement, et que l'équilibre calorifique s'établit de façon irréversible : par là, le phénomène total n'est pas réversible, et tous les événements naturels sont entachés d'irréversibilité.

Toutes les réactions chimiques sont des phénomènes de dissipation. Pour elles aussi, au point de vue énergétique, le résultat final est fixé sans ambiguïté, si le système est complètement défini; il n'est est pas de même pour la voie par laquelle ce résultat final est atteint, et encore moins pour la vitesse avec laquelle le système s'en rapproche. Ici interviennent des lois, qui sont indépendantes des deux principes de l'énergétique. Une théorie très générale de ces phénomènes a été donnée par J. Fourier (1768-1830) dans sa *Théorie de la conductibilité calorifique;* plus tard, G.-S. Ohm et A. Fick ont établi que la même théorie convient aux phénomènes de conduction électrique et de diffusion. Mais on ne peut pas l'appliquer directement aux phénomènes chimiques, parce qu'elle suppose que, pendant l'établissement de l'équilibre, le phénomène se produit dans l'espace, et que le cas le plus important en chimie, celui d'une réaction en solution homogène, se produit ou tout au moins peut se produire sans aucune modification dans l'espace. On peut toujours considérer la théorie générale qui vient d'être esquissée pour la vitesse des réactions comme une traduction de la théorie de Fourier; les réactions chimiques représentent même le cas le plus simple et le plus typique des phénomènes de dissipation, parce qu'ici on peut négliger la modification dans l'espace, et que l'on n'a plus affaire qu'à une modification dans le temps.

Les divers facteurs dont dépendent, par exemple, la conduction de la chaleur et de l'électricité, présentent une certaine analogie avec les facteurs, encore plus variés certainement, qui influent sur la vitesse des réactions chimiques. Chacun de ces facteurs pris séparément peut être envisagé comme un facteur catalytique. D'ordinaire pourtant, on met à part l'accélération due à une élévation de température, et on réserve exclusivement le nom de catalytique aux cas où interviennent des corps pondérables.

Nous avons donc le droit de conclure qu'une théorie unique ne suffira vraisemblablement pas pour décrire scientifiquement toutes les influences catalytiques. Il faut d'abord étudier les différentes catalyses dans ce qu'elles présentent de régulier, et, quand on aura rassemblé des matériaux suffisants, il y aura lieu d'exprimer les relations générales existant entre les cas particuliers.

Très souvent, la catalyse fait intervenir des réactions intermédiaires. Par exemple, l'acide arsénique vitreux se transforme très lentement en une forme cristalline porcelanée, et, si on ajoute un peu d'eau, la transformation est beaucoup plus rapide. L'influence de l'eau tient très probablement à ce qu'elle dissout l'acide arsénique. En règle générale, les formes instables se dissolvent en plus grande quantité que les formes stables; par suite, quand l'eau s'est saturée d'acide vitreux, elle se trouve sursaturée par rapport à l'acide porcelanique, qui doit se déposer sur les cristaux déjà existants. Par là, la solution n'est plus saturée pour la forme vitreuse; de nouvelles quantités d'acide vitreux se dissolvent, et ainsi de suite. L'eau sert d'accélérateur en dissolvant l'acide arsénique vitreux, puis laissant déposer l'acide porcelanique, etc.

La forme vitreuse, instable au contact de la forme porcelanique, peut d'ailleurs se transformer directement, mais la transformation directe est extrêmement lente, tandis que la dissolution et la cristallisation sont relativement rapides. Ici, en somme (mais ce n'est pas toujours le cas), les phénomènes se passent plus rapidement que par la voie directe, grâce à la réaction intermédiaire qui, agissant comme accélérateur, représente une catalyse. Si, au contraire, les réactions intermédiaires sont plus lentes que la réaction directe, le corps considéré n'agit pas comme catalyseur. Les principes généraux nous permettant d'admettre que les réactions intermédiaires sont en général plus rapides que les réactions directes, nous concevons bien que les réactions catalytiques ne soient pas rares, mais qu'elles se rencontrent beaucoup plus souvent qu'on ne le croyait autrefois. Pourtant, elles se présentent comme des exceptions, dont la production exige certaines conditions spéciales.

L'idée d'expliquer les réactions catalytiques par des réactions intermédiaires s'est fait jour bien avant la notion de catalyse elle-même. Elle constitue la première théorie convenable, proposée il y a cent ans pour expliquer la formation de l'acide sulfurique. Tout d'abord on avait fabriqué l'acide sulfurique en distillant le *vitriol de fer* à une haute température. On savait bien que, si on dissolvait dans de l'eau l'acide sulfureux obtenu en brûlant du soufre, cette solution se transformait peu à peu en une solution d'acide sulfurique, mais cela se passait si lentement qu'on ne pouvait pas prendre cette réaction pour base d'un mode de préparation technique. L'histoire n'a pas conservé le nom de celui qui, le premier, eut l'idée d'emprunter au salpêtre l'oxygène nécessaire à l'oxydation du soufre. On ne l'aurait même pas regardé comme très avisé, à cause du prix élevé de cet oxygène. Néanmoins l'essai fut fait, et donna de l'acide sulfurique en quantité beaucoup plus grande et plus rapidement. On remarqua en outre qu'il suffisait d'une quantité de salpêtre bien inférieure à celle qui correspondait à l'oxygène dont on avait besoin, car la réaction marchait déjà avec un faible pourcentage. Ainsi, l'industrie de l'acide sulfurique se développa bientôt, basée sur une réaction incomprise. En 1806, dans un travail magistral, Clément (mort en 1841) et C.-B. Desormes (1777-1862) éclaircirent cette énigme.

Le résultat de leurs recherches fut que l'acide azotique, ou plutôt un composé moins oxygéné de l'azote, transporte de l'oxygène sur l'acide sulfureux, en s'oxydant aux dépens de l'oxygène de l'air, puis en se réduisant au contact de l'acide sulfureux. L'appareil avec lequel ils montraient ce phénomène est encore aujourd'hui en usage dans l'enseignement. C'est un gros ballon, où on introduit de l'acide sulfureux, de la vapeur d'eau, du bioxyde d'azote et de l'air. Leur théorie est encore enseignée. Ici, comme dans le cas de l'acide arsénique, l'accélération tient à ce que l'oxydation du bioxyde d'azote en peroxyde au contact de l'air, d'une part, et celle de l'acide sulfureux par le peroxyde d'azote, d'autre part, s'effectuent beaucoup plus vite que l'oxydation directe de l'acide sulfureux par l'oxygène de l'air. D'après cela, l'acide sulfureux et l'oxygène de l'air mis en présence de petites quantités d'oxydes d'azote donnent très rapidement de l'acide sulfurique, parce que les oxydes d'azote transportent l'oxygène sur l'acide sulfureux.

Cette théorie fut bientôt acceptée; elle s'est conservée jusqu'à nos jours. Les doutes qui ont été émis dans l'intervalle avaient trait non à la théorie elle-même, mais à la nature des produits intermédiaires, question dans laquelle nous n'avons pas à entrer ici. Il faut remarquer que Berzélius, dans l'explication des principaux phénomènes catalytiques déjà connus, omit de mentionner ce cas classique, et on ne s'aperçut que relativement tard que c'était un excellent exemple pour l'intelligence des faits.

Il ne faut pas s'étonner que l'on ait fait mauvais usage de cet expédient des réactions intermédiaires, alors qu'on l'étendait, sans contrôle expérimental, à tous les cas de catalyse. Assurément, une réaction intermédiaire ne l'emportera en rapidité sur la réaction principale que si toutes ses parties s'effectuent plus vite que cette réaction principale. Mais comme il y avait des cas où le phénomène catalytique était suffisamment expliqué par une réaction intermédiaire, on en arriva à se figurer que, dans tous les autres cas, il suffisait de trouver ou même d'imaginer une réaction intermédiaire pour expliquer une catalyse. On tenait la réaction intermédiaire pour démontrée, quand on réussissait à trouver quelque part, dans le mélange des corps en réaction, le produit intermédiaire présumé. On n'avait d'ailleurs aucun moyen de décider si ce corps était réellement un produit intermédiaire, ou s'il n'était que le produit d'une réaction accessoire fortuite, et ce point demeurait dans l'obscurité.

Ici aussi, c'est le développement de la chimie cinétique qui, en premier, a apporté les moyens grâce auxquels, dans des cas particulièrement favorables, on a réussi à prouver par des mesures exactes que les accélérations des réactions catalytiques effectives peuvent être expliquées par des réactions intermédiaires en accord avec les résultats numériques des mesures. Donc, ces explications sont acceptables en principe, mais il faut toujours, dans un cas donné, prouver par des recherches correspondantes, que cette explication est réellement la bonne.

La théorie des réactions intermédiaires ne pourrait-elle pas devenir, en se développant, une théorie générale de la catalyse? Il est vraisemblable que non. Dans certains cas particuliers au moins, les produits intermédiaires qu'on a imaginés ne peuvent jouer le rôle qu'on leur avait attribué, car, en les ajoutant au système des corps en réaction à la place du catalyseur habituel, l'effet attendu ne se produit plus. Dans d'autres cas, par exemple dans le cas classique de l'inversion du sucre de canne par les acides étendus, on ne sait pas quel pourrait être le produit intermédiaire. Néanmoins une question aussi vaste que celle-ci doit être poursuivie assidûment, et le nombre des catalyses connues d'une façon relativement suffisante n'est pas encore assez grand pour justifier une opinion définitive.

Bornons-nous à dire : Nous voyons le chemin qui conduit au but.

APPENDICE

CHAPITRE I

L'ÉNERGÉTIQUE MODERNE[1]

Depuis le milieu du siècle dernier, on reconnaît universellement la vaste signification du principe de la conservation de l'énergie, en même temps que s'est affermie la conviction que ce principe devait constituer la base des sciences naturelles et avant tout celle de la physique.

La réalisation de cette idée, si claire en elle-même, a rencontré des obstacles de toute espèce et une inertie telle qu'il n'existe guère aujourd'hui de traité de physique où l'auteur ait entrepris sérieu-

1. Ce chapitre et les deux suivants, qui ne faisaient pas partie du livre d'Ostwald et que nous donnons ici comme appendice, ont déjà paru dans la *Revue Scientifique*; la traduction en est due à M. Grumbanch. Le texte a été revu et corrigé pour ce volume par M. Ostwald lui-même.

sement l'œuvre qu'exige cette science : un exposé rigoureux des diverses relations fondées sur cette notion. Dans les domaines avoisinants, nous sommes encore moins avancés.

Le XIXe siècle s'est achevé sans qu'on ait reconnu à sa plus grande découverte le caractère pratique et l'importance qu'elle possède réellement. J'ai signalé ce devoir nécessaire, en 1896, au Congrès des sciences naturelles de Lübeck, dans une communication sur *la déroute du matérialisme scientifique*; elle éveilla une grande attention, mais sans rien changer à l'état général de la question. Le besoin se faisait sentir de jeter un coup d'œil sur l'ensemble de la science pour montrer que le concept et les lois de l'énergie possèdent bien cette vertu d'unification et d'éclaircissement que nous lui attribuons : elles dirigent le regard du savant sur les véritables problèmes et écartent de la discussion les problèmes apparents. Je l'ai fait en 1902, dans mes *leçons de philosophie naturelle.*

Cependant, l'importance de la science de l'énergie, ou Énergétique, pour l'intelligence de l'univers s'est imposée à des cercles de plus en plus étendus. Sans doute, la plupart des philosophes et des hommes de science philosophes sont encore occupés à l'heure actuelle par les efforts des réfutateurs de l'Énergétique. La reprise perpétuelle de ces objections est une preuve involontaire de leur inefficacité ; chaque adversaire de l'Énergétique voit bien que les coups portés par les autres adversaires ne sont pas mortels, et il juge les siens nécessaires à l'achèvement de l'œuvre. Ces efforts ont régulièrement pour origine un malentendu dans la conception du problème, aussi ont-ils peu d'importance en face de l'extension toujours croissante des notions énergétiques parmi les pionniers de la science. En particulier, la biologie commence à reconnaître dans l'emploi des méthodes énergétiques un instrument efficace de progrès.

D'autre part, le mouvement énergétique se rencontre avec une autre doctrine née sur le terrain philosophique qui, sous le nom de pragmatisme ou d'humanisme, poursuit un but tout à fait semblable. Voilà qui montre clairement que l'Énergétique répond à des nécessités actuelles et positives.

Il ne peut être question de tracer ici encore un plan de l'Énergétique ; je renvoie pour cela aux ouvrages cités plus haut. Mon but est plutôt d'aider ceux qui se sont déjà rendu compte de l'intérêt capital de la question à trouver leur chemin parmi tant de voies nouvelles.

Dans la lutte contre les difficultés les plus graves que j'ai rencontrées, les objections mentionnées plus haut ont été pour moi un soutien ; j'en ai fait un usage réel, sinon prémédité ; j'ai trouvé dans les habitudes actuelles de la pensée quels sont les obstacles qui s'opposent à la généralisation de la conception nouvelle.

Les grandes découvertes des sciences de la nature amènent toujours une transformation profonde dans les conceptions et les modes de raisonnement philosophiques. Il est facile de montrer l'influence des découvertes de Galilée, de Kepler et de Newton sur la philosophie du XVIIIe et du XIXe siècle. C'est un véritable processus de diffusion : ce sont les domaines les plus voisins qui sont atteints les premiers ; un domaine est-il éloigné, il subit d'autant plus tard l'influence de la pensée nouvelle.

Aussi, l'influence de toute idée scientifique dans son domaine spécial garde-t-elle une avance caractérisée sur son influence philosophique. Celle-ci ne se fait sentir souvent que lorsque la science spéciale est tellement familière avec ces nouveaux points de vue qu'elle les range parmi les notions qui vont de soi, c'est-à-dire parmi celles dont on ne se préoccupe plus.

Une particularité complique cette action réciproque. Le savant spécialiste (sauf quand il s'occupe de philosophie proprement dite) ne s'inquiète guère des considérations philosophiques générales qu'il utilise pour systématiser ses recherches, car ces idées ne semblent pas rentrer essentiellement en ligne de compte. Non seulement la science spéciale s'assimile tardivement les conceptions philosophiques contemporaines qui la concernent, mais elle s'inquiète peu de les faire évoluer dans le sens du mouvement philosophique. La science se trouve ainsi relativement en retard sur la philosophie qui, à un autre point de vue, est en retard sur la science. Les principes de diverses sciences en subissent le contre-coup. Ce n'est pas naturellement dans les mémoires qu'on peut observer ce fait, mais dans les introductions des traités. Par exemple, les vénérables qualités premières et secondes de John Locke jouissent encore aujourd'hui d'une retraite paisible dans les traités de physique.

D'après la loi de Dalton, dans un mélange de gaz, chacun d'eux a les mêmes propriétés que s'il occupait seul le volume du mélange; en d'autres termes, les gaz se pénètrent sans se gêner ni s'influencer mutuellement. En dépit de cette loi, il n'est pas un auteur de traité de physique qui n'ait soin d'enseigner dans le premier chapitre de son ouvrage que l'impénétrabilité de la matière est un principe absolument général.

Sous l'influence de la loi de la gravitation de Newton à laquelle se joignit, à la fin du XVIIIe siècle, la loi de la conservation de la masse dans les réactions chimiques, le concept de *matière* a pris forme, support doué de masse et de poids de tous les phénomènes naturels.

La science ancienne avait, à côté de la matière

pesante, admis sans difficulté l'existence des matières non pesantes : phlogistique, fluide électrique, etc. Lavoisier lui-même, qui mit en lumière l'importance extrême des relations pondérales pour l'étude des réactions chimiques, a subi l'influence de la tradition ; il a placé dans ses tables des éléments chimiques le calorique et le fluide lumineux ; il savait cependant que ni l'un ni l'autre n'avaient de poids mesurable. Mais le XIXe siècle a vu disparaître ces traces d'atavisme et le dualisme, Force et Matière, s'est développé ; la Matière joue le rôle de substance au sens aristotélique et la Force celui d'accident. On attribua à la matière la réalité des phénomènes, et les impondérables : chaleur, lumière, électricité se trouvèrent dans une fausse position. Ce sentiment se trouve clairement exprimé par Robert Mayer dans son mémoire fondamental paru en 1842 : « Remarques sur les forces de la nature inanimée ». Mayer ne peut s'accommoder de cette idée que les forces sont passagères tandis que la matière morte et inerte jouit du privilège d'une durée éternelle, et sa pensée est de trouver une forme qui assure aux impondérables aussi une loi d'indestructibilité. « On trouve dans la nature deux catégories de causes ; on ne peut passer de l'une à l'autre expérimentalement. D'une part, ce sont les causes douées de pondérabilité et d'impénétrabilité ou matière. De l'autre côté, se trouvent les causes dépourvues de ces propriétés : les forces appelées aussi impondérables d'après leur propriété négative. Les forces sont donc des objets indestructibles, changeants et impondérables. »

Ce premier exposé public de la doctrine de Mayer est l'expression directe de sa méthode ; son caractère essentiel est *le besoin d'unité*. Il ne constate aucune transition entre ces deux catégories, et cependant il ne peut se résoudre à les considérer comme des grandeurs d'une espèce toute différente, suivant l'usage de son époque.

La clarté avec laquelle il relève les concordances existantes atteint encore aujourd'hui les hommes de science partisans des anciennes théories. Beaucoup d'entre eux résistent à l'idée de considérer comme un objet la force ou l'énergie, pour donner à cette grandeur son nom moderne. Même, dans ces derniers temps, on a pu entendre ou lire des observations de ce genre : la Matière serait seule une réalité, l'énergie n'aurait, au contraire, aucune réalité ; son caractère serait purement subjectif. On démontre sans doute ainsi plus qu'on ne veut : ces remarques indiquent que, dans l'esprit de leurs auteurs, l'énergie n'a même pas d'existence subjective, car s'ils cherchaient ses relations avec la réalité, ils ne pourraient pas exprimer de semblables opinions.

On sait que Mayer rendit pénible l'intelligence de sa pensée en se mettant en contradiction avec la nomenclature habituelle. Mayer savait certainement que la Mécanique moderne donne à sa « Force » le nom de « Travail » (du moins dans certains cas bien déterminés); cependant on trouve aussi ailleurs le mot « force », c'est dans l'expression « force vive ».

A ceux qui lui en faisaient le reproche injustifié, il faisait cette frappante réponse : « En ce qui concerne les forces, il ne s'agit pas de savoir ce qu'est une *force*, mais ce que nous voulons nommer *force* ». Introduisons le nom d' « Énergie » actuellement usité dans la citation précédente de Mayer; nous voyons que les Énergies sont des objets indestructibles, changeants et impondérables.

C'est précisément cette conception qu'on a mise en valeur un demi-siècle après la découverte de la loi de la conservation de l'Énergie. Sous l'influence des idées anciennes, on évite cependant autant que possible d'employer le mot « objet » en parlant des forces. La conservation de la Matière n'a pas de sens positif, puisque c'est seulement la masse et le poids qui se conservent et toutes les autres propriétés de la matière sont variables; on la considère cependant comme si naturelle et intuitive qu'on proclame à l'ordinaire qu'elle est une nécessité pour notre esprit. La conservation de l'Énergie semble surprenante et singulière.

Voici maintenant le point fondamental de l'Énergétique moderne. Il s'agit, conformément aux idées de Mayer, de donner à l'Énergie une *réalité ou objectivité* qui la rende digne, malgré son impondérabilité, de l'honorable voisinage de l'antique Matière. En second lieu, il a fallu soumettre à un examen plus attentif cette assertion, émise par Mayer sans preuve bien nette, que la Matière et l'Énergie sont séparées par une cloison étanche. Comme nous l'avions laissé prévoir, le résultat renverse complètement l'ordre des termes du rapport. L'Énergie s'affirme de plus en plus comme une réalité, tandis que les droits de la Matière s'éteignent, et qu'elle ne conserve plus que ceux que lui confère la tradition. Non seulement, elle doit supporter le voisinage de l'Énergie, comme on le voit déjà dans les traités modernes de sciences naturelles écrits dans un esprit de progrès, mais il lui faut céder la place sans conditions et rentrer comme une reine déchue dans son douaire, où elle s'éteindra au milieu des courtisans de la vieillesse.

Nous observons chez Mayer un phénomène qui, malgré sa bizarrerie, est un trait général de la psychologie du novateur : *le novateur ne va jamais jusqu'au bout du chemin qu'il a découvert et rendu praticable*. Il subsiste toujours dans son œuvre un reste de ces conceptions fausses ou inutiles qu'il a entrepris d'éliminer. Malgré sa découverte de l'importance de la notion quantitative de poids dans l'étude générale des phénomènes chimiques, en particulier pour la définition des éléments,

Lavoisier plaça, comme nous l'avons vu, les impondérables *Lumière* et *Calorique* dans son tableau. De même, Copernic abandonna la théorie des épicycles, dans l'étude du mouvement relatif de la Terre et du Soleil, en supposant la Terre mobile et le Soleil immobile, mais il conserva les épicycles pour les autres planètes.

Mayer reconnut que la pondérabilité n'était pas un caractère nécessaire de la réalité des choses, puisqu'il a constaté l'existence de *réalités impondérables*; cependant, sa critique n'a pas été jusqu'à poser la question de savoir si la pondérabilité pouvait servir de mesure à tout, comme l'indiquait l'ancienne théorie.

Il admit l'importance du poids sans contrôler le bien-fondé de cette assertion, ce qui le conduisit au dualisme.

Le caractère distinctif de l'Énergétique moderne est l'abandon de ce dualisme ; l'Énergie y prend la place du concept le plus général.

C'est aux propriétés et aux relations énergétiques qu'on ramène tous les phénomènes, et on doit définir la Matière en partant de l'Énergie, dans la mesure où on trouve quelque utilité à cette conception :

A quoi bon, demandera-t-on, renverser ainsi le rôle des idées ? C'est que la conception d'Énergie est, d'après l'expérience, plus générale que celle de Matière. Ce fait une fois reconnu, toute discussion cesse d'elle-même. On ne peut pas définir le concept d' « homme » par le concept de « nègre » ; c'est l'inverse qui doit se faire. Il est impossible de définir les concepts de Lumière ou d'Électricité par celui de Matière, car on leur reconnaît un caractère immatériel, mais on peut les définir au moyen de l'Énergie, car la lumière et l'électricité sont des modes ou facteurs de l'Énergie. Nous voyons ainsi clairement que le concept d'Énergie est plus général que celui de Matière. Nous verrons plus loin qu'il est possible de donner une définition énergétique de la Matière, et qu'il n'en existe pas de plus claire. La doctrine de Mayer contenait une telle part de nouveauté qu'on ne reconnut pas le caractère d'un « reste terrestre, pénible à porter » au Dualisme. Les savants contemporains et successeurs de Mayer, qui reconnurent l'immense portée de sa théorie, entreprirent principalement de relier la notion nouvelle aussi étroitement que possible aux idées anciennes qu'ils conservaient. Joule et Helmholtz ont abordé la théorie mécanique des phénomènes naturels ; ils ne voyaient dans les transformations de l'énergie que des variations du mouvement des atomes ; en particulier, Helmholtz chercha à expliquer le principe de la conservation de l'Énergie en admettant que les actions réciproques des atomes sont dues exclusivement à des forces centrales ne dépendant que de la distance.

On connaissait, en mécanique rationnelle, un cas particulier du principe de la conservation de l'énergie, c'est le théorème des forces vives. Il nous apprend qu'en tout point de sa trajectoire, un corps céleste reprend la même vitesse lorsqu'il se retrouve à la même distance du corps attirant ; ce corps possède donc en ces points la même force vive ou énergie cinétique, quelle que soit la direction du mouvement et la position du point. En d'autres termes, à la surface d'une sphère concentrique au corps attirant, la force vive du satellite est parfaitement déterminée. Cette force vive diminue quand le rayon de la sphère croît ; on connaissait, d'autre part, la fonction de la distance ou potentiel qui, retranchée de la force vive, donne une quantité constante (retranchée ou ajoutée suivant la définition qu'on voudra donner à la fonction de la distance).

Définissons le potentiel en disant que la somme de cette fonction et de la force vive est constante. Nous avons alors le cas particulier bien connu du principe, où interviennent seules les transformations réciproques de deux formes d'énergie : la force vive ou énergie cinétique et l'énergie de position ou de distance. Ce processus est défini par la condition que, dans le mouvement, aucune fraction mesurable d'énergie ne se passe sous une forme autre que celles qu'on vient d'indiquer. La transformation partielle en chaleur, inévitable dans les phénomènes terrestres, est ici tout à fait négligeable ; nous admettons qu'elle se produit en vertu du principe de continuité; elle n'est pas susceptible d'une mesure directe; si elle existe, elle dépasse la précision de nos procédés de mesure actuels.

Notre esprit a la faculté de concevoir les faits nouveaux, autant que possible par analogie avec les faits déjà connus. Aussi, n'y avait-il qu'un pas à faire pour considérer cette relation simple et bien connue, si claire et si facile à comprendre comme un modèle ou type pour les autres modes de transformation de l'Énergie. C'était possible à condition d'admettre que les seules formes de l'Énergie existant dans l'Univers entier étaient celles qui se manifestent visiblement dans les phénomènes astronomiques déjà décrits. Il existe sans doute un grand nombre de manifestations de l'énergie, phénomènes calorifiques lumineux, électriques, etc., qu'il n'est pas possible de ramener immédiatement à la forme d'énergie cinétique ou d'énergie de position ou de distance. Il demeure l'hypothèse que, dans tous les cas, l'Énergie n'existe que sous ces deux formes, mais les phénomènes cités plus haut proviendraient du mouvement et des attractions mutuelles d'atomes invisibles extrêmement petits.

Le besoin psychologique dont nous avons parlé se trouvait ainsi satisfait dans une très large mesure. Le concept d'Énergie était partie intégrante de la théorie mécanique de l'Univers si répandue alors; en dernière instance, tout phénomène rentrerait dans la mécanique des atomes. Mais Leibnitz avait déjà observé très justement que les phénomènes psychiques restaient alors inexpliqués.

Si, par un procédé quelconque, on nous rendait perceptibles tous les mouvements des hypothétiques atomes cérébraux qui accompagnent un phénomène psychologique donné, nous ne verrions que des *corpuscules en mouvement*, mais non la *pensée* correspondante, dont la genèse resterait aussi obscure qu'auparavant.

L'importance de l'objection demeura jusqu'à Dubois-Reymond qui la reprit, il y a moins de trente ans; il y vit un obstacle insurmontable à la conception mécanique de l'Univers. Il était tellement convaincu de la justesse de cette dernière théorie qu'il ne put conclure à son insuffisance, et qu'il crut devoir constater l'existence d'une barrière infranchissable à l'entendement humain. Cette attitude caractérise la domination à peu près indiscutée de la théorie mécanique de l'Univers, du moins parmi les professionnels des sciences expérimentales, au temps de la découverte de la loi de l'Énergie; on y trouve l'explication psychologique de l'interprétation volontairement étroite de la conservation de l'Énergie, que nous avons exposée plus haut.

Mentionnons ici une autre conséquence du même système, la division de l'Énergie en énergie *ciné-*

tique et énergie *potentielle*. C'est une expression évidente de l'hypothèse qui prend les phénomènes astronomiques pour type de tous les phénomènes naturels. On se rend compte que cette division est de nature bien hypothétique, par exemple dans son application au courant électrique, puisque les opinions sont partagées de savoir s'il s'agit alors d'énergie cinétique ou d'énergie potentielle.

D'après la théorie cinétique, on admet généralement que la chaleur est de nature cinétique. Mais, réclame-t-on un critérium objectif qui permette de distinguer, dans ces exemples, l'énergie de mouvement de l'énergie potentielle, on ne reçoit pas de réponse. Je ne connais pas d'auteur qui ait posé la question d'une manière générale et encore bien moins qui ait essayé de la résoudre. La nomenclature spéciale, due à Rankine, donne l'impression que l'énergie cinétique a seule une réalité complète; l'énergie de position ne serait plus déjà de l'Énergie proprement dite, mais quelque chose capable de devenir de l'Énergie dans certaines circonstances. La pensée se trouve encore influencée ici par la notion contradictoire de chaleur « latente ».

Examinons la raison de son utilité à la fin du XVIIIe siècle. Quand Black développa cette idée, la loi de la conservation de l'Énergie était encore absolument inconnue; on consacra l'expression « chaleur latente », pour sauver, au moins dans la forme, l'idée suivant laquelle la chaleur ne disparaît pas purement et simplement, comme elle fait en apparence dans la fusion et la vaporisation. Ces chemins de traverse étaient nécessaires à la Physique ancienne, qui ne connaissait pas la conservation de l'Énergie, mais on les a conservés involontairement après la découverte de cette loi. On voit maintenant sans difficulté que la chaleur disparaît si la quantité équivalente d'Énergie est employée à un changement d'état : fusion ou vaporisation.

La locution « Énergie potentielle » exprime une dangereuse idée fausse. Elle nous empêche de concevoir la réalité d'autres formes de l'Énergie que l'énergie de mouvement. La faute en est due à un fait sans valeur intrinsèque : on peut *voir* le mouvement d'un corps pourvu d'énergie cinétique; cela suffit à nous convaincre de sa présence sans avoir recours à d'autres preuves. Mais on peut *sentir* la présence d'énergie calorifique, *voir* qu'il existe de l'énergie lumineuse; on fait l'épreuve de toute forme de l'Énergie sur un organe sensoriel, directement ou indirectement, et on trahit ainsi sa présence. Une énergie qui ne pourrait impressionner d'aucune manière les appareils de nos sens demeurerait éternellement inconnue; elle n'aurait pas de place dans notre conception de l'Univers. Donc l'énergie cinétique n'est pas plus actuelle ou réelle que tout autre mode de l'Énergie, et si de l'Énergie passe d'une forme à une autre forme, *la première est potentielle vis-à-vis de la seconde qui devient actuelle.* C'est le seul sens cohérent qu'on puisse attribuer à ces expressions. D'ailleurs, la Science n'a pas encore ressenti la nécessité de qualifier ce rapport par une locution brève; il vaut donc mieux laisser de côté ces noms trompeurs.

CHAPITRE II

LA THÉORIE ÉNERGÉTIQUE ET LE MONDE

Ces considérations nous amènent directement à la question générale de la « réalité ». Cherchons, avec une prudence scientifique, en évitant toute hypothèse implicite, à caractériser nos rapports avec le Monde.

Voici ce qu'on peut dire : au début de notre vie consciente, nous nous trouvons en présence d'événements variés qui nous semblent à peu près dénués de lien. Une preuve claire consiste dans notre impuissance à *prévoir* les événements d'un avenir prochain. Car, si la grande prévoyance constitue la propriété caractéristique de notre entendement, la mesure de la prévoyance, d'après la date et la multiplicité des événements prévus, est aussi la mesure directe de notre intelligence. L'enfant nouveau-né prévoit aussi qu'il trouvera sa nourriture en réagissant à certaines excitations de l'odorat et du toucher (en admettant que ce soit là déjà un acte conscient); il se trouve ainsi au plus bas degré intellectuel. D'un autre côté, nous trouvons cette faculté de prévoir au plus haut degré chez un homme supérieur, savant, homme politique ou industriel; on reconnaît qu'un tel homme sait prévoir mieux et plus loin que ses adversaires ou ses rivaux.

Nous considérons comme connus les objets que nous pouvons prévoir. Au milieu d'eux, nous nous sentons chez nous et leurs dépendances prévues dans l'espace et le temps nous sont *intelligibles*. Nous leur donnons le nom d'objets *réels*, en tant qu'il s'agit d'impressions des sens. La locution ne s'applique qu'à ce qu'on appelle le monde extérieur; la « réalité » de nos pensées est trop intuitive pour que nous y réfléchissions. Elles constituent le premier élément de la conscience d'un fait quelconque. On dit que les songes, les hallucinations sont irréels parce qu'on y voit le monde extérieur échapper à ses règles que l'expérience nous a enseignées. Autrement dit, les prévisions basées sur notre expérience des objets extérieurs ne s'y réalisent pas. Mais dès que les phénomènes de ce genre rentrent dans une loi ou réalisent une prévision, ils passent dans le domaine de la réalité. Ce fait est illustré par l'exemple de l'*hypnotisme*. Le résultat du premier examen fut qu'il n'y avait là que des imaginations : ces phénomènes étaient irréels. Aujourd'hui, l'étude des conditions qui déterminent leur apparition et des caractères qui en sont inséparables les a classés parmi les réalités. Remarquons ici que le mot prévoir ne s'applique pas exclusivement aux divers éléments d'une suite de phénomènes qui se succèdent *dans le temps*, mais aussi aux éléments distincts *dans l'espace* d'un pareil ensemble. Comme on ne peut percevoir ces diverses parties en même temps, des objets distincts dans l'espace sont pour l'expérience aussi distincts dans le temps. La seule propriété particulière à l'espace, c'est que nous pouvons passer à volonté d'un point à un autre dans l'examen des séries spatiales.

Ces considérations montrent clairement qu'il ne peut être question de considérer l'énergie de position ou de distance comme irréelle. Si nous savons qu'en général un corps suspendu au-dessus de la surface de la terre peut fournir une quantité déterminée de travail en s'en rapprochant, la vue d'un corps soulevé nous donnera la notion directe d'énergie existante aussi bien que la vue d'un corps en mouvement. En se basant sur le concept de réalité approfondie et généralisée, on voit donc que la distinction entre l'Énergie actuelle et l'énergie potentielle n'est qu'une erreur aussi dangereuse qu'inadmissible.

Que dirons-nous de la réalité de l'Énergie elle-même? Mayer l'a affirmée, nous l'avons vu, sans trouver beaucoup d'écho. Si on fut prêt à admettre, au bout de quelque temps, la justesse et l'importance de la loi de la conservation de l'Énergie, on s'inquiéta peu des idées générales qui avaient amené Mayer à l'extension de sa loi. On a vu précédemment que c'est le besoin de trouver dans les « forces » quelque chose de réel et de substantiel qui le conduisit à sa théorie si féconde. Même aujourd'hui, des auteurs partisans de l'importance du concept d'énergie montrent quelque inquiétude à considérer simplement l'Énergie comme une substance et à lui reconnaître une réalité au moins égale à celle de la Matière. On retrouve toujours la tendance à ne voir dans l'Énergie qu'une abstraction, une fonction mathématique douée de la propriété de conserver sa valeur dans toute transformation. Nous touchons ici à une confusion qui provient d'une particularité de toutes les langues européennes; on ne saurait trop être en garde contre elle, car sa fréquence est la preuve de la facilité avec laquelle on y tombe. C'est l'habitude verbale de *désigner par le même mot le concept général et l'objet concret correspondant.*

Par exemple, la « Musique » est l'art d'assembler les sons de manière esthétique; mais nous appelons aussi du même nom chaque réalisation particulière où la méthode générale est mise en pratique. De même, l'Énergie en général est la fonction de grandeurs mesurables qui se conserve en toute circonstance; nous donnons le même nom à toute valeur particulière de la fonction qu'on observe dans la nature. Ceux qui refusent la réalité à l'Énergie ont devant les yeux le concept général qu'on ne peut, à cause de sa généralité, déterminer par une particularisation superflue. Ils oublient que le mot Énergie s'applique en même temps à toute réalisation concrète de la fonction générale. Quand une chose est mesurable par un nombre en unités physiques, que ce nombre reste invariable dans tout processus connu, elle remplit au plus haut point toutes les conditions imposées à une réalité. Il sera possible en particulier de pronostiquer sa valeur avant et après telle transformation que l'on voudra. Nous n'insisterons plus sur l'importance scientifique et technique de cette possibilité, qui est l'origine de l'immense progrès accompli depuis le principe de la conservation de l'Énergie.

La preuve la plus frappante de la réalité de l'Énergie est qu'elle possède une valeur marchande. L'Énergie *électrique* en est le meilleur exemple. Le consommateur n'use et ne paie que l'Énergie, tandis que les parties « matérielles » des installations électriques ne se modifient pas et conservent toute leur valeur. Ce qui excuse la méprise que nous avons éclaircie, c'est l'extraordinaire généralité du concept d'Énergie ; il embrasse des propriétés particulières d'une généralité indéfinie. En dehors de cette circonstance que l'Énergie est une grandeur essentiellement positive, le mot grandeur étant pris dans le sens le plus étroit, c'est-à-dire qu'elle désigne quelque chose qui est susceptible d'addition, que sa valeur est constante dans toutes les transformations possibles, je ne pourrais donner aucun critérium commun pour les diverses formes d'Énergie. Cette remarque a été le point de départ d'attaques contre l'Énergétique, comme si cette généralité était un défaut. Il suffit de jeter un coup d'œil sur le problème pour s'assurer que la propriété critiquée est nécessaire au but à atteindre. De quoi s'agit-il? Il faut trouver un concept applicable à un cercle de phénomènes aussi étendu que possible, et qui ait une expression déterminée dans chaque cas particulier. La Mécanistique chercha d'abord ce concept dans le *mouvement*, mais elle dut y adjoindre les idées plus générales de *masse* et de *force* pour rendre possible la représentation de tous les événements. Le résultat fut à peu près nul pour les phénomènes non mécaniques (qui dans l'hypothèse en question sont cryptomécaniques). Quel profit en a-t-on retiré, par exemple, lorsqu'on a considéré la chaleur comme due au mouvement des atomes? Rien de physiquement déterminé. La théorie cinétique des gaz, due à Bernouilli, repose sur un grand nombre d'hypothèses trop larges pour être applicables aux états fluide et solide. L'hypothèse mécanique ne donne aucun renseignement direct sur la nature particulière des mouvements atomiques. Ceux-ci devaient avoir une certaine grandeur et une certaine direction; c'est ainsi que la théorie cinétique donna lieu à nombre de questions dépourvues de signification expérimentale; elle fut la source de *problèmes apparents* (Scheinprobleme), suivant l'heureuse locution de Mach. Ce sont des problèmes d'une nature singulière : une puissance surnaturelle aurait beau nous en livrer la solution, nous ne pourrions en rien faire, car il n'y entrerait pas de grandeurs observables[1].

Au contraire, l'extraordinaire généralité du concept d'Énergie a pour effet de ne permettre l'introduction d'aucun problème apparent. Rencontrons-nous un phénomène calorifique, le principe de la conservation de l'Énergie ne nous donne pas d'explication sur sa nature « intime », mais nous pouvons énoncer à l'avance qu'à toute modification calorifique correspondront des modifications parallèles des énergies voisines; nous en calculerons le taux à l'avance, connaissant le taux du changement calorifique. Nous pouvons même prévoir des propriétés caractéristiques de cette quantité particulière d'origine calorifique qu'on appelle la tem-

1. C'était vrai au temps où j'ai écrit ces lignes. Depuis lors il est devenu possible d'observer et contrôler quelques conséquences de l'hypothèse cinétique, et on les a trouvées concordant avec l'expérience. Ce progrès changea le problème apparent en un problème réel.

pérature, mais il n'est toujours question que de grandeurs expérimentalement mesurables et jamais de l'intimité de la Nature.

Nos adversaires sont prêts à nous accorder ce point, mais ils pensent que c'est là que gît l'imperfection de l'Énergétique, tandis que les théories mécaniques nous permettent une incursion, hypothétique, il est vrai, dans les secrets de la Nature. Voici un exemple de logique de même valeur : un commerçant qui mépriserait le compte pur et simple de son doit et avoir pour étayer un calcul hypothétique de son bilan, en supposant qu'il se produise telle ou telle circonstance. Ses hypothèses, fussent-elles vraisemblables, un pareil compte ne serait ni sérieux ni commercial. Il peut réfléchir aux possibilités et aux vraisemblances d'une affaire incertaine tout comme un expérimentateur se livre à des spéculations sur les propriétés d'un domaine de la science encore inexploré; il trouvera ainsi un soutien pour tracer son plan de recherches. Mais le commerçant sérieux, aussi bien que l'expérimentateur sérieux, limitera ses essais de prévision à ce qu'il peut mettre à l'épreuve. Il n'aura donc pour objet que ce qui est mesurable et contrôlable. S'il introduit des facteurs inaccessibles dans ses calculs, son travail perd toute sa valeur

Il faut donc soigneusement distinguer les prévisions relatives à des relations inconnues entre grandeurs accessibles à l'expérience et les hypothèses sur les relations entre des quantités créées par notre esprit et qui sont, par suite, inaccessibles. Ce dernier mode de suppositions est seul à rejeter, l'autre est un auxiliaire indispensable de la recherche. Le langage actuel attribue à toutes le nom d'*Hypothèse*. Je propose d'abandonner ce nom aux suppositions incontrôlables, car la plupart des hypothèses scientifiques actuelles sont de cette nature. Les autres, qui servent d'échafaudage à la recherche proprement dite, peuvent, au cours du travail, être remplacées par d'autres mieux appropriées jusqu'à ce qu'on possède la relation cherchée; j'appelle *protothèses* ces suppositions utiles au travail positif. Une protothèse s'élabore au début du travail et disparaît s'il réussit, c'est l'hypothèse qui apparaît quand le travail n'avance plus. C'est pour cette raison que les mémoires scientifiques ne contiennent généralement pas les protothèses qui ont servi à la recherche, car il est d'usage de ne rendre compte que des suppositions dont on a constaté l'exactitude, ou qui ont au moins donné lieu à des mesures. On passe sous silence les protothèses manquées, comme on démolit l'échafaudage quand la maison est terminée. Ce n'est que dans des cas très rares, tels que les mémoires de Kepler, où il expose ses recherches astronomiques, qu'on a des renseignements sur des protothèses malheureuses. Les hypothèses, au sens étroit du mot, occupent, au contraire, une large place dans la littérature. Comme elles mettent en jeu des objets scientifiquement inabordables, on ne peut prouver ni leur vérité ni leur inexactitude; il s'ensuit d'ordinaire un pour-et-contre indéfini. Elles ne peuvent engendrer que des problèmes apparents, reposant sur des propositions indémontrables. Ces problèmes sont insolubles, et la science traîne après elle ces questions demeurées sans réponse, sans qu'on puisse l'en débarrasser. On n'y parvient que lorsqu'on s'aperçoit qu'il ne s'agit que de problèmes apparents.

Il est donc important de posséder un moyen sûr de distinguer les hypothèses proprement dites et les problèmes apparents. Ce qui précède l'indique suffisamment, du moins en ce qui concerne les sciences où on fait des mesures. Si une formule exprimant une relation physique quelconque contient des expressions ou des grandeurs qui ne sont ni observables ni mesurables, c'est *qu'elle n'est que la traduction d'une hypothèse*. La mission des sciences physiques est, en effet, d'établir les rapports réciproques de grandeurs mesurables expérimentalement; en d'autres termes, elles permettent de trouver les relations entre les fonctions mathématiques qui représentent ces grandeurs, de sorte qu'on peut calculer l'une d'elles, connaissant les autres. Pour assurer une base expérimentale à une telle relation fonctionnelle, il est nécessaire de mesurer séparément toutes les constantes et toutes les variables qui entrent dans l'équation. Il n'existe pas d'autre moyen de déterminer l'exactitude de la relation protothétique. N'y entrerait-il qu'une seule grandeur inabordable à la mesure, on ne pourrait plus considérer la relation comme démontrée. Elle n'a d'ailleurs plus de but, car, du moment qu'elle est l'expression des propriétés d'une grandeur non expérimentale, elle ne nous renseigne que sur des choses dépourvues de toute importance pour la Science et la Vie. Dire qu'une quantité est inaccessible signifie aussi bien qu'aucun fait n'en dépend, car si une dépendance physique existait, elle constituerait une voie expérimentale conduisant à la quantité en question qui serait alors abordable.

Ce procédé de reconnaissance des problèmes apparents ne s'applique, il est vrai, qu'aux relations entre grandeurs mesurables pouvant se représenter par des équations mathématiques. Ce n'est que dans ces derniers temps que la science mathématique est parvenue à traiter d'objets plus généraux que les grandeurs, et la technique correspondante n'est pas encore entrée dans la pratique habituelle. Nous devons donc nous imposer la tâche plus vaste de caractériser les problèmes apparents d'une manière générale avec l'aide imparfaite du langage ordinaire. Cette voie nous est ouverte par une remarque faite précédemment. Si la solution du problème n'apporte aucun changement positif dans nos connaissances, ce n'est qu'un problème apparent. Voici donc le procédé : supposons le problème résolu, une quelconque des solutions possibles étant admise ; on cherchera ensuite quel changement effectif s'ensuivrait dans notre situation vis-à-vis de la question. S'il n'en est aucun, c'est le caractère d'un problème apparent.

A titre d'application, posons-nous la question suivante : le Monde a-t-il eu un commencement ou existe-t-il de toute éternité? Essayons d'admettre qu'il a toujours existé : quel changement s'ensuivra-t-il pour moi? Absolument aucun, pas plus que s'il avait une origine finie. J'ai donc le droit de l'affirmer : une solution du dilemme me venant d'une manière quelconque me serait indifférente ; il s'agit donc d'un problème apparent.

L'importance de la méthode se montre tout entière quand on cherche à résoudre la question de savoir ce que nous entendons par les mots *justesse* et *vérité*.

Nous répondrons encore : ce qui nous permet des conclusions vérifiables. Une théorie qui ne répond pas à cette nécessité n'a aucun intérêt positif pour nous ; son emploi ne peut être que stérile.

En appliquant ces considérations à notre sujet, on reconnaît que le point de vue énergétique peut nous mettre en garde contre les problèmes apparents. On admet actuellement, sans contestation, que l'Énergie est le seul lien général rattachant entre eux deux quelconques des domaines différents des sciences de la nature. Ainsi, à propos de tout phénomène physique (cette dénomination comprenant comme toujours les phénomènes chimiques et biologiques), nous pouvons écrire l'égalité entre l'énergie disparue et l'énergie apparue. Il n'existe pas d'autre grandeur physique d'une application aussi générale. L'Énergie étant une quantité essentiellement expérimentale, une semblable théorie ne s'appliquera qu'à des objets expérimentalement mesurables; le principe de la conservation de l'Énergie ne pourra donner naissance qu'à des problèmes réels, jamais à des problèmes apparents. Dans certains cas, la mesure de la grandeur énergétique soulève de graves difficultés, et on doit se contenter d'une grossière approximation. Le principe général n'en est pas moins valable. Dans de nombreuses applications, on ne peut pas mesurer les deux termes de l'égalité. On considérera de tels cas comme des protothèses. Ainsi, partout où la vérification du principe n'est pas vérifiable par une mesure indépendante de chaque membre de l'équation, nous admettons que la loi s'applique, quitte à en faire la preuve dès que nous le pourrons.

Un bon exemple de ce mode de progrès scientifique est la mesure de la chaleur physiologique chez les animaux et chez l'homme. Les mesures de Despretz, qui datent de la première moitié du

XIXe siècle, donnèrent les résultats en contradiction avec les théories alors admises. C'est précisément en reprenant ces recherches que Robert Mayer et Helmholtz furent amenés à la loi de la conservation de l'Énergie. L'outillage des mesures a été assez perfectionné de nos jours pour qu'on ait pu la vérifier, au millième près, dans le cas de la combustion physiologique (travaux mécaniques et psychiques compris). Avant ces dernières expériences. la loi n'avait, dans le cas de la chaleur animale, que la valeur d'une protothèse dont l'objet était de nature mesurable, mais la réalisation technique des expériences offrait de telles difficultés qu'elle n'inspirait guère confiance.

C'est maintenant une vérité scientifique, on a le droit de la considérer comme telle avec une chance d'erreur inférieure au millième. Affirmer l'exactitude de la loi au delà de cette limite est de nouveau une protothèse qu'il faudra vérifier lorsqu'on disposera d'instruments de mesure plus perfectionnés.

CHAPITRE III

L'ÉNERGÉTIQUE ET SES APPLICATIONS

Comment un concept aussi général que celui d'Énergie peut-il s'adapter à l'expression de la variété infinie des phénomènes? C'est qu'il existe un grand nombre de modes de l'Énergie. Ils satisfont tous à la définition de cette grandeur : ils sont essentiellement positifs et sont soumis à la loi de la conservation, mais ils sont déterminés par des propriétés additionnelles, qui les différencient les uns des autres. Le caractère si net de symétrie binaire de l'Énergie magnétique et électrique ne se retrouve pas le moins du monde dans la chaleur qui est représentée par un simple nombre, une fois l'unité choisie. L'Énergie cinétique est une grandeur dirigée dans l'espace tandis que l'énergie de volume se trouve mise en jeu en tout point et en toute direction où se produit une variation de volume. Comme le concept d'Énergie n'est défini par aucune relation d'espace ni de temps, on peut établir celle qui sera nécessaire dans tel ou tel cas particulier; la possibilité de ces multiples propriétés différencie les diverses formes d'Énergie.

On répond ainsi à un reproche fréquent : le nombre des modes de l'Énergie est si grand qu'on peut penser sérieusement à l'existence de nouveaux modes encore inconnus.

Si le concept d'Énergie peut servir à représenter les phénomènes, il doit posséder une multiplicité correspondant à ces formes multiples. Le triomphe de toute théorie scientifique est d'adjoindre à la multiplicité physique du domaine étudié une multiplicité de signes de nature mathématique ou verbale, qui soient l'expression des relations fonctionnelles existantes. L'exemple le plus clair de l'importance énorme du langage symbolique, dans l'exploitation d'un domaine de la Science, est la vaste part des formules chimiques dans la découverte des lois générales de la Chimie. On ne peut faire un grief à cette science de ses quatre-vingts éléments, puisqu'elle n'est pas libre d'en fixer arbitrairement le nombre; elle n'a qu'à enregistrer consciencieusement les formes multiples qui se présentent et à mettre en évidence les caractères particuliers à chacune d'elles. L'unité, dans la multiplicité, a pour base expérimentale la loi de transformation.

Une propriété positive s'étend à cette variété si grande des formes de l'Énergie; elles sont décomposables en un produit de deux facteurs. Dans chaque cas, il existe un *facteur d'intensité* qui n'a pas le caractère d'une grandeur mesurable proprement dite, c'est-à-dire qu'il n'est pas susceptible d'addition; en second lieu, on rencontre le *facteur de capacité ou de quantité* qui s'additionne directement et qui est donc une grandeur mesurable, au sens le plus étroit du mot. Pour donner une idée nette de cette distinction fondamentale, le plus simple est de réunir deux valeurs égales d'un de ces facteurs. Deux intensités égales une fois réunies conservent *la même* valeur; deux capacités égales donnent alors une capacité *double*. Par exemple, mettons en contact deux corps à la même température ou au même potentiel électrique, ces quantités restent les mêmes. Au contraire, après la réunion, deux masses, deux entropies, deux quantités d'électricité donnent un résultat double. Le premier groupe est celui des intensités, le second celui des capacités.

La valeur de ces facteurs de l'Énergie apporte une nouvelle multiplicité dans la théorie : on donne ainsi une expression à d'importantes relations générales que la loi de conservation laisse de côté. Une quantité de chaleur donnée est, par exemple, toujours équivalente à la même quantité d'énergie électrique, quelle que soit la température; la transformation réciproque fournira toujours le même résultat. Nous voyons ainsi que la loi de conservation est indépendante de la valeur des intensités; de même pour les capacités, puisque l'Énergie est numériquement égale au produit d'une intensité par une capacité.

Les intensités donnent la solution de la question de savoir si telle transformation aura lieu et quel sera son taux. Cette relation est connue surtout dans le cas de la chaleur; on sait qu'une certaine quantité de chaleur ne peut passer sous une autre forme d'énergie que s'il existe une différence de température. La fraction transformable est égale au quotient de la différence des températures par la température absolue initiale. Le même théorème s'applique à toutes les formes d'énergie. Le crayon que je tiens à la main, en vertu de son entraînement par la Terre à travers les espaces célestes, possède une énergie cinétique bien supérieure à celle d'une balle de fusil à sa sortie du canon; il pourrait déchaîner des cataclysmes incroyables si seulement cette énergie cinétique pouvait être transformée. Mais cela est impossible, parce que tous les objets sont animés de la même vitesse. Ce qui intervient, c'est donc la différence des vitesses; la sienne est énorme par rapport à un système de coordonnées solaires, mais elle est nulle par rapport à la Terre.

Tandis que le premier principe de l'Énergétique, celui de la conservation de la valeur numérique, nous fournit une équation pour chaque transformation, le deuxième principe relatif aux relations entre les intensités répond à la question de savoir si une transformation aura lieu, telles énergies étant en présence. Comme deux intensités égales n'ont pas d'influence l'une sur l'autre (cette propriété négative constitue, au fond, la définition de l'égalité de deux quantités de cette nature), toute transformation doit être précédée d'une inégalité dans la valeur de certaines intensités. Comme tout phénomène peut être considéré comme dû à une transformation de l'Énergie, *l'existence d'intensités inégales est la condition générale de possibilité de tout phénomène*[1]. Si elle est satisfaite, le taux de transformation de l'Énergie est proportionnel à la différence d'intensité; celle-ci dépend, d'ailleurs, en même temps, des Énergies présentes et de leurs facteurs. L'ensemble de ces relations est compris dans le deuxième principe de l'Énergétique, dont la partie thermodynamique fut découverte par Sadi Carnot, dès 1827. On peut, avec Clausius, lui donner une forme plus frappante; l'*Énergie en repos ne se met pas d'elle-même en mouvement.* On entend par Énergie en repos celle qui ne présente pas de différences d'intensité, et la contrainte qui la fait se transformer consiste en l'introduction d'une inégalité d'intensité dans le système considéré. La règle est générale : *pour qu'un phénomène quelconque se produise, l'existence d'une différence d'intensité non compensée est nécessaire*;

le phénomène aura une valeur proportionnelle à la différence.

Les énergies de volume, de gravitation et de mouvement présentent la particularité d'être inséparables, c'est ce qui a conduit à la conception de la Matière. Mais comme, dans un système donné, le taux de ces énergies est très variable, il semblait nécessaire, pour trouver une expression à un objet aussi changeant, d'admettre l'existence d'un support dépourvu de propriétés, et, par suite, invariable. On est arrivé ainsi à l'idée actuelle si peu logique de la Matière, base de tout objet, dépourvue de toute propriété caractéristique qui puisse permettre de la définir.

S'il est clair que le concept de matière ne nous fournit aucune représentation satisfaisante des propriétés des objets pesants, il reste cependant à expliquer comment ces trois modes de l'Énergie se trouvent toujours réunis dans le même espace. Pour y répondre, cherchons comment se comporterait un système dépourvu de l'une d'entre elles. Si l'énergie de volume manque, le système n'occupe pas d'espace ; il n'a, pour nous, aucune réalité et nous ne pourrions l'atteindre. Si le système n'a

1. La condition est nécessaire mais n'est pas suffisante, car il peut exister des différences d'intensité « compensées » sans qu'il se produise rien. Les relations de cette espèce ont aussi leurs lois ; nous les laissons de côté pour borner cet exposé à l'indispensable.

pas d'énergie de mouvement, il est sans masse. Une impulsion infiniment petite lui imprimerait une vitesse infiniment grande, et il se trouverait ainsi soustrait à notre connaissance. Enfin, si l'énergie de gravitation lui manque, il ne reste pas sur la Terre, et il échappera encore à nos sens. Ces trois modes de l'Énergie sont, on le voit, inséparables dans tout objet perceptible; les seuls systèmes énergétiques que nous connaissions sont ceux où se trouvent réunies ces trois formes de l'Énergie. Existe-t-il des systèmes dépourvus de l'une ou l'autre de celle-ci? Nous n'en savons rien et n'en pouvons rien savoir; ils ne peuvent faire partie constitutive de notre monde; nous n'avons ni possibilité ni motif de les considérer.

Il faut donc reconnaître au concept de Matière une base expérimentale bien déterminée; mais l'expression demeure imparfaite et maladroite. L'usage du mot Matière a cessé de convenir au langage scientifique. Tout complexe des trois formes de l'Énergie citées plus haut, porte le nom habituel de *corps*. Il ne resterait rien de ce corps, si on lui enlevait ses propriétés, c'est-à-dire les Énergies comprises dans l'espace qu'il occupe, on le comprend aisément, car le corps n'est qu'un complexe d'Énergies; il disparaît si on disjoint les éléments de ce complexe.

Je n'ai pas, ici, à montrer quel tableau vaste et complet de la Physique, de la Chimie et de la Physiologie, est contenu dans l'Énergétique. Nos adversaires nous l'accordent; ce qu'ils contestent, c'est l'utilité de cette représentation. Je crois l'avoir démontrée d'une manière suffisamment complète dans cet article et dans les traités que j'ai déjà publiés. Aujourd'hui, la nécessité d'une théorie énergétique s'impose de plus en plus à la Physiologie et à la Biologie. Ces sciences ont, jusqu'à présent, beaucoup souffert de la mécanique atomique qui les a remplies de problèmes apparents. Je me bornerai à rappeler les innombrables théories de l'hérédité, propriété dont on ne peut démontrer ni la vérité ni l'exactitude, source inépuisable de discussions oiseuses. On commence, maintenant, à s'apercevoir que la méthode énergétique élimine les problèmes apparents; la science, interrogée enfin sur des réalités, sera en état de faire des réponses réelles.

Sans doute, l'Énergétique n'embrasse pas encore toute la multiplicité des faits observés en Biologie. Les modalités dans l'espace et le temps d'une transformation de l'Énergie donnée en nature et en grandeur sont régies par des lois analogues à la loi d'Ohm. Fourier, dans sa théorie de la conduction calorifique, a posé la base de la théorie de ces phénomènes, mais c'est l'œuvre de l'avenir de faire connaître définitivement ces relations et de résoudre ainsi le plus important des problèmes actuels de l'Énergétique. La Biologie ne manque pas de semblables déterminations à faire. L'introduction de conceptions de cet ordre, telles que les « dominantes » de Reinke, répond au besoin intellectuel que nous ressentons de triompher de ces difficultés, même si la voie n'est pas encore frayée maintenant. Elle s'ouvrirait devant nous si on pouvait assigner à ces « dominantes » des propriétés générales et des lois déterminées.

L'application de l'Énergétique, dans son état actuel, aux diverses sciences est loin d'être épuisée. Comme exemple d'exploitation de ces terres vierges dont la culture peut rapporter les plus riches moissons pour terminer cette étude, j'esquisserai le plan d'*une histoire de la civilisation fondée sur l'Énergétique*.

On appelle civilisation ce qui distingue l'homme de l'animal. Son trait distinctif est l'empire étendu que l'homme exerce sur le milieu environnant. Il peut influer sur le cours des événements naturels et même le détourner à son gré.

Cette faculté est limitée, mais le progrès de la civilisation a précisément pour indice cette mainmise de l'homme sur le monde. Définissons tout événement comme une transformation de l'Énergie, ainsi que nous l'avons fait plus haut. Se rendre maître des événements, c'est alors se rendre maître des facteurs énergétiques, et l'histoire de la civilisation est celle de la conquête de l'Énergie par l'homme.

Pour faire voir l'adaptation facile de cette considération générale à chaque cas particulier, traçons le schéma énergétique du développement des premiers hommes sortis de l'état bestial. L'usage d'outils est le premier indice de civilisation dans l'essor de la race humaine. On définit, d'une manière satisfaisante, un outil *comme un moyen d'amener intentionnellement l'Énergie brute existante à un certain état*. En d'autres termes, l'outil est un *transformateur d'Énergie*; sa perfection est d'autant plus grande qu'il permet d'obtenir une transformation plus complète.

Les premiers outils furent probablement des pieux, des massues et des pierres. La seule énergie dont disposait l'homme primitif, comme la bête, était l'énergie chimique accumulée dans ses muscles par la nutrition. Elle était limitée pour toute position du corps et utilisable dans un espace déterminé par la longueur des bras. En saisissant un bâton, l'homme a *étendu le rayon de son énergie musculaire de la longueur de ce bâton*; il a pu, ainsi, l'appliquer plus utilement. L'usage de la massue lui a permis d'accumuler, sous forme cinétique, l'énergie d'origine musculaire, la transformation ayant lieu au point frappé par la massue. Il a pu accomplir des travaux là où la production directe d'une pression au moyen de l'énergie musculaire était impraticable.

Un grand progrès dans l'adaptation des transformations de l'Énergie est l'invention du *jet*. Elle réunit et elle étend les deux progrès précédents. La sphère d'action de l'Énergie musculaire augmente considérablement ; pendant l'impulsion il se produit une accumulation. Le progrès a consisté ici dans le choix d'un support approprié de l'énergie à transmettre ; il fallait que le rendement fût aussi grand que possible et que la direction fût choisie avec précision. L'arc et la flèche constituent une solution déjà satisfaisante du problème ; l'énergie musculaire est transformée en énergie élastique quand l'arc est bandé ; le grand avantage est ici la justesse du tir ; les solutions du type arbalète ont pour but d'accumuler une grande énergie aussi longtemps qu'on voudra avant le tir ; le dispositif sera approprié à de nouvelles applications.

Un autre mode de transformation de l'Énergie consiste en sa *concentration* sur de faibles surfaces, *lames* et *pointes*. La même énergie musculaire permet de produire une pression inversement proportionnelle à la surface. Un outil tranchant ou pointu sépare ou pénètre des objets qui résistent au poing ou au caillou.

On voit paraître des instruments nouveaux, combinaisons systématiques des précédents. L'épée et la pique joignent l'accroissement de la sphère d'action au pouvoir de concentration des lames et des pointes ; ces principes interviennent avec le jet, dans l'usage du javelot et de la flèche pointue.

Toutes ces inventions se rapportent à l'exploitation de l'énergie première disponible dans les muscles de l'homme. Un immense progrès fut l'utilisation pour ses besoins individuels de sources d'énergie étrangère. Il ne s'agit encore que d'énergie physiologique; les esclaves et les bêtes de somme se rencontrent à cette étape; il est d'ailleurs vraisemblable que la première forme est la plus ancienne. Enfin l'homme employa des énergies inorganiques : le feu et le vent trouvèrent leur usage. Un développement continu sur le terrain énergétique nous amènera aux perfectionnements actuels de l'industrie.

Des considérations d'un autre ordre se rattachent à la constitution d'énergie chimique par nutrition, première phase nécessaire à la production et à l'exploitation de l'énergie musculaire. On accumula des provisions en vue de l'époque où on ne pouvait se les procurer immédiatement; c'est là une condition bien connue de l'évolution d'une civilisation à ses débuts.

La notion générale de *valeur* a pour origine les transformations de l'Énergie. Une quantité d'énergie connue et calculée n'est pas équivalente à l'événement naturel brut. Elle est d'autant moins stable que ses intensités sont plus différentes de celles du milieu environnant.

En développant cette méthode, on évaluera l'énergie humaine; sa mesure sera donnée par les différences d'intensité et par les coefficients de transformation qui en dépendent. Une certaine quantité d'énergie a en général d'autant plus de valeur qu'elle est plus aisément transformable suivant nos besoins. Un morceau de coke et un morceau de viande rôtie peuvent contenir la même quantité d'énergie chimique (mesurée comme énergie totale aussi bien que comme énergie libre), cependant les deux objets ont pour l'homme une valeur absolument différente. C'est qu'il ne peut utiliser directement que l'énergie chimique de la viande, grâce à son appareil digestif.

Nous voyons ici le caractère général du problème. La Nature met à notre disposition le rayonnement solaire et les produits de transformation de cette énergie qui se sont formés sans intervention humaine. Mettre cette énergie brute sous une forme directement utilisable, c'est la tâche de l'homme en face de la Nature. Dans toute transformation de cette espèce, une partie de l'énergie brute prend toujours la forme d'énergie « liée » inutilisable par suite de l'égalisation des intensités (le dernier terme est toujours une égalisation de température). *Une partie seulement de l'Énergie brute atteint son but.* Toute machine, tout procédé, tout homme intelligent qui améliore le rendement a une valeur d'autant plus grande que l'amélioration est plus considérable et que la forme d'Énergie dont l'usage est perfectionné a plus d'importance pour nous.

Ce *critérium de la valeur* est général. Il s'applique aux ressources les plus communes de la vie journalière comme aux œuvres les plus élevées de la Science et de l'Art. L'extension de cette idée aux différents domaines de l'activité humaine demanderait un volume. Nous nous bornons donc à une indication. Mais que le lecteur applique ce principe à telle éventualité qui l'intéresse ; il se convaincra de son utilité et pourra en étudier la nature.

Nulle part, dans ce qui précède, il n'est question de la relation des phénomènes *psychiques* avec l'Énergie.

J'ai déjà donné mon avis : la protothèse d'une énergie psychique serait un progrès fondamental pour la Psychologie générale. Ce qui le montre bien, c'est que l'antique problème de l'âme et du corps n'est plus qu'un problème apparent ; on s'en trouve ainsi débarrassé. Il n'y a aucun obstacle à la conception énergétique des phénomènes psychiques ; on a reconnu d'ailleurs que la soi-disant Matière n'est qu'une combinaison particulière d'énergies. Ainsi disparaît l'antagonisme qu'on a cru si longtemps essentiel, et le problème des relations de l'âme et du corps rentre à peu près dans la même catégorie que celui de la relation entre l'énergie chimique et l'énergie électrique de la pile de Volta, question résolue en partie à l'heure actuelle.

FIN

INDEX ALPHABÉTIQUE

D

E

F

G

H

I

J

K

L

M

N

O

W

TABLE DES MATIÈRES

APPENDICE

3467. — Paris. — Imp. Hemmerlé et Cie. — 10.09.

ERNEST FLAMMARION, ÉDITEUR, 26, RUE RACINE, PARIS

BIBLIOTHÈQUE

DE

PHILOSOPHIE SCIENTIFIQUE

Publiée sous la direction du Dr Gustave Le Bon

Collection in-18 jésus à 3 fr. 50 le volume

1re Série. — Sciences physiques et naturelles

H. POINCARÉ (*de l'Académie Française*)

La Science et l'Hypothèse

M. Poincaré a réuni sous ce titre les résultats de ses réflexions sur la logique des sciences mathématiques et physiques. — Un vol.

H. POINCARÉ. — **La Valeur de la Science**

Cet ouvrage a pour but de rechercher quelle est la véritable valeur objective de la science. — Un vol.

DASTRE (*Professeur de Physiologie à la Sorbonne*)

La Vie et la Mort

Ce livre traite des questions relatives à la Vie et à la Mort au point de vue de la philosophie et de la science. — Un vol.

FRÉDÉRIC HOUSSAY (*Professeur de Zoologie à la Sorbonne*)

Nature et Sciences naturelles

Ce nouveau livre, accessible à tous les esprits cultivés et réfléchis, a pour noyau la plus originale tentative pour montrer, dans l'édification de la science, la continuité de pensée depuis l'antiquité jusqu'à notre époque. — Un vol.

Dr J. HÉRICOURT. — **Les Frontières de la Maladie**

Les frontières de la maladie, ce sont toutes les maladies qui laissent aux patients les apparences de la santé, et qui, par cela même, sont abandonnées à leur libre évolution dans leur phase maniable par l'hygiène, jusqu'à leur transformation en états graves, contre lesquels la thérapeutique est alors le plus souvent impuissante. — Un vol.

FÉLIX LE DANTEC (*Chargé de Cours à la Sorbonne*)

Les Influences Ancestrales

L'auteur montre comment, de la seule notion de la continuité des lignées, on conclut sans peine aux principes de Lamarck et Darwin. Le premier livre de l'ouvrage est un véritable résumé de la biologie tout entière. — Un vol.

E. BOINET (*Professeur de Clinique médicale*)

Les Doctrines médicales. — Leur Évolution

La nécessité d'une doctrine directrice s'impose à la médecine, qui est à la fois un art par ses applications et une science par ses moyens d'étude. Les doctrines médicales ont donc une portée pratique et théorique, et leur évolution marque les étapes de la médecine. — Un vol.

Dr GUSTAVE LE BON. — **L'Évolution de la Matière**

Cet ouvrage présente un intérêt scientifique et philosophique considérable. L'auteur y a développé les recherches nombreuses que sous ces titres : *La Lumière Noire*, *La Dématérialisation de la Matière*, etc., il a publié depuis plusieurs années. — Un vol. illustré de 65 gravures photographiées au laboratoire de l'auteur.

ÉMILE PICARD (*Membre de l'Institut, Professeur à la Sorbonne*)

La Science moderne et son État actuel

M. PICARD s'est proposé de donner, dans ce volume, une idée d'ensemble sur l'état des sciences mathématiques, physiques et naturelles dans les premières années du XXe siècle. — Un vol.

FÉLIX LE DANTEC

La Lutte universelle

Contrairement à Saint Augustin qui affirme que les corps de la nature se soutiennent réciproquement et « s'aiment en quelque sorte » M. LE DANTEC prétend, dans ce nouveau livre, que l'existence même d'un corps quelconque est le résultat d'une lutte. — Un vol.

LUCIEN POINCARÉ (*Inspecteur général de l'Instruction publique*)

La Physique moderne. — Son Évolution

Ouvrage couronné par l'Académie des Sciences

L'auteur a pensé qu'il serait utile d'écrire un livre où, tout en évitant d'insister sur les détails techniques, il ferait connaître, d'une façon aussi précise que possible, les résultats si remarquables qui, depuis une dizaine d'années, sont venus enrichir le domaine de la physique et modifier profondément les idées des philosophes aussi bien que celles des savants. — Un vol.

L. DE LAUNAY (*Professeur à l'École des Mines*)

L'Histoire de la Terre

Faire une *Histoire de la Terre*, qui soit, à proprement parler, une Histoire, c'est-à-dire qui raconte simplement les faits du passé dans leur succession chronologique et qui ne devienne pas, pour cela, un roman, tel est le but difficile que s'est proposé M. De Launay. — Un vol.

JULES COMBARIEU (*Chargé du Cours d'Histoire musicale au Collège de France*)

La Musique. — Ses Lois et son Évolution

Dans ce travail, l'auteur ne s'est pas contenté d'exposer en langage très clair, avec exemples à l'appui, les *lois* de la musique : il les explique, en rattachant un état donné de l'art et de la théorie à l'état correspondant de la vie sociale. — Un vol. illustré.

Dr HÉRICOURT. — **L'Hygiène moderne**

Sous une forme toute nouvelle, l'auteur présente aux lecteurs un ensemble d'idées générales capables de les guider avec sûreté pour la solution de tous les problèmes concernant la conservation et la protection de leur santé. — Un vol.

LUCIEN POINCARÉ. — **L'Électricité**

Dans ce volume, M. Lucien Poincaré étudie les modes de production et d'utilisation des courants électriques et les principales applications qui appartiennent au domaine de l'électrotechnique. — Un vol.

Dr GUSTAVE LE BON. — **L'Évolution des Forces**

Ce livre est consacré à développer les conséquences des principes exposés par Gustave Le Bon dans son ouvrage l'*Evolution de la Matière*, dont le 18e mille a paru récemment. — Un vol. illustré de 42 figures.

GASTON BONNIER (*Membre de l'Institut, Professeur à la Sorbonne*)

Le Monde végétal

Dans *Le Monde Végétal*, l'auteur, avant tout, expose les faits qui éclairent la philosophie des sciences naturelles; il y passe en revue la succession des idées que les savants ont émises sur les végétaux; il les commente et il les discute. — Un vol. illustré de 230 figures.

CHARLES DEPÉRET (*Doyen de la Faculté des Sciences de Lyon*)

Les Transformations du Monde animal

Ce livre est destiné à exposer ce que nous savons, actuellement, des lois qui ont présidé aux incessantes transformations du monde animal, depuis l'apparition de la vie sur le globe jusqu'à nos jours. — Un vol.

FÉLIX LE DANTEC

Philosophie du XXe Siècle

★ DE L'HOMME A LA SCIENCE

Les études biologiques de M. Le Dantec, ses efforts pour placer la vie au milieu des autres phénomènes naturels, devaient l'amener à écrire une œuvre de synthèse. — Un vol.

★★ SCIENCE ET CONSCIENCE

Science et Conscience nous est donné par M. Le Dantec comme son dernier livre de Biologie. Son œuvre considérable ne saurait manquer d'avoir une grande influence sur la pensée moderne. — Un vol.

E.-A. MARTEL

L'Évolution souterraine

Sous ce titre, l'auteur montre l'histoire souterraine de la planète c'est-à-dire l'évolution grandiose et continue de la Terre. — Un vol. illustré de 80 belles gravures.

E. BOUTY (*Professeur à la Faculté des Sciences*)

La Vérité scientifique. — Sa Poursuite

Mettre en lumière les caractères généraux de la vérité scientifique, le rôle que jouent l'expérience et le raisonnement dans sa découverte; montrer l'unité réelle de l'effort sous la diversité indéfinie de ses formes, l'étroite solidarité des sciences considérées à la fois dans leur développement logique et historique, tel est l'objet essentiel de ce livre. — Un vol.

L. DE LAUNAY

La Conquête minérale

Le but de cet ouvrage est d'étudier le rôle industriel, économique, social et politique de la richesse minérale dans l'histoire, en indiquant l'évolution subie, dans son mode de découverte, d'extraction et d'application dans l'industrie. — Un vol.

BERNARD BRUNHES (*Directeur de l'Observatoire du Puy de Dôme*)

La Dégradation de l'Énergie

Quand le public cultivé parle de « conservation de l'énergie », il croit en général à la conservation de « l'énergie utilisable » ou de la « capacité de produire du travail ». Non content de dénoncer, une fois de plus, le contre-sens si usuel, l'auteur a voulu dans ce livre en rechercher les origines historiques et en expliquer la genèse. — Un vol. illustré.

H. POINCARÉ (*de l'Académie Française*)

Science et Méthode

M. Poincaré a réuni dans cet ouvrage diverses études se rapportant à des questions de méthodologie scientifique. — Un vol.

COMMANDANT PAUL RENARD

L'Aéronautique

Ce volume embrasse l'aéronautique tout entière et bien qu'un tel sujet comporte nécessairement des parties abstraites, l'auteur a su exposer avec clarté les questions les plus arides sans rien sacrifier de la précision nécessaire et en se mettant à la portée de tous les lecteurs. — Un vol. illustré.

2e Série. — Psychologie et Histoire.

ABEL REY (*Professeur agrégé de Philosophie*)

La Philosophie moderne

Dans ce livre, l'auteur renouvelle les vieilles questions philosophiques de la matière et de la vie, de l'esprit et de la raison, du vrai et du bien, et les résultats déjà obtenus. — Un vol.

ALFRED BINET (*Directeur de Laboratoire à la Sorbonne*)

L'Ame et le Corps

M. Binet a voulu montrer que les progrès récents de la psychologie expérimentale ont eu un retentissement sur les spéculations les plus hautes et les plus abstraites de la philosophie. — Un vol.

COLONEL BIOTTOT

Les Grands Inspirés devant la Science

JEANNE D'ARC

Cette œuvre s'adresse également aux penseurs et aux simples curieux d'une explication scientifique de Jeanne d'Arc, l'héroïne du patriotisme. — Un vol.

M. MACH (*Professeur à l'Université de Vienne*)

La Connaissance et l'Erreur

Traduction du Dr Dufour (*Professeur à la Faculté de Nancy*)

M. Mach est un physicien dont la pensée a été fortement influencée par la théorie de l'évolution. Selon lui, le but de la science est de mettre de l'ordre dans les données sensibles, et de chercher avec toute *l'économie de pensée* possible les relations de dépendance qui existent entre nos sensations. — Un vol.

FÉLIX LE DANTEC

L'Athéisme

Voici, nous dit l'auteur, un livre de bonne foi; et, réellement, le ton de l'ouvrage est tel qu'on pourrait se demander, le plus souvent, si l'on est en présence d'un plaidoyer pour l'athéisme ou pour la nécessité d'une foi religieuse. — Un vol.

ÉMILE BOUTROUX (*Membre de l'Institut*)

Science et Religion

DANS LA PHILOSOPHIE CONTEMPORAINE

Étude critique des principales solutions que reçoit actuellement, parmi les hommes qui réfléchissent, le problème des rapports de la religion et de la science. — Un vol.

GUILLAUME DUBUFE

La Valeur de l'Art

Ce que représente l'art chez les divers peuples, les aspirations dont il est la synthèse, les besoins qu'il traduit, les éléments qu'il fournit à l'étude des civilisations, telles sont les questions abordées dans cet ouvrage.

Dr GUSTAVE LE BON. — **Psychologie de l'Éducation**

Ce livre a été écrit pour tous les membres de l'enseignement, et au moins autant pour les pères de famille, soucieux de l'avenir de leurs fils. — Un vol.

JEAN CRUET (*Docteur en droit, Avocat à la Cour d'appel*)

La Vie du Droit

ET L'IMPUISSANCE DES LOIS

Cet ouvrage examine s'il n'y a pas, contre le droit du législateur et à côté de lui, un droit du juge et un droit des mœurs. Il convient d'apporter au moule dans lequel doit être coulée la pensée législative, certaines retouches ou corrections. Le législateur ne doit pas promettre ce qu'il ne saurait tenir. — Un vol.

EDMOND PICARD (*Avocat à la Cour de Cassation de Belgique*)

Le Droit pur

Ce livre est en quelque sorte un « Testament juridique », le legs d'un opulent patrimoine intellectuel accumulé au cours de l'existence prolongée de lutte et de travail du célèbre avocat et professeur à l'Université Nouvelle de Bruxelles. — Un vol.

ERNEST VAN BRUYSSEL (*Consul général de Belgique*)

La Vie Sociale. — Ses Évolutions

Ce livre expose dans son ensemble toute l'histoire de l'humanité. Il a pour but l'étude des idées sociales dès leur origine et à travers leurs évolutions, durant la succession des siècles. — Un vol.

HENRI LICHTENBERGER (*Maître de Conférences à la Sorbonne*)

L'Allemagne moderne. — Son Évolution

Dans cet ouvrage on a essayé de donner, en quatre livres, un tableau sommaire de l'évolution économique, politique, intellectuelle, artistique de l'Allemagne moderne. — Un vol.

ALFRED CROISET (*Membre de l'Institut, Doyen de la Faculté des Lettres de l'Université de Paris*)

Les Démocraties Antiques

Faire connaître, par un exposé rapide, non seulement les traits saillants des institutions démocratiques de l'antiquité, mais aussi les grandes lignes de leur évolution et, autant que possible, les causes économiques, politiques, morales qui en ont réglé le développement ou déterminé le caractère, tel est l'objet du présent ouvrage. — Un vol.

LUDOVIC NAUDEAU. — **Le Japon moderne, son Évolution**

L'auteur, capturé sur le champ de bataille de Moukden, par les vainqueurs, et amené par eux au Japon s'y attarda plus d'un an, car il sentait le désir intense de pénétrer leur mentalité. Aussi doit-on lire cet ouvrage si l'on veut connaître le Japon. — Un vol.

Dr PIERRE JANET (*Professeur de Psychologie au Collège de France*)

Les Névroses

Cet ouvrage présente un résumé rapide d'un grand nombre d'études que l'auteur a publiées depuis vingt ans sur la plupart des troubles névropathiques. — Un vol.

GEORGES BOHN

La Naissance de l'Intelligence

Ce volume est un exposé de l'état actuel des problèmes de la psychologie animale. — Un vol.

G. MAXWELL (*Docteur en médecine, Substitut du Procureur général près la Cour d'appel de Paris*)

Le Crime et la Société

M. Maxwell expose dans cet ouvrage les idées actuelles sur la nature et les causes de la criminalité qui lui paraît être un phénomène social normal. Il analyse l'acte criminel et son auteur dans les différentes variétés; la responsabilité pénale, l'aliéné criminel, la classification des criminels, l'évolution contemporaine de la criminalité politique, sont ensuite étudiés.

ALFRED BINET (*Directeur de Laboratoire à la Sorbonne*)

Les Idées Modernes sur les Enfants

Depuis une trentaine d'années, en Allemagne, en Amérique, en Italie, en France, des médecins, des physiologistes et des psychologues ont cherché à introduire les méthodes scientifiques dans les choses de l'éducation. Voilà ce que l'auteur examine en toute impartialité. Son livre s'adresse aux pères de famille, aux éducateurs, aux hommes politiques et à tous ceux qui s'intéressent au problème de l'enfance.

Paris. — Imp. Hemmerlé et Cie.

www.ingramcontent.com/pod-product-compliance
Ingram Content Group UK Ltd.
Pitfield, Milton Keynes, MK11 3LW, UK
UKHW021845190726
13855UKWH00001B/163